QUANTITATIVE AND QUALITATIVE ANALYSIS

ビジネスで使いこなす

「定量・定性分析」大全

中村 力
Nakamura Chikara

日本実業出版社

はじめに

『ビジネスで使いこなす　入門 定量分析』と『ビジネスで使いこなす入門 定性分析』を上梓してから幾年か経過した。この期間中、これらの書籍は読者の方々から根強い人気を博してきた。

　このたび、これら2冊の本を合わせて1冊にする運びとなり、著者としては、感慨深いものを感じている。

　この10年間で何が変わったのか？

　コンピュータ性能の向上、簡易言語環境が整備されて機械学習、AI、データサイエンス市場が活況を呈し、TVニュースや新聞紙面を賑わせている。

　特に人工知能AIは2度のブームを経て、いまや第三次ブームを迎えている。各国も我先に成果を出そうと鎬を削っている。日本も例にもれず理工系の学生やAI人材育成や採用に躍起になっている。

　しかし、データ分析の原点は統計学で、本書ではそれを使った統計的手法を記している。AIもまた統計的手法から端を発している。

　本書で使われているケーススタディは当時の事例も含まれているが、そこで用いられている分析手法は全く陳腐化していないとみている。この分析手法の原点であり土台（ベース）となっているのは統計学的手法であり、これを軽視して今のAIブームに安易に飛びついてはいけないと思っている。

　本書はこの土台となっている統計的手法による定量分析・定性分析を、様々なビジネス上のケーススタディ（事例）にリンクさせて本質的に理解できるようにした実践的な書である。

　1冊にすることで、定量分析・定性分析を包括的に学べるようにした。徹底的にわかりやすい内容になるように努めた。企業の若手社員研修用

のテキストから、中堅以上の社員向けのすでに学んだ分析手法の整理まで、幅広く多くの方に活用してもらえると考えている。

　本書でも記しているように定量分析・定性分析を補完的に活用できて、様々なビジネス局面において、思考分析で「踏ん張りがきく」ビジネスパーソンとなっていただきたい。著者として本書は少しでもその一助になればと切に願っている。

2018 年 12 月　中村 力

本書は『ビジネスで使いこなす　入門 定量分析』（2008 年刊、中村力著、日本実業出版社）、『ビジネスで使いこなす　入門 定性分析』（2009 年刊、同上）を改題の上、2 冊を 1 冊にまとめて構成を変え、内容を一部最新のものに改定したものです。

CONTENTS

はじめに

第1章 定量分析と定性分析の関係とは

- 定量分析と定性分析の処理イメージ ························· 12
  定量分析の処理イメージ／定性分析の処理イメージ
- 定量分析と定性分析の「長所」と「短所」 ··············· 17
  定量分析の特長（長所）／定量分析の短所
  ／定性分析の特長（長所）／定性分析の短所
- 定量分析と定性分析は、相補的に「組み合わせて」使おう！···· 21
- 定量分析と定性分析を使い分ける視点 ····················· 24
  定量分析だけを行なう局面／定性分析だけを行なう局面

第2章 定量分析と定性分析を組み合わせた事例

- 個別職種を定量分析と定性分析で分析してみる ··············· 28
  販売（定量分析、定性分析）／生産（定量分析、定性分析）
- 企業分析における定量分析と定性分析 ····················· 38
  有価証券報告書から定量情報・定性情報を得よう
  ／〈事例〉パナソニックの定量分析・定性分析

第 3 章 「定量分析」を用いた 意思決定はこうする

- ■ 定量分析に役立つビジネス職種別の指標 ························ 50
  - マーケティングに関する指標
  - 人事や労務に関する指標
  - 財務や投資に関する指標
  - 外部の経済環境に関する指標

- ■ 「意思決定のフレームワーク」としてのペイオフ表 ··········· 69

- ■ ①確実性が高い時の意思決定 ······························· 72

- ■ ②リスクがある時の意思決定 ······························· 74

- ■ ③不確実な時の意思決定 ·································· 76

意思決定のツール❶
損益分岐点分析 ······························· 78

意思決定のツール❷
キャッシュフローと正味現在価値 ···················· 85

意思決定のツール❸
機会費用と埋没費用 ························· 92

意思決定のツール❹
追加利益（限界効率）··························· 96

意思決定のツール❺
期待値原理 ································· 99

意思決定のツール❻
期待値・分散原理 ······························· 102

意思決定のツール❼
最尤未来原理 ······························· 105

意思決定のツール❽
要求水準原理 ······························· 107

意思決定のツール❾
ラプラスの原理（等可能性の原理）··············· 109

意思決定のツール⑩
マキシミン原理 (悲観的態度を反映した決定原理) ……………… 111

意思決定のツール⑪
マキシマックス原理 (楽観的態度を反映した決定原理) ………… 113

意思決定のツール⑫
ハービッツの原理 (悲観的態度と楽観的態度を含めた一般化原理) …… 115

コラム ラプラスとハービッツはどんな人？ ………………… 120

第 4 章
ケーススタディ 1

確実性が高い時の「定量分析」による意思決定

★事例❶ パート従業員の採用面接で誰を選ぶべきか
【重み付きスコア】……………………………………… 122

★事例❷ 外国企業からの商品注文を受けるべきか
【限界利益・損益分岐点】………………………………… 125

★事例❸ 事業拡張に伴う新プラントを建設すべきか
【キャッシュフローとＮＰＶ】…………………………… 132

★事例❹ 営業会議は就業時間それとも残業時間に行なうべきか
【機会費用】……………………………………………… 138

★事例❺ 中古ランドクルーザーの買い替えをすべきか
【埋没費用】……………………………………………… 145

★事例❻ 新規事業部に中途採用者を何人採用するか
【限界効率】……………………………………………… 148

コラム 階層化意思決定法（ＡＨＰ）とは ………………… 156

第 5 章

ケーススタディ 2

リスクがある時の「定量分析」による意思決定

★事例⑦ 3グループのうち会議の効率性が最もよいのは
【平均とバラつき】 ································· 158

★事例⑧ コンビニでのランチ弁当の品揃え
【リスクとリターン】 ································· 163

★事例⑨ 高級ワインと棚割を近くにする商品は何か
【相関分析】 ································· 168

★事例⑩ 家電量販店の新店舗をどこに立地するか
【回帰分析】 ································· 176

★事例⑪ 回転寿司チェーン店へ新ハイテクシステムの売込み
【期待値原理】 ································· 185

コラム データマイニングとは ································· 192

第 6 章

ケーススタディ 3

不確実な時の「定量分析」による意思決定

★事例⑫ 衣料専門店での夏物衣料の生産計画をどうするか
【各種原理の適用】 ································· 194

★事例⑬ 地質調査会社による資源採掘の採算性
【感度分析】 ································· 201

★事例⑭ エコ商品専門店が注目しているエコ商品とは
【デシジョン・ツリーとベイジアン決定理論】 ················ 206

★事例⑮ ベンチャー企業への投資をどうするか
【リアル・オプション】 ································· 221

★事例⑯ 競合関係の古本ショップＳ店とＦ店の出店、
利用客をいかに獲得するか
【ゲーム理論】 ‥‥‥‥‥‥‥‥‥ 230

コラム シナリオプランニングとは ‥‥‥‥‥‥‥‥‥‥‥‥ 240

第 7 章 3種類の「定性分析」の使い分けは、問題解決に効果的！

■ 定性分析は「3種類の思考法」を利用しよう！‥‥‥‥‥ 242
論理思考（ロジカル・シンキング）演繹法／帰納法
創造的思考（クリエイティブ・シンキング）
システム思考（システム・シンキング）

■ 3種類の思考法の強みと弱み ‥‥‥‥‥‥‥‥‥‥ 248
論理思考（ロジカル・シンキング）
創造的思考（クリエイティブ・シンキング）
システム思考（システム・シンキング）

■ 3種類の思考法のポジショニング・マップ ‥‥‥‥‥‥ 252
■ 論理思考だけではなぜ答えが出ないのか ‥‥‥‥‥‥ 254
■ 3つの思考法を使い分ける視点 ‥‥‥‥‥‥‥‥‥‥ 257

第 8 章 目的に向かって結論を絞り込む「論理思考」（ロジカル・シンキング）

■ 論理思考の大前提となるMECE ‥‥‥‥‥‥‥‥‥‥ 260
■ ロジックツリーによる分析 ‥‥‥‥‥‥‥‥‥‥‥‥ 262

- ■ フレームワークの分類 ······················· 265
  - ビジネス外部環境を大局的につかむフレームワーク
  - ビジネス外部環境と企業内部環境の両方つかむフレームワーク
  - 企業内部環境をつかむフレームワーク
- ■ ビジネス外部環境の大局をつかむフレームワーク ··········· 272
  - PEST 分析／5Forces 分析
- ■ ビジネス外部環境と企業内部環境の両方つかむフレームワーク ··· 277
  - 3C 分析／SWOT 分析
- ■ 企業内部環境をつかむフレームワーク ·················· 282
  - 全社・経営レベル (7S 分析／VRIO 分析／アンゾフの成長マトリックス／6 つのパス〈ブルーオーシャン戦略〉)
  - 事業レベル (PPM〈プロダクト・ポートフォリオ・マネジメント〉分析／バリューチェーン分析)
  - 機能レベル (4P 分析／戦略キャンバス・4 つのアクション〈ブルーオーシャン戦略〉)
  - 日常業務レベル (PDCA ／5W1H ／特性要因図)
- **コラム** フェルミ推定とは ······························ 306

第 9 章 イメージを抜本的に広げる「創造的思考」(クリエイティブ・シンキング)

- ■ 創造的思考の実践ポイント ························· 308
  - ゼロベース思考でとらえる／思考や視点をワープさせる／前提を疑うことから始める／偶然や失敗を逃さない
- ■ アイデア増量メソッド ····························· 318
  - ブレーンストーミング／SCAMPER
- ■ 思考プロセスを「見える化」する ····················· 322
  - アイデア手書き・メモ／マインドマップ
- **コラム** データサイエンティストとは ·················· 326

第10章 複雑な因果関係を解明する「システム思考」（システム・シンキング）

- ■「因果ループ図」を理解しよう ·································· 328
  因果関係とは／因果ループ図（因果関係の矢印〈リンク〉、時間遅れ、ループ）／直線的矢印（リンク）とループの違い

- ■ システム思考の「定型3パターン」を押さえよう ·············· 340
  システム5原型（応急処置の失敗／問題の先送り／エスカレーション／成功が成功を加速／成功の限界）
  システム5原型と定型3パターンの関係（悪化パターン／格差パターン／停止パターン）

- ■ システム思考を活用するための3つの視点 ·················· 355
  大局を押さえる／ボトルネックを突き止める／好循環を加速させる

第11章 ケーススタディ4 定性分析の「3つの思考」をどう使い分けるか

- ▶ 論理思考を使う事例
  〈みどり町商店街「豊年酒店」のケース〉 ·················· 360

- ▶ 創造的思考を使う事例
  〈K中学校の教育現場のケース〉 ························· 369

- ▶ システム思考を使う事例
  〈様々なエスカレーション（段階的拡大）のケース〉 ········· 376

- ▶ 論理思考と創造的思考のどちらを使ってもよい事例
  〈オフィス用品メーカーF社のケース〉 ··················· 381

第12章 ケーススタディ5
定性分析の「3つの思考」を組み合わせた問題解決！

- ■ **3種類の思考法の組み合わせパターン** ························ 394
  論理思考＋創造的思考／論理思考＋システム思考
  ／創造的思考＋システム思考
- ▶ **論理思考と創造的思考の組み合わせ事例①**
  〈初心者・シニア層向け携帯電話端末のケース〉···················· 399
- ▶ **論理思考と創造的思考の組み合わせ事例②**
  〈百貨店・スーパーのサバイバルゲームのケース〉 ················ 407
- ▶ **論理思考とシステム思考の組み合わせ事例**
  〈世界金融危機のケース〉····································· 414
- ▶ **創造的思考とシステム思考の組み合わせ事例①**
  〈あるラーメン店の再生プランのケース〉 ························· 422
- ▶ **創造的思考とシステム思考の組み合わせ事例②**
  〈ゲームソフトメーカーの危機克服のケース〉···················· 433

付録
定量分析とビジネス数学

- ■ ビジネス数学とは何か ·· 442
- ■ ビジネス数学検定とは ·· 444
- ■ 5つのビジネス数学力による問題解決 ······················· 445
- ■ 定量分析（意思決定）とビジネス数学検定との接点 ·········· 448
- ■ ビジネス数学検定からの類似問題【出題編】 ················· 449
- ■ ビジネス数学検定からの類似問題【解答・解説編】 ·········· 454
- ■ 財務関数 NPV を用いた正味現在価値 ························· 460

カバーデザイン／荻原 睦（志岐デザイン事務所）　DTP／初見弘一（T.F.H）

第 **1** 章

定量分析と定性分析の
関係とは

定量分析と定性分析の
処理イメージ

❶定量分析の処理イメージ

　定量分析と定性分析とはいかなるものであろうか。まずは、それぞれ
の分析の処理イメージをまとめてみよう。

　まず、**定量分析**から述べる。処理イメージは、図表1-1に示す。分
析の目的によって定量情報（データ）を収集する。分析目的はいろいろ
あるが、図表1-1ではいくつかの典型的な分析イメージを示した。

①指標の大きさ比較

　分析の目的に応じて算出した指標の大きさを比較する。企業の財務分
析では、収益性を分析するのか成長を分析するのかなど、目的に応じて
いろいろな指標を算出するが、算出した指標の大きさを比較して分析す
ることが多い。

　第3章（→ 69ページ）で述べる意思決定では、ペイオフ表を算出し
て状況に応じて処理する。ペイオフ表とは、算定した利得やコストを各
行動案ごとに表に示したものである。指標の大きさが比較できるのは、
指標自身が数値で大きさを持っているからであって、これが定量分析の
基本的な特長である。

②相関分析

　2つの事象X、Yがあって、Xが増加すればYも増加、逆にXが減
少すればYも減少というように、XとYに変化の傾向がどの程度合致
しているのかを示すのが「相関分析」である。合致度が大きければ、す

定量分析と定性分析の関係とは

〈図表1−1〉

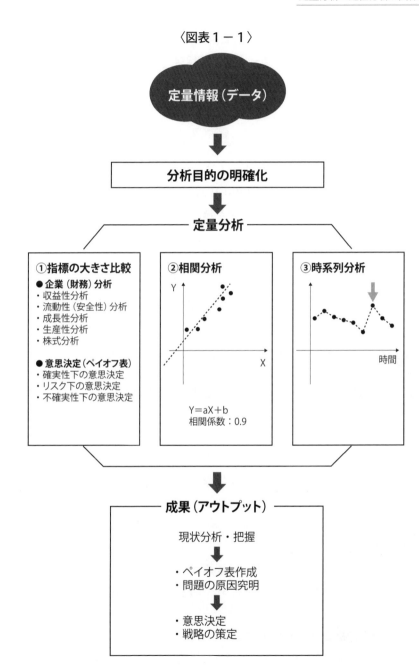

なわち相関係数が大きければ、YをXの1次関数で表わすことが可能で、Xの値で、Yの値を予測することが可能になってくる。もしXが気温で、Yがビール販売量とし、XとYに高い相関があれば、気温Xでビール販売量Yが予測可能になる。

③時系列分析

ある企業の株価や売上高など、ある事象の時間的推移を分析する。ある事象が減少傾向にあるか増加傾向にあるか、未来にわたって予測が可能かを分析する。また急激な変化が起こった場合、これは何を意味するのか、何の予兆であるのかを分析するきっかけにもなる。

以上のような定量分析を行なった結果、目的に応じた成果（アウトプット）を得て、ブレの少ない意思決定や戦略策定へ到達できる。

❷定性分析の処理イメージ

次に、**定性分析**について述べる。処理イメージは、図表1－2に示す。定量分析と同様、分析の目的によって定性情報（データ）を収集する。図表1－2では、いくつかの典型的な分析イメージを示している。

すでに触れたが、定性情報（データ）は数値ではないので、大きさの比較の概念はない。そのため、定性分析ならでは独自の分析手法が以下のようにある。

①構造的分析1（階層）

物事を要素に分解して、どんな要素から構成されているのか、どんな階層構造になっているのかを分析する定性分析の基本コンセプトである。

②構造的分析2（マトリックス）

①と同じ構造を分析するが、今度は階層ではなく、2軸のマトリック

〈図表1-2〉

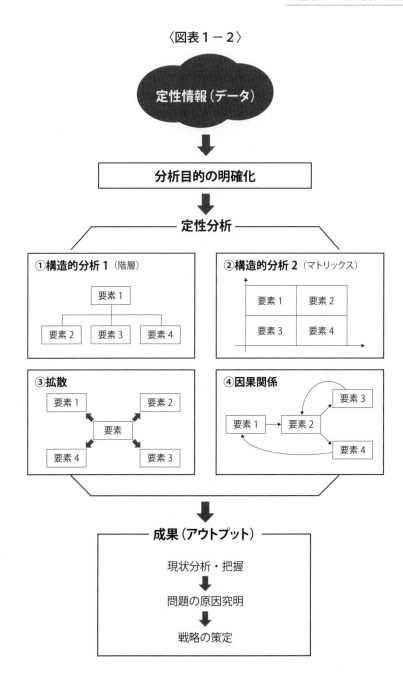

ス構造に基づく。後述するが、フレームワークのSWOT分析など（→279ページ）で利用する。

　①や②は実は、後ほど述べる**論理思考**（→242ページ）による定性分析で用いる基本ツールで、①はロジックツリー、②はフレームワークに相当する処理イメージである。

③拡散

　要素から別の要素を次々に生み出していく、すなわちアイデアなどを創造する。これは、後述する**創造的思考**（→245ページ）に基づく定性分析に対応する。

④因果関係

　上記①②は時間的変化がない静的（スタティック）な要素間の分析である。ところがこの④では、時間的な変化もある動的（ダイナミック）で、また因果関係がある場合の要素間の分析である。因果関係が複雑に絡み合っていることもあり、これは後述する**システム思考**（→246ページ）による分析イメージに対応する。

　定量分析と同様、定性分析を行なった結果は、目的に応じた成果（アウトプット）を得て、問題の原因究明、そして戦略の策定へと至るのである。

定量分析と定性分析の「長所」と「短所」

　ここでは、定量分析と定性分析の特長（長所）を述べ、それぞれの短所と比較してみよう。

❶定量分析の特長（長所）

　まずは、定量分析の特長（長所）に触れてみよう。これに関しては、次の内容が考えられる。

①数値化した情報やデータを分析する

　これは定量分析の定義であって、今度は定量分析した結果、数値指標の大きさの比較や変化の度合いの分析が可能になる。

②客観的で判断ブレが少なくなる

　定量分析の大きな魅力であり、セールスポイントである。数値指標に基づいた意思決定を行なう場合、客観的に判断できる心強い味方として期待できる。

③大量データを高速に処理でき、結果はグラフや図表で表示可能

　統計解析などの分析ツールを利用して、計算機を使った大量の数値分析が可能になる。さらに結果は、グラフや図表でわかりやすく「見える化」できる。

　なお、定性分析でも分析フレームワークや定性分析専用の分析ツールがある。これに関しては第8章以降で詳細に説明していく。

④コミュニケーションやプレゼンに説得力が増す

結果として、社内稟議の数値根拠や意思決定の判断指標などに効果的に利用することができる。

⑤基本的には過去における実績ベースの情報やデータである

定量情報・データの特長でもあり欠点でもあるが、現在に近い情報を含んでいて未来志向である定性情報・データとは異なることに注意してほしい。

❷定量分析の短所

定量分析は非常に有効な分析法であるが、次のような欠点も多い。

①大局的かつ柔軟な情報を読み取れない可能性がある

数値による客観的な指標が得られるが、これだけに依存すると、定性分析で得られる大局的な情報が活用できない危険性をはらむ。

②基本的には実測時における過去の（実績）情報やデータに基づく分析である

すなわち、時間軸を未来に見据えた将来分析では、定量分析だけではタイムリーでない情報を含む可能性が出て不十分になってくる。そこで現在さらに将来情報も含む定性分析を補完する必要が出てくる。

③定量データ・情報自体の問題が潜んでいる

信用できない怪しい数値データを使用していないか、定量分析の結果を誤って解釈したり、誤って（故意に）伝えていないかなど、定量分析によるリスクやワナに注意しなければならない。細心の注意を払って定量分析を行なう必要がある。

定量分析と定性分析の関係とは

❸定性分析の特長（長所）

次に、定性分析であるが、以下のいくつかの特長が考えられる。

①数値で表わせない情報やデータを分析する

定性分析の定義ともいえるもので、これには言葉や態度といった感性情報も含む。数値による定量分析とは違い、定性情報間の階層性、因果関係、対極性、などの構造を探る。

②全体の問題や論点を大局的に俯瞰して拾い出すことができる

与えられた問題全体を眺めて何が問題となっているかを俯瞰できる特長がある。すなわち、細部の「木」ではなく、「森」全体を眺めることができる。

③数値にとらわれない多面的かつ柔軟性のある分析ができる

細部の数値に目がいって定量分析が万能という錯覚に陥ることがあるが、定性分析の多面的で柔軟性がある特長をいかして積極的に活用すべきである。

④企業ビジョンや展望など未来志向に関する内容も含む

定量分析で用いる情報やデータは、基本的には実測時点の過去の状態に基づいた内容である。一方、定性情報・データは過去の内容だけでなく、現在の情報や将来への展望など、現在から未来にわたる時間軸の情報も含む。すなわち、将来への期待や予測を行なうには、未来情報を含む定性情報を積極的に活用すべきであろう。

⑤主観的、探索的である

主観的要素が入り込むのは定性分析の短所でもあるが、特長でもある。短所のところで改めて触れる。なお、探索的とは、試行錯誤的に探り求

める意味合いが強いことである。

❹定性分析の短所

　一方、定性分析の短所は以下の内容が考えられる。

①客観性に欠ける

　数値に基づく分析でないため、客観的な根拠に基づく分析ではない。すなわち、分析者の主観（バイアス）が入る可能性がある。

②評価リスクを考慮する必要がある

　客観性に欠けるため、定性分析による評価リスクを十分に考慮に入れる必要が出てくる。これは定性分析の決定的な限界でもあって、数値的な分析に基づく客観分析、すなわち定量分析が必要となるゆえんである。

定量分析と定性分析は、相補的に「組み合わせて」使おう！

　定量分析と定性分析は単独ではなく、相補的に行なったほうがより合理的な結果が得られる。すなわち、定量分析と定性分析とは補完しあって、より精度の高い分析結果を導くことができる。

　定量指標はそれだけで客観性を持つため分析する価値は十分あるが、定量的数値の背後に潜む問題の構造やメカニズムを洞察するには定性分析との補完が不可欠となる。一方、定性分析だけでも、問題の構造や本質は大局的にはつかめるが、例えば、定量分析で得られたある指標が平均的に大きいのか小さいのか、また時系列データであれば前期に比べて増加しているのか減少しているのか、といった数値的根拠があれば客観性が増してくる。

　このような定量・定性分析の関係は、車の両輪の関係にたとえられるだろう。すなわち、車は両輪が揃っていないと正常に前進できないし、両輪のバランスがとれないと誤った方向へ向かったりする。両輪のバランス、すなわち定量分析と定性分析のバランスがとれて初めて、適切でかつ合理的な問題解決や意思決定へ至るのである。

　定量・定性分析の関係は両眼の関係にもたとえられるかもしれない。片眼だけでは物体は見えても平面的で、物の遠近といった立体感や距離感がつかめない。左右の両眼の視力などのバランスが正常になって物体の遠近感、距離間が正確に把握できるようになる。定量分析と定性分析も双方のバランスがとれて初めて、分析対象の背景にある真の実態が立体的につかめるようになる。

ある企業について、定量分析と定性分析の両方で分析する場合を考えてみよう。これは企業分析や経営分析になる。

　企業分析で行なう定量分析は、財務諸表を使った財務分析が主である。しかし、定量情報だけから企業経営を判断するのは危険が伴う。例えば、財務諸表の一種である損益計算書（P/L）で、経常利益から特別利益を加えたり、特別損失を差し引いたりして税引前当期純利益を算出することを考えてみる。

　ある企業Aの損益計算書の一部を図表1－3に示す。まだ定量分析に慣れていない人なら、税引前当期純利益2,400万円の黒字から、この企業Aの経営は健全で問題ないと判断してしまうこともあるだろう。ところが、財務分析といった定量分析について少しは知っている人なら、経常利益が5,000万円と損失（赤字）になっていることに「ちょっと待てよ」とすぐに疑問を投げかけるだろう。

　疑問を持った人は、特別利益や特別損失の数値までチェックするだろう。そして、有形固定資産や有価証券を売却して8,000万円の特別利益を計上していることに気づく。その結果、この企業Aはもしかして本業が振るわず、資金繰りなどで台所が非常に苦しい経営状況ではないだろうかと推察するのである。

〈図表1－3〉

【単位：万円】

経常利益	▲5,000
特別利益	8,000
特別損失	600
税引前当期純利益	2,400

定量分析と定性分析の関係とは

一方、企業 A の定性分析として、次のような情報が得られたとしよう。

● 急激な円高と景気減速の影響で、本業のデジタル家電が主力製品である○△社は、海外販売や輸出が振るわず経常赤字であるが、特別利益を計上して税引前の当期純利益の最終黒字は確保できた。

さて、この分析から何が結論づけられるのか。

定量分析で得られる情報は、定性分析からもある程度は裏づけできる。逆に、定性的な情報から、企業 A の本業や主力製品、また企業 A を取り巻く外部環境や利益面での現況が大局的に把握できるが、この定性分析で得られる情報も損益計算書（P/L）を利用した定量分析から裏づけが可能となる。

このように単純な企業分析を例にしたが、**定量分析と定性分析を補完して行なったほうがそれぞれ得られる情報を相補的に利用でき、相互の裏づけによって、より精度の高い分析結果が得られる**ことを理解してほしい。

すなわち、定量と定性相互の分析を相補的に実施することで、お互いの裏づけや検証が得られ、単独で分析する以上に対象の実態がブレなく精度良く浮かび上がってくる。最終的な分析結果を報告する際にも、説得力は一層増すことが期待できる。

定量分析と定性分析を
使い分ける視点

　今まで述べてきた内容からも、定量分析と定性分析とは相補的で補完して活用したほうが、単独での活用よりも精度が高く、合理的な結果が得られることが理解できたであろう。

　本項では、あえてそれぞれの分析を使い分ける局面があるのかを考えるため、それぞれの分析の特長を再考してみたい。

❶定量分析だけを行なう局面

①問題の構造や分析したい内容はすでにわかっていて、通常の調査結果として数値指標を算出したい

　前提として、定量データ・情報が得られている場合であったが、先ほどの景気動向指数 DI や CI にしても景況感を知るために算出する定番的な指標である。

②すでに定性分析で得られた情報を定量分析で検証したり、客観化したい

　ここで注意してほしいのは、今までも触れてきたように、**定量分析と定性分析とで分析データ・情報を収集する時間軸がずれることで、分析の判断ブレが起こる可能性がある**ということだ。

　繰り返すようであるが、定性分析では現在から将来にわたる情報も含むが、定量分析では基本的には過去の実績データに基づいている。環境変化がそれほど早い局面でなければ、それぞれの分析結果に齟齬が生じ

ることは少なく、お互いに検証や裏づけし合う関係にあるだろう。ところが、昨今のように経営環境の変化スピードが激しく、**不確実でかつ不透明な環境下**では、定量分析と定性分析の各分析結果に食い違いが生じる可能性も起こりうる。これを回避するためにも、両分析を補完して活用すべきであろう。

　このように定量分析と定性分析のそれぞれの特長をいかしながら、最終的には、両分析を効果的に補完して利用することで、将来性分析という未来へ向かった時間軸での視座が得られるようになってくる（→図表1－4）。

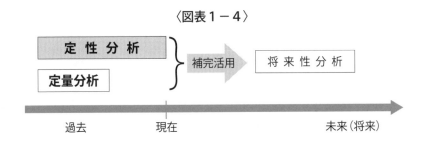

〈図表1－4〉

❷定性分析だけを行なう局面

①まずは問題を大局的、多面的にとらえたい
　これは定性分析の大きな特長であり、このためにとりあえず定性分析を行なって大局性をつかむケースが多いと思われる。

②現在の状況をおおまかにでも把握したい
　ヒアリングやインタビュー、アンケートといった定性データ・情報は生のリアルデータであるため、まさに現在の状況を簡便に知りたい時などは利用しやすい。

一方、定量データや情報は、基本的には収集時の過去情報であって、公表にやや時間を要する。例えば財務諸表は、日本では会計年度として4月を始期とし、半年または1年を一会計年度とする企業が多いため、財務諸表などの財務データは公表時ではすでに過去のものになっている。

　昨今の好景気・不況かといった景況感を知りたい場合、景気動向指数DI（Diffusion Index）やCI（Composite Index）があるが、この指標は総合的に景気局面の判断・予測を行なうために、複数の指標の改善・変化なし・悪化を組み合わせて算出している。50％以上なら景気は上向き、50％以下なら下向きと判断される。DIはよく知られた定量分析指標であるが、分析して公表するのに時間がかかる。

　その代わりとして、一部上場企業の社長100人にアンケートなどを取って定性分析する場合、比較的短期間で結果が得られ、公表できるだろう。仮にアンケート内容を5段階で、①好況、②やや好況、③並み、④やや景気悪化、⑤景気悪化、とした場合、現況はどれに該当すると考えられるかをひとつ回答してもらう。簡単な計算、いや集計といったほうがよいだろうが、①好況から⑤（景気）悪化までの集計でそれぞれ何％かがわかる。もし、⑤の景気悪化が93％であれば、「上場企業社長に100人に聞いた。なんと社長の93％（人）は、景気は悪化と回答！」などとニュース性を帯びてリリースされるだろう。

　アンケート対象は中小企業の社長でもよいが、主婦を中心とした消費者であれば、調査視点が変わって興味深くなる。いずれにせよ、アンケートでは、ほぼリアルタイムで現在のデータ・情報が得られる。この結果にインタビューによる対象者の生の声を含めると、さらに**現実感や説得力が増す**であろう。これはまさに定性分析の醍醐味で大きなセールスポイントであろう。

第 **2** 章

定量分析と定性分析を
組み合わせた事例

個別職種を定量分析と定性分析で分析してみる

　企業の個別職種において、定量分析と定性分析を組み合わせた視点から、職種機能の分析事例を概観してみよう。

　ここで紹介する職種は販売、生産である。

1. 販売

　マーケティングにおける4P分析（→299ページ）とは、製品（Product）、価格（Price）、流通（Place）、販売促進（Promotion）の4つの頭文字をとったものである。製品やサービスを顧客に提供するときに重要な4つの切り口である。このうち、価格の設定は、製品市場や企業の売上・利益にも直結する重要な要素で、定量分析と定性分析の両視点からみてみる。

❶定量分析

　顧客調査に基づいて製品価格を設定する方式として、「**価格感度分析**」（PSM : Price Sensitivity Measurement）について述べる。

　設定する価格には、図表2－1のように幅があって、「価格帯」や「価格ゾーン」などといわれる。

〈図表2-1〉

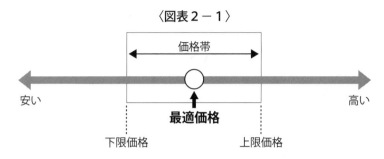

　例えば顧客100人に、ある新製品の価格に関して次の4つの質問をするとしよう。

①高いと思い始める価格
②安いと思い始める価格
③高過ぎて買わない価格
④安過ぎて買わない価格

　その結果、以下の集計が得られたとする。数字は集計人数を示す。例えば高いと思い始める価格で、1,000円から2,000円までは0人、2,500円で7人、3,000円では25人と増え、4,500円では全員の100人になる。

〈図表2-2〉

人＼円	1000	1500	2000	2500	3000	3500	4000	4500	5000
高いと思い始める価格	0	0	0	7	25	39	79	100	100
安いと思い始める価格	100	100	95	55	30	5	0	0	0
高過ぎて買わない価格	0	0	0	0	5	20	69	100	100
安過ぎて買わない価格	100	55	10	2	0	0	0	0	0

前ページの図表2－2をExcelで表示した結果を、図表2－3に示す。

〈図表2－3〉

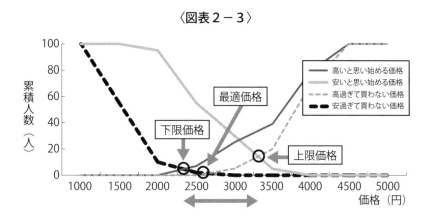

　下限価格は、「高いと思い始める価格」と「安過ぎて買わない価格」の交点で、これ以下に価格を設定すると、もはや買わないだろうと考えられる価格である。図表2－3では、丸で囲った2,300円ほどである。
　一方、上限価格は、「安いと思い始める価格」と「高過ぎて買わない価格」との交点で、これ以上高く設定すると買わないと考えられる価格である。図表2－3では、同じく丸で囲った3,300円程度である。
　また、最適価格は、「安過ぎて買わない」と「高過ぎて買わない」との交点で、この例では、2,800円程度である。

　価格感度分析(PSM)の結果、この新商品の価格帯は、2,300円から3,300円程度で、最適価格は2,800円前後であることが判明できた。実際の価格設定はこの価格帯の中で考えて、利益を重視するのであれば3,300円に近い価格に、また市場シェアを狙うのであれば、安い価格設定である2,300円程度に抑えるのが適当かと思われる。

❷定性分析

　価格を設定する方式は次の3通りがある。

①コストに一定の利益を加えて価格を設定する「コストプラス」方式

　これは企業側の一方的な価格設定方式である。コストがかかれば、当然、製品価格も高くなる、いわゆる原価志向型の設定方式である。企業がある製品を独占・寡占的に販売している場合や、企業が優位だった頃の設定方式である。このような方式でも、過去においては製品は売れていたが、今では考えられない。

②市場（マーケット）を意識して価格を設定する「マーケットプライス」方式

　今日多く使われる方式で、競合や顧客、つまり市場（マーケット）における競合製品の価格を基準にして決める競争志向型の設定方式である。この方式は安易で他力本願的であるが、失敗は少ないかもしれない。

③顧客調査に基づいて価格を設定する「価格感度分析」方式

　顧客志向や需要志向といわれる価格設定である。他に類似品が少ない新製品の場合は、事前に調査を行なってどの程度の価格設定であれば需要があるのかを探る。

　この方式は、「価格感度分析」（PSM：Price Sensitivity Measurement）と呼ばれる分析で行なわれ、必要な調査は比較的容易で、分析もExcelで簡単に行なうことができる。価格感度分析は定量分析である。28ページですでに述べている。

　さて、価格を設定した製品はいよいよ市場に投入し、顧客の反応を待つわけだが、この顧客層の分析で興味深い理論「イノベーター理論」がある。

スタンフォード大学のロジャース教授が提唱したもので、消費者の製品購入に対する態度を5つのタイプに分類する。新製品に対する購入の早い順から次の通りとなる。

　A. イノベーター（Innovator＝革新採用者）
　B. アーリー・アダプター（Early Adopter＝初期少数採用者）
　C. アーリー・マジョリティ（Early Majority＝初期多数採用者）
　D. レイト・マジョリティ（Late Majority＝後期多数採用者）
　E. ラガード（Laggard＝採用遅滞者）

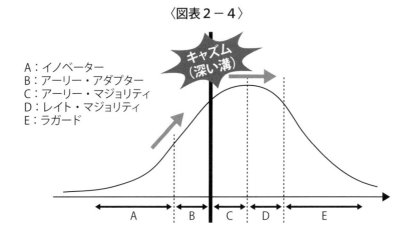

〈図表2－4〉

　新製品投入に対して、いわゆる好奇心の強いAから購入が始まって、B、C、……と徐々に購入に慎重になってくる顧客層が控えている。
　米国のコンサルタントのジェフリー・ムーアは、BとCの間、すなわち、アーリー・アダプターとアーリー・マジョリティの間には深い溝（キャズム）があって、このキャズムを乗り越えなければ市場から大きな収益は期待できないということを提唱した（→図表2－4）。

　これらの理論を踏まえ、新製品の市場への投入は2つの戦略が考えら

れる。

《1：スキミング戦略》

　図表2－4において、新製品への好奇心が強い顧客層（A+B）をターゲットに価格を高めに設定し、短期的に利益を狙う戦略である。

　しかし、イノベーターとアーリー・アダプターだからといってどんな新製品でも購入してくれるわけではない。多少オタク的な彼らは目が肥えている分、技術的にすぐれた製品でなければ購入しないかもしれない。「スキミング戦略」は技術的に優れた企業が短期間でとる戦略と考えられる。

《2：ペネトレーション戦略》

　キャズムを越えた顧客層（C+D）までしっかり取り込む戦略で、価格を低めに設定し、大きな市場を狙う戦略である。しかし、いくら価格を低く設定したからといって、キャズムを乗り越えられるとも限らない。利益が出るまで持久戦になるかもしれない。まさに大規模な投資負担に耐えるほど体力のある大企業でなければ実現できない戦略ともいえる。

2. 生産

　生産とは、原材料など生産要素を、労働力や機械を使用して製品やサービスに変換するプロセスである。生産は、いわゆる「ものづくり」である。生産には、「見込み生産」と「受注生産」の2つの切り口がある。この切り口を定量分析と定性分析の2つの視点から眺めてみよう。

❶定量分析

　材料や部品の在庫のように、入庫と出庫によって在庫量が変化するよ

うな対象に対して、在庫量のような累積量について時系列の変化を明らかにする分析手法が「**流動数分析**」である。

　流動数分析は図表２−５のように横軸に時間経過をとり、縦軸にモノの累積量をとる。同じグラフ上に入庫量の累積線を入庫線として、また出庫量の累積線を出庫線として描くと、ある時点での入庫線と出庫線の差（垂直線の長さ）がその時点の在庫量を表わす。
　また、ある時点の入庫線の点から水平線を引いて出庫線と交わるまでの長さがその在庫の滞留期間になる。

〈図表２−５〉

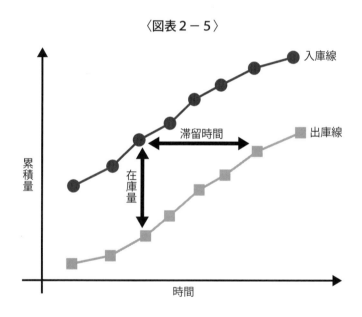

「見込み生産」と「受注生産」の場合の流動数分析の状況を、それぞれ図表２−６と図表２−７で示す。

〈図表2-6〉見込み生産

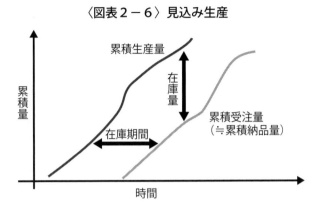

　図表2-6の見込み生産の場合では、累積生産量の曲線が先行し、累積受注量（≒累積納品量）の曲線が時間的に後に続く。この時間的差が「在庫期間」となる。また、累積生産量と累積納品量の差が、製品の「在庫量」となる。

〈図表2-7〉受注生産

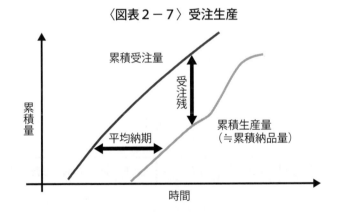

　図表2-7の受注生産では、累積受注量が累積生産量（≒累積納品量）に対し時間的に先行する。この時間的な差が「平均納期」となる。累積受注量と累積生産量との垂直的差が「受注残」となる。

この流動線分析から、受注タイミングを基に納品スケジュールと生産スケジュールを定量的に決定することができる。

❷定性分析

　顧客が店頭で即購入したい製品は、「見込み生産」される。注文に先立って生産が行なわれていて、製品としてすでに完成されており、店頭では顧客の注文を待つだけの状態である。店の側からいえば、店頭在庫をかかえることになる。「見込み生産」される製品は顧客が汎用的に使用する製品で、製造原価も比較的安く、大量生産するのが特徴である。

　一方、「受注生産」の場合は、顧客からの注文があって初めて生産を開始し、指定された期日に納入する生産方式である。「受注生産」される製品は顧客仕様の個別製品が多い。いわゆるカスタマイズ製品であるため、生産の手間がかかり、製造原価も高くなる。

　これらの生産プロセスを「見える化」した。図表２－８ａは「見込み生産」、図表２－８ｂは「受注生産」で、両生産方式の違いが明確になる。

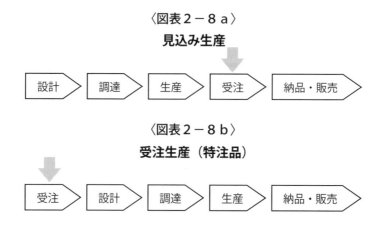

図表２－８ｂは、受注生産のなかでも、受注後に設計から始める特注品の場合である。

　受注生産でも、設計までは先に進めておいて、受注がきたタイミングで生産から開始する規格品の場合（→図表２－８ｃ）も考えられる。

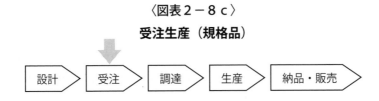

〈図表２－８ｃ〉
受注生産（規格品）

　図表２－８ａから図表２－８ｃまでは、「設計➡調達➡生産➡納品・販売」のプロセスの流れで、「受注」のタイミングがどこへ入るかで、生産パターンが異なることがわかる。

企業分析における定量分析と定性分析

　定量分析と定性分析を組み合わせた事例として、次に企業分析を考えてみよう。

　企業分析は定量分析と定性分析で分類した場合、**定量分析**は財務諸表を使った財務分析が中心であるが、**定性分析**は企業の内部環境と外部環境の分析に二分できる（→図表２－９）。

　企業の内部環境は、経営戦略か経営資源の観点によってさらに分類できる。経営戦略であれば、①のように全社分析、事業構造分析、機能別分析に、経営資源であれば、②ヒト、モノ、情報・ノウハウの切り口で分類できる。おカネの部分は当然、定量分析である財務分析で行なうことになる。

〈図表２－９〉

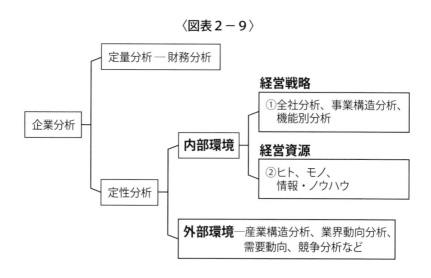

定量分析で行なう財務分析では、財務諸表を主にデータ・情報として使用しているが、それでは、定性分析ではどのような情報・データを活用できるのだろうか。続けて述べることにする。

1. 有価証券報告書から定量情報・定性情報を得よう

　会社の経営状況（定量情報・定性情報）を得るにはいくつかの情報源があるが、有価証券報告書が適当であろう。2004年に発覚した西武鉄道の有価証券報告書虚偽記載事件をきっかけに、一般の人たちにも有価証券報告書が認知されるようになった。

　有価証券報告書は、金融商品取引法で規定されている、事業年度ごとに作成する企業内容の外部への開示資料である。略して「有報」と呼ばれることもある（以下、有報と略）。一方、特に速報性を重視するのであれば、決算短信をお勧めする。
　その他、会社案内、企業ホームページ、日経新聞などの新聞・経済誌、さらに「会社四季報」なども有用である。目的に応じて、使い分けていただきたい。

　これら企業情報ツールの比較を図表2-10（次ページ）に示す。これからも有価証券報告書は他のツールに比べて、特に情報量の多さや信頼度の高さでは抜群で、追随を許さないことがわかる。

　ここで、有報の記載内容についてやや詳細に触れてみよう。**有報の記載記事は財務諸表など過去の実績情報が中心ではあるが、それでも、現在、そして将来にわたる情報も含まれている**。これらはアナリストや投資家が知りたいところである。

〈図表2-10〉

	情報量	信頼度	開示の速さ	入手しやすさ
有価証券報告書	◎	◎	△	○（※EDINETの場合）
決算短信	○	○	◎	○
新聞・経済誌			○	◎
企業ホームページ	△		◎	○
「会社四季報」など	△		○	○

※EDINET（エディネット、Electronic Disclosure for Investors' NETwork）とは、金融商品取引法に基づく有価証券報告書等の開示書類に関する電子開示システムの名称で、このシステムにより、パソコンから容易に閲覧、入手できるようになった。

　有報の主な記載項目は、大きく「第一部　企業情報」と「第二部　提出会社の保険会社等の情報」から構成されている。

　「第一部　企業情報」から詳しくみてみよう。読むにあたって、具体的な企業の有報をパソコンから閲覧してそれを眺めながら本項を読むことをお勧めしたい。これにより有報の理解が一層深まるであろう。

第1　企業の概況

　1. 主要な経営指標等の推移　◀定量分析の情報源

　2. 沿革

　3. 事業の内容

　4. 関係会社の状況

　5. 従業員の状況

　「第1　企業の概況」からは会社の大まかな情報が得られる。時間がない時など、ここを読むだけでも企業の概略がつかめる。

　個々にみていくと、「1. 主要な経営指標等の推移」は、最近5事業年度の主要な経営指標が記載されていて、最近の業績が一目で把握できる。

財務諸表の概括的な内容なので、ここでも簡易な定量分析が可能になる。ただし、詳細な財務諸表は、「第5　経理の状況」（→43ページ）に詳しく記載している。

　また、「3.事業の内容」では、どのような企業グループを構成して、どのような事業を行なっているかが記載されており、「4.関係会社の状況」では、関係会社の具体的な事業の内容が示されている。

第2　事業の状況

1. 業績等の概要　**←定性分析の情報源**

2. 生産、受注及び販売の状況　**←定性分析の情報源**

3. 対処すべき課題　**←定性分析の情報源**

4. 事業等のリスク　**←定性分析の情報源**

5. 経営上の重要な契約等

6. 研究開発活動

7. 財政状態及び経営成績の分析

「第2　事業の状況」では、現在および今後の企業グループの全体動向をみる上で重要な情報源となる。

　個々にみていくと「1.業績等の概要」では企業を取り巻く環境はどうか、そこで企業はどういうアクションを行なったかがわかる。「2.生産、受注及び販売の状況」では、当期の生産活動や販売活動の業績がわかる。「3.対処すべき課題」では、会社の直面している課題、対処していく方針や目標が記載されている。「4.事業等のリスク」では、会社を取り巻く外部リスクなどが記載されている。

　このように、「1.業績等の概要」から「4.事業等のリスク」までは、企業を取り巻いている外部環境やリスク、さらに企業内部の業績まで記載され、ここは定性分析の情報源としては重要な箇所といえる。

41

```
第3　設備の状況
　1. 設備投資等の概要
　2. 主要な設備の状況
　3. 設備の新設、除却等の計画
```

「第3　設備の状況」では、会社が保有している設備、今後の設備投資に関する情報が記載されている。

```
第4　提出会社の状況
　1. 株式等の状況
　2. 自己株式の取得等の状況
　3. 取得株式の取得等の状況
　4. 配当政策
　5. 株価の推移
　6. 役員の状況
　7. コーポレート・ガバナンスの状況
```

「第1　企業の概況」から「第3　設備の状況」までは、連結ベース情報が記載されているが、この「第4　提出会社の状況」では、提出会社（いわゆる親会社）の単独の情報が記載されている。

　個々にみていくと、「1. 株式等の状況」では、株式の種類、発行可能株式総数、発行済み株式数が、「5. 株価の推移」では、最近5年間の最高・最低株価を記載している。

「第3　設備の状況」と「第4　提出会社の状況」は、状況に応じて分析に必要な情報が含まれるかもしれないが、基本的にはそれほど重要な記載は少ない。

定量分析と定性分析を組み合わせた事例

第5　経理の状況

1. 連結財務諸表等　**◆定量分析の情報源**

2. 財務諸表等　**◆定量分析の情報源**

「第5　経理の状況」では、連結ベースと個別の財務諸表が記載されている。ここは定量分析を行なう際には非常に重要な箇所になる。

さて、有報の記載項目を概観したところで、具体的な企業の実際の有報を見て、企業分析を簡易ながら行なってみよう。

（2008 年 6 月 27 日提出分）

2. 〈事例〉パナソニックの定量分析・定性分析

それでは、有報を使って大手電機メーカーであるパナソニック株式会社（以降、P 社と略）の企業分析（定量分析・定性分析）を行なってみる。どういう感じになるか、簡易な分析ではあるがつかんでもらえればうれしい。

なお、ここでは定量分析と定性分析の違いを述べるのが目的であるので、企業分析を目的とした定性分析や定量分析として厳密さを欠いている可能性があることをご了承いただきたい。

また、この有報は 2008 年 6 月 27 日に関東財務局に提出されたもので、読者の方が現時点で読まれている状況と変わっている可能性があるのでご注意いただきたい。

❶ 定量分析

まずは、有報の「第1　企業の概況」の「1. 主要な経営指標等の推移」

から、定量分析を行なってみる。過去5事業年度の連結ベースの主要な経営指標から一部抜粋した内容を記載すると、図表2−11のようになる。

〈図表2−11〉

【連結経営指標等】 一部抜粋

決算年度	2003 年度	2004 年度	2005 年度	2006 年度	2007 年度
決算年月	2004 年 3月	2005 年 3月	2006 年 3月	2007 年 3月	2008 年 3月
売上高(百万円)	7,479,744	8,713,636	8,894,329	9,108,170	9,068,928
当期純利益(百万円)	42,145	58,481	154,410	217,185	281,877
株主資本(百万円)	3,451,576	3,544,252	3,787,621	3,916,741	3,742,329
総資産額(百万円)	7,438,012	8,056,881	7,964,640	7,896,958	7,443,614
株主資本比率(%)	46.4	44.0	47.6	49.6	50.3
株主資本利益率(%)	1.3	1.7	4.2	5.6	7.4
株価収益率(倍)	88.59	61.99	37.64	23.87	16.25

　図表2−11から、P社の売上高は、2007年度で下降に転じたものの過去5年間は成長基調にあって、特に当期純利益の増加をみれば順調な伸びで、2007年度は対前年度比30％増の2,818億円で過去最高額を更新したとも有報に記載されている。

　財務の安全性指標である株主資本比率（％）は過去5年間でも増加基調で、30％以上が安全性の目安とされている株主資本比率（％）も2007年度で50％超となって申し分ない。

　次に収益性をみる指標である株主資本利益率は、ROE（Return On Equity）とも呼ばれているが、次のように算出される。

株主資本利益率（％）＝当期純利益÷株主資本×１００

　分母にある株主資本は過去５年間では増加基調であるが、分子の当期純利益が分母の株主資本を上回って増加しているため、ROE も増加基調にある。この収益性の観点からも、Ｐ社は非常に優良な企業といえる。

　さらに株価の割安感・割高感を示す有名な指標である株価収益率（PER：Price Earnings Ratio）は、次のように算出される。

株価収益率（倍）＝株価÷１株当たりの当期純利益

　株価収益率は、過去５年間では下降基調にあって、株価は割安感の傾向にある。これも分子にある株価以上に増加傾向の強い当期純利益が分母にあるため、結果的に株価収益率が下降していると思われる。

　このように簡易な定量分析の結果だけからは、過去５年間は当期純利益の増加基調が顕著で、経営上は順風満帆であるように思われる。定量分析の結果から強いて不安材料を見つけ出すと、次の２つであろう。

①2007 年になって売上高が減少に転じた
②株価収益率（PER）はこの５年間は下降傾向である

　①では 2003 年度から 2006 年度までは売上高は増加傾向にあったが、2007 年度で減少に転じた。これは一過性かそれとも大幅な下落の予兆か、何とも予測がつかない。

　②の株価自体の実際の動きはどうであろうか。このＰ社の事例では、提出会社（親会社）株価収益率（PER）を分析してみると、2007 年度

は 45.68 と高く推移しており、東証一部業種別で電気機器メーカーの平均 PER が 17 〜 18 であることを考慮しても特に割安でもない。また、「第4　提出会社の状況」において、「4.株価の推移」で最近 5 年間の最高・最低株価をみても、特に株価が下がっていることは認められなかった。このことからも、P 社単独については②の点は特に問題はないと思われる。

❷定性分析

　次に定性分析を行なってみよう。定性分析にはフレームワークという切り口があり第 8 章で詳しく解説するが、ここでは、**PEST（ペスト）分析**で定性分析を行なってみることにする。

　PEST 分析とは、市場に影響を及ぼすマクロな外部環境を以下の 4 つの観点から分析するためのフレームワークである。

　①政治的要因（Political）
　②経済的要因（Economic）
　③社会的要因（Social）
　④技術的要因（Technological）

　PEST 分析は、分析した外部環境から企業にとってどのような機会（チャンス）や脅威（リスク）が起こりうるか、またそれに対する対策や戦略をどう構ずるべきか、といった分析ツールである。

　前項でも説明したように、有報の「第 2　事業の状況」の「1.業績等の概要」から「4.事業等のリスク」までは、この外部環境に関する情報が満載されているが、ここでは PEST 分析の結果、並びに対策や戦略を図表 2 - 1 2 に示す。

定量分析と定性分析を組み合わせた事例

さて、図表2－12の分析結果から、外部環境の不透明感、サブプライムローン問題に端を発する金融危機が大局的に記されている。同時に、P社はこれら世界経済の先行きへの深刻さを真摯に受け止め、かなりの脅威になるという危機感を持ち、対策・戦略を講じている。

〈図表2－12〉

4要因	分析内容
政治的要因 （Political）	■海外の政情不安 ■輸出入規制や外国為替規制の変更 ■税制・税率の変更
経済的要因 （Economic）	■サブプライムローン問題の波及 ■原油などの資源・エネルギー価格の高騰 ■為替の変動リスク ■株価の急激な下落
社会的要因 （Social）	■有能な人材確保のための競争激化 ■雇用の余剰感に伴う雇用調整
技術的要因 （Technological）	■技術革新における競争激化 ■規格・標準化競争の激化

【総括】世界経済の先行きに不透明感、予想以上の株価低下の進行、米国や日本の住宅市況の低迷化が長期化するリスクによって予断を許さない状況にある。

対策・戦略

◎成長を軌道に乗せ、収益体質を強化する。

◎各事業での商品力の強化とともに、相互に連携することで相乗効果を拡大する。

◎5年後、10年後を視野に入れた次世代の成長に向けた取り組みを図る。既存商品、既存事業の強化に加えて、新たな事業の育成や創出に取り組む。

一方、先ほど示した定量分析では、経営上、特に問題は見当たらず、2007度で売上高が減少に転じたものの、純利益をみれば過去5年間は

成長基調で推移しており、まさに順風満帆である。

　ところで企業分析の定量分析で使用する財務データは、過去の実績データに基づいていることを思い出してほしい。これは定量分析の欠点でも指摘している。**定量分析だけでは過去の実績データによって時間の遅れが生ずる可能性があって、時間的にずれた分析判断を下す危険性がある。**

　さて、Ｐ社の企業分析の事例から、改めて定量分析と定性分析を補完的に使用する重要性が再認識できたであろう。定量分析だけでは特に問題ないように思われた企業経営だが、定性分析では一転して外部環境の脅威という警鐘を鳴らし、それによる経営の適切な舵取りを迫っていることを示唆している。

　定量分析は過去の実績データに基づくため、外部環境の変化がそれほど急激でなければ問題はないが、昨今のようにビジネスにおける環境変化が不透明でかつ急激な変化を伴うものであれば、もはや定量分析だけでは過去の遺物になりかねない。そこで現在から未来への情報も含む定性分析が重要になってくる。**定性分析を併用することで、定量分析だけでは実態の背後に潜んで看破できなかったリスクが浮かび上がってくる。**

　もちろん、逆に定性分析だけで全ての問題や構造が分析・解明できるわけではない。定量分析によるブレのない客観的指標による分析、これによる裏づけや検証も非常に重要である。定量分析の結果が問題解決や意思決定への重要な判断指標になるのはいうまでもない。

　本項では企業分析を例にして説明してきたが、ここでも定量分析と定性分析は単独ではなく、双方を補完して併用すべきことを改めて強調したい。

「定量分析」を用いた意思決定はこうする

定量分析に役立つ
ビジネス職種別の指標

　この章では企業内の各部署や職種で使用され、また、グローバル経済で有用と思われる定量分析に役立つ各種ビジネス指標を紹介する。図表３－１が示すように、これらの数値化された指標に対し、いろいろな意思決定の基本ノウハウ（第４章以降で説明）が適用され、最終的な意思決定を行なう有力なプロセスが形成される。

〈図表３－１〉

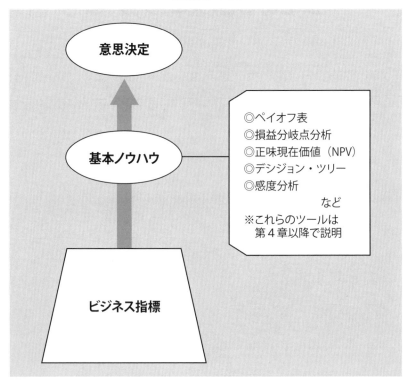

「定量分析」を用いた意思決定はこうする

　定量分析を行なう場合、ビジネス指標は役立つ。実際の意思決定（定量分析）では一部のビジネス指標で事足りることも多い。しかし様々なビジネス指標を把握しておくことで、困難な意思決定に遭遇しても、学んだ指標から何らかの定量的な分析やシミュレーションを行なって、その結果に基づいてこれから進むべき方向性・選択肢を見出すことが可能になる。

　ビジネス指標は、ビジネス数字といってもよい。キヤノン会長、そして元日本経団連会長の御手洗冨士夫氏は、数字はビジネスパーソンにとって最高の言語であると語っている。

　〈数字力は、ビジネスマンの必修科目です。会社の経営は、すべて最後は数字に集約されるので、数字は経営行動のすべてを雄弁に語る「言語」であるといえるでしょう。〉

　例えば、部下から営業利益は先月に比べて少し向上したとか、かなり向上した、と報告を受けたとしよう。残念ながら話はこれ以上進展しない。あなたは思わず部下の顔を見てしまうだろう。
　しかし、もし具体的な数字を挙げて、利益伸び率１０％向上したと報告を受ければ、説得力はかなり違ってくる。
　このように数字を活用することで、意思決定を行なう際、行動を選択する精度が増して、結果的に成功する確率が一段と高まるであろう。

　では、次ページ以降、これだけは知っておいたほうがいいと思われるビジネス指標を紹介しよう。

51

◎マーケティングに関する指標

① 市場のシェア

指標の 公式や定義	$市場シェア（\%）= \dfrac{自社の販売金額（数量）}{市場全体の販売金額（数量）} \times 100$
指標から 分かること	・標的市場における自社商品が占める相対的なポジショ ニング。

解説：

　将来的な事業計画（売上予測）を立てる際の成果の指標として使われる。
　市場シェアが高いほど、競争市場における自社・自社ブランドの地位が相対的に高いことを示す。その結果、業界における信頼度の確立、また新規取引先との契約が結びやすいなど、市場におけるリーダー的存在になる。

② 顧客単価

指標の 公式や定義	$顧客単価 = \dfrac{売上高}{顧客数}$
指標から 分かること	・顧客が1回の買い物で使う平均の金額。

解説：

　売上高増大を検討する際の重要な指標となる。
　顧客単価を高くするには、分子である売上高を大きくすればよい。そのためには、**売上高＝商品単価 × 商品購入数**から考えると、商品単価を上げるか、商品購入数を増やすかすればよい。
　さらに、**売上高＝顧客単価 × 顧客数**から、売上高を増やすには、顧客単価を上げるか、顧客数を増やせばよい。
　また、**利益＝（顧客単価－顧客当たりコスト）× 顧客数**についても考える。
　ここで、顧客当たりのコストとは、①顧客を獲得する際にかかる広告などのコスト、②顧客へサービスを提供する際に発生するコスト（材料費などの変動費、労務費などの固定費）、からなる。
　顧客単価に似た指標に PI 値がある。**PI値＝買上点数 ÷ 顧客数 ×100** となる。顧客100人当たりの買上点数を示す。

「定量分析」を用いた意思決定はこうする

③ 顧客満足度（CS）

指標の 公式や定義	企業が提供した商品を購入した顧客が感ずる満足の度合い
指標から 分かること	・いかに企業が顧客ニーズを満たす商品を提供できて いるかが分かる。

解説：
　この指標が高いほど、クチコミなどで新規顧客獲得に貢献できる可能性が高い。
　満足度という見ることも計ることもできない心理的・感覚的なものを調査するため、消費者に対するアンケートを実施し、アンケート結果をもとにデータ処理・分析を行なって算出するのが一般的である。
　顧客満足度と似た指標に、**顧客ロイヤリティ**がある。また、企業で働く従業員の満足の度合いとして、**従業員満足度（ES）**である。

④ 粗利益率

指標の 公式や定義	$粗利益率（\%）= \dfrac{売上高 - 製造原価（or 仕入れ）原価}{売上高} \times 100$
指標から 分かること	・商品ごとの収益性、すなわち売れた場合に儲けさせ てくれる割合が分かる。

解説：
　粗利益率がいくら高くても、実際に売れなければ利益総額は大して増えないため、**交差比率（粗利益率 × 商品回転率）**がよく用いられる。交差比率が高い商品は効率よく儲けを生み出しているといえる。

53

⑤ 坪当たりの売上高

指標の 公式や定義	坪当たりの売上高＝$\dfrac{\text{店舗売上高}}{\text{店舗面積（坪）}}$
指標から 分かること	・店舗1坪当たりの売上高。店舗スペースを効率的に 利用しているかの判断基準となる。

解説：
　店舗ごとのスペース効率の比較判定に利用される指標。特に、コンビニなど限られた店舗面積を効率的に使用していかに大きな売上高を上げるかは、運営する企業にとっては重要な指標になる。

⑥ 販売員1人当たりの売上高

指標の 公式や定義	販売員1人当たりの売上高＝$\dfrac{\text{店舗売上高}}{\text{販売員数}}$
指標から 分かること	・店舗における販売員の生産性。高いほど少ない販売 員数で高い売上高を上げていること、すなわち生産 性が高いことを意味する。

解説：
　前記⑤の坪当たりの売上高とともに、適切な店舗スペースの設置や店舗人員計画を行なうような意思決定では、重要な指標となる。

「定量分析」を用いた意思決定はこうする

⑦ 価格弾力性	
指標の 公式や定義	$価格弾力性 = -\dfrac{(Q_1 - Q_0) \div \{(Q_1 + Q_0) \div 2\}}{(P_1 - P_0) \div \{(P_1 + P_0) \div 2\}}$ Q_0：価格変更前の販売数量、Q_1：価格変更後の販売数量 P_0：変更前の価格、P_1：変更後の価格
指標から 分かること	・商品の価格の変更によって、販売量がどれだけ変化 するかを表わす指標。価格設定の変更を行なう際の 判断指標になる。

解説：
　一般的に商品の価格と販売量の関係は、価格が上がれば販売量が減少し、価格が下がると販売量が増大する。価格弾力性については、次のようなことが言える。

・日常生活品は価格弾力性が1よりも小さい（**非弾力的**という）。
・贅沢品（奢侈品）は価格弾力性が1よりも大きい（**弾力的**という）。
・価格 p の変化に対する販売数量 q の変化である価格弾力性を次のように定義することもある。

$$価格弾力性 = -\frac{p}{q} \times \frac{dq}{dp} \left(\begin{array}{l} dp、dq は p、q それぞれの変化した量 \\ dp = P_1 - P_0、dq = Q_1 - Q_0 \end{array} \right)$$

⑧ 商品ロス率

指標の 公式や定義	$商品ロス率（\%）= \dfrac{商品ロス総額}{売上高} \times 100$
指標から 分かること	・販売不能（ロス）になる商品がどれだけ多く発生して いるかが分かる。

解説：
　この指標が高いほど、販売不能となる商品が多く、収益性を悪化させる直接的な原因となる。
　商品ロスを起こす原因はいくつかあるが、主なものとして次のようなものがある。

　・廃棄ロス・・・鮮度の劣化（賞味期限切れ）や流行遅れによるロス。
　・不良商品ロス・・・不良品発生によるロスで、生産者側の原因もあるが、
　　　　　　　　　店員や消費者が商品を傷つけたりするケースもある。
　・万引きロス・・・万引きで商品が紛失するロス。原価そのもののロスで、
　　　　　　　　ロスの中では最も大きい損失となる。

⑨ 商品回転率

指標の 公式や定義	$商品回転率（回）= \dfrac{店舗売上高}{在庫金額}$
指標から 分かること	・商品の売れ行きを示す。すなわち、手持ちの商品が 何回売れたか（入れ替わったか）が分かる。

解説：
　この指標が高ければ、在庫量が少なく、仕入れや在庫管理が的確に行なわれていることを示す。反対に低ければ、売れ筋商品を把握していなかったり、無駄な在庫を抱えている状態であることを示す。
　商品回転率を上げることが重要であるが、商品回転率の高い商品は、品切れを起こして売り損じが出ないように注意しなくてはならない。

「定量分析」を用いた意思決定はこうする

⑩ 売上高広告費比率

指標の 公式や定義	売上高広告費比率（%）＝ $\dfrac{広告宣伝費}{売上高} \times 100$
指標から 分かること	・経営資源から、どの程度、広告宣伝費を投入したか が分かる。

解説：
　自社商品において、広告宣伝の費用対効果を把握する場合にも有効である。
　広告宣伝をトリガーとして、顧客の間でその商品に対する認知度が高まれ
ば、安定した購入が期待できる。そのため、多数の競合商品が市場に出回っ
ている場合、広告宣伝に多額の資金を投じる企業が多く、売上高広告費比率
も高くなる傾向がある。

57

◎人事や労務に関する指標

① 平均労働時間

指標の公式や定義	平均労働時間＝$\dfrac{（一定期間における）全従業員数の労働時間の合計}{従業員数}$
指標から分かること	・従業員の平均労働時間、労働負荷、労働生産性が把握できる。

解説：

　近年の労働時間の減少傾向はいうまでもない。社員一人ひとりの労働時間（賃金も）を抑えるために、**ワークシェアリング**が注目されている。
　ワークシェアリングとは、従業員同士で雇用を分け合うことで、各々の労働時間を短くする方法である。
　また、その延長上にある**ワークライフバランス**（仕事と生活の調和）も促進される傾向にある。

② 従業員1人当たりの売上高

指標の公式や定義	従業員1人当たりの売上高＝$\dfrac{売上高}{従業員数}$
指標から分かること	・従業員1人につきどれだけの売上があったかを示す。企業全体における従業員の生産性が分かる。

解説：

　同業他社よりも本指標が高ければ、従業員の生産性が高く、効率よく企業活動を展開していると判断できる。
　企業における従業員といっても正社員だけでなく、契約、派遣、パート、アルバイトなどの非正社員も含まれるため、他社との比較の際は注意すべきである。

「定量分析」を用いた意思決定はこうする

③ 正社員比率

指標の公式や定義	正社員比率（％）＝ $\dfrac{\text{正社員数}}{\text{全社員数}} \times 100$
指標から分かること	・人件費の適正判断、特に人件費削減の検討、コスト管理を行なう際の参考になる。

解説：
　最近の雇用情勢では、正社員比率が減少して、パートなどの非正社員が増加する傾向が強まっている。
　その背景には、経営状態の変化に迅速に対応した人員調整をしたい、また人件費総額を抑制したい、という企業側の意図が読み取れる。

④ 従業員の平均年齢

指標の公式や定義	従業員の平均年齢＝ $\dfrac{\text{全従業員の年齢の和}}{\text{従業員数}}$
指標から分かること	・企業の活性度や従業員の年齢構造が分かる。

解説：
　平均年齢が若い企業ほど、若い人材が活躍できる場が多く、企業としては活力に満ちていると考えられる反面、極端に若くても高度な経営判断ができる人材が乏しいとも推察できる。
　この意味からも、本指標は人材採用・雇用戦略にも利用できる。

59

⑤ 従業員の平均給与

指標の 公式や定義	従業員の平均給与＝ $\dfrac{給与支給額}{従業員数}$
指標から 分かること	・賃金における企業の地位（ポジショニング）、優位性、 　従業員満足度が分かる。

解説：
　従業員1人当たりの年間平均給与総額であって、企業の賃金水準を示すため、従業員の満足度を表わす指標でもある。
　この指標が高いほど、一般的に優秀な人材も確保しやすく、従業員のモチベーションも高い企業と判断できる。
　その反面、人件費などの固定費も高くなるので、適正な給与水準を考慮する必要がある。

⑥ 離職率

指標の 公式や定義	離職率（％）＝ $\dfrac{（一定期間における）離職した従業員数}{総従業員数} \times 100$
指標から 分かること	・企業の総従業員数のうち、新たに離職した人の割合。 　従業員の職場満足度を推測できる。

解説：
　企業内の離職者の割合や国内の労働流動化の実態が把握できる。
　指標の数値が高い場合は、新しい人材の採用や教育、業務・人材配置の調整に過大なコストを要している可能性がある。
　離職率とは反対に、新たに入職した人の割合を示す**入職率**という指標もある。

「定量分析」を用いた意思決定はこうする

◎財務や投資に関する指標

① 安全余裕度

指標の公式や定義	$\text{安全余裕度 (\%)} = \dfrac{\text{実際の売上高} - \text{損益分岐点売上高}}{\text{実際の売上高}} \times 100$ $= 100 - \text{損益分岐点比率 (\%)}$
指標から分かること	・利益も損失も発生しない状態の売上高（損益分岐点売上高）を、実際の売上高がどの程度上回っているかが分かる。

解説：
　指標が大きいほど、経営の安定性が高いといえる。
　損益分岐点売上高とは、限界利益（＝売上高－変動費）で、固定費をちょうど回収できる売上高で、利益も損失も出ないトントンの状態。
　安全余裕度が高いほど経営が安定しているので、損益分岐点売上高は低いほうが望ましい。
　次の関係式を把握しておくとよい。

・損益分岐点売上高 $= \dfrac{\text{固定費}}{1 - \dfrac{\text{変動費}}{\text{売上高}}} = \dfrac{\text{固定費}}{1 - \text{変動費率}} = \dfrac{\text{固定費}}{\text{限界利益率}}$

・限界利益 ＝ 固定費＋利益 ＝ 売上高－変動費

・限界利益率 ＝ $1 -$ 変動費率 $= 1 - \dfrac{\text{変動費}}{\text{売上高}}$

・損益分岐点比率（％）$= \dfrac{\text{損益分岐点売上高}}{\text{実際の売上高}} \times 100$

・安全余裕度＋損益分岐点比率＝100

61

② 正味現在価値（NPV）

指標の 公式や定義	NPV＝投資が生み出すキャッシュフローの現在価値 　　　　－初期投資額
指標から 分かること	・投資案件や保有資産の現在価値。また新規投資の可 　否判断や優先順位づけにも有用である。

解説：
　投資によって生み出されるキャッシュフローの現在価値が、初期投資額を上回っていれば、その投資は価値を生み出し合理的、と判断できる。すなわち、**NPV（Net Present Value）** がプラスであれば投資を行ない、マイナスであれば投資は行なわないという判断ができる。これを**NPV法**という。
　複数の投資案件があって、例えば３案件のみ投資可ということであれば、NPVの大きい順に３つの投資を選定すればよい。
　なお、NPV法は、**DCF（Discounted Cash Flow）法**ともいわれる。

③ 自己資本比率

指標の 公式や定義	$自己資本比率（\%）＝\dfrac{自己資本（株主資本）}{総資産}×100$
指標から 分かること	・企業財務の安定性（安全性）が分かる。

解説：
　自己資本比率は、財務諸表（貸借対照表）から算出可能である。
　自己資本比率が高い企業は、収益の面で有利で、経営環境も経営方針も安定しており、外部環境の急変に対しても免疫性が高い、という強みがある。
　自己資本は株主資本ともいわれるので、自己資本比率は**株主資本比率**ともいわれる。

「定量分析」を用いた意思決定はこうする

④ROA と ROE

指標の 公式や定義	総資産利益率 ： ROA (%) = $\dfrac{当期利益（純利益）}{総資産} \times 100$ 自己資本利益率 ： ROE (%) = $\dfrac{当期利益（純利益）}{自己資本（株主資本）} \times 100$
指標から 分かること	・企業の総合的な収益性が分かる。

解説：
　ROA（**Return On Asset**：総資産利益率）は、企業の税引き後利益(当期利益)を総資産で割った数値であり、経営資源である総資産をどの程度効率的に活用して利益に結びつけているのかを示す指標。
　ROE（**Return On Equity** ： 自己資本利益率） は、当期利益を自己資本（株主資本）で割って算出するもので、株主の投資がどの程度のリターンを生み出したのかを示すものであり、投資家の投資判断となる指標である。
　日本でも、株主重視の経営がいわれるなかで、ROE の重要性が高まっている。

⑤売上高総利益率と売上高営業利益率

指標の 公式や定義	売上高総利益率 (%) = $\dfrac{売上総利益（粗利）}{売上高} \times 100$ 売上高営業利益率 (%) = $\dfrac{営業利益}{売上高} \times 100$
指標から 分かること	・ROA や ROEと同様、企業の収益性が分かる。一定の売上高に対して、どれだけの利益があるかを示す。

解説：
　売上高に対して根源的な収益力である「売上総利益」や、営業活動を示す「営業利益」がどの程度貢献しているのかを示す。一般的には高いほど望ましい。

63

⑥ PER と PBR

指標の 公式や定義	株価収益率：PER（倍）＝ $\dfrac{株価}{EPS（1株利益）}$ 株価純資産倍率：PBR（倍）＝ $\dfrac{株価}{BPS（1株純資産）}$
指標から 分かること	・投資家が株式購入を検討する際の判断材料となる。

解説：
　PER（Price Earnings Ratio）は、株価が1株当たり利益の何倍に当たるかを示す。PBR（Price Book-value Ratio）も、株価が1株当たり純資産の何倍かを示す。
　PER、PBRともに、一般的な数値として株価が割安か割高か判断し、さらに同業他社と比較して割安か割高かを判断する。また、今後の収益予想や成長性などの判断基準になる。

⑦ 配当利回り

指標の 公式や定義	配当利回り（％）＝ $\dfrac{（1株当たり）配当金}{株価}$ ×100
指標から 分かること	・株主に対して配当金が高いか低いかが分かる。

解説：
　株主にとって、高ければ魅力的な株といえる。
　配当利回りに似た指標に、「**配当性向**」がある。

$$配当性向（％）＝ \dfrac{（1株当たり）配当金}{（1株当たり）当期利益} ×100$$

　配当利回り、配当性向ともに低すぎると、株主を軽視していると見なされるケースがある。また、高すぎても社外流出が大きく、今後の成長に向けた内部留保が十分でないおそれも出てくるので、これらの指標の適正な水準が必要になる。

「定量分析」を用いた意思決定はこうする

⑧ 平均株価	
指標の 公式や定義	株価動向を示す株価指標。代表的なものに、日経平均 株価と東証株価指数（TOPIX）がある。
指標から 分かること	・日本経済の景気動向や企業の経営・財務動向が分かる。

解説：
◎日経平均株価
　　東証一部上場銘柄のうち225銘柄の平均株価。
　　225銘柄の単純平均が基本であるが、必要に応じて補正を加える。株式
分割など、市況変動にはよらない株価変動を調整し、前後の連続性を保つ
ことを目的としている。

◎東証株価指数（TOPIX）
　　東証一部上場の全銘柄を対象に、加重平均で算出される。
　　株価指標としての歴史は、日経平均株価のほうが長いが、サンプル数の
少なさから、市場全体の値動きと乖離した価格形成に陥るケースがある。
　　これに対してTOPIX は、全銘柄を対象とするため、比較的、市場全体の
値動きを的確に反映する。

65

◎外部の経済環境に関する指標

① 国内総生産 (GDP)

指標の 公式や定義	ある国の国内で1年間に生み出された財やサービスの 総額（国内総生産）。
指標から 分かること	・国内の経済活動の水準が分かる。GDPの伸び率が経 　済成長率である。

解説:
　以前は経済成長を表わすのに国民総生産（GNP）が用いられていたが、最近はGDPが使用されることが多い。
　GDPは外国人による国内での生産を含み、自国民によって海外で生み出された財などは含まない。

　次の2指標も重要である。

◎国民1人当たりGDP
　ＧＤＰを国内人口で割った値。その国の消費者の購買意欲・購買能力を表わす。

◎GDPデフレーター（インフレ率）

$$\text{GDPデフレーター} = \frac{\text{名目GDP}}{\text{実質GDP}} \times 100$$

　インフレ率を考慮したGDPが**実質GDP**。一方、インフレ率を考慮しないのが**名目GDP**。
　例えば、名目GDPが120兆円で、インフレが10%だったとすれば、実質GDPはやや抑えられ、

　120兆円 ÷1.1＝109.09兆円

になる。

「定量分析」を用いた意思決定はこうする

② 消費者物価指数（CPI）

指標の 公式や定義	消費者が実際に購入する商品の小売価格（物価）の変動を表わす指標。
指標から 分かること	・景気動向の物差しで、インフレーションやデフレーションの指標にもなる。

解説：
　消費者が購入する商品及びサービスの物価変動を代表できるような約600品目に対し、これに要する費用が物価の変動によってどう変化するかを基準年平均＝100として表わす。
　基準年は、他の指数と同様に、西暦の末尾が 0、5 年で、5 年ごとに基準改定を行なっている。

③ 企業物価指数（CGPI）

指標の 公式や定義	企業間で取引される卸売り段階での商品の価格水準を表わす指標。
指標から 分かること	・前記②のCPIと同様、景気動向、インフレーションやデフレーションの指標にもなる。

解説：
　卸売物価指数を名称変更した指標で、消費者物価指数と並んで代表的な物価指数。

④ 完全失業率

指標の公式や定義	完全失業率(%) = $\dfrac{完全失業者}{労働力人口} \times 100$
指標から分かること	・労働力人口に占める完全失業者の割合。現在の景気動向や雇用状況、さらに個人消費の推測に有用。

解説：
　完全失業者とは、働く能力と意思を持ち、しかも本人が求職活動をしているにもかかわらず、就業の機会が社会的に与えられていない者である。

　次の関係が成り立つ。

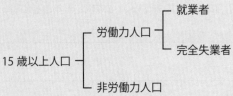

　次の2指標も重要である。

$$労働力人口比率(\%) = \dfrac{労働力人口}{15歳以上人口} \times 100$$

$$有効求人倍率(倍) = \dfrac{求人数}{求職者数}$$

　有効求人倍率が1より大きければ、求職者よりも求人数が多いことを意味する。就職口を求めている人にとっては、相手を選ぶことができるため有利、すなわち**売り手市場**である。

「定量分析」を用いた意思決定はこうする

「意思決定のフレームワーク」としてのペイオフ表

　意思決定を行なうに際して、漠然と勘や経験で決めることなく、ある状態のもとでそれぞれの行動を決める時にどの程度の利得を受けるか、コストを負うか、をきちんと評価しなければならない。

　例えば、Ｙ社がペーパーレス化促進のために業務用パッケージソフトの導入を検討しているとしよう。受注規模にもよるが、業者選定の際、通常は複数の販売業者から相見積りを取るであろう。この時、見積りを3社、仮にＡ社、Ｂ社、Ｃ社として、この3社から図表3－2のような見積金額が提示されたとする。

〈図表3－2〉

	見積金額
Ａ　社	1,250万円
Ｂ　社	1,500万円
Ｃ　社	1,100万円

　発注する側のＹ社はソフト導入を急いでおり、業者の納期や信頼性も評価するかもしれないが、今回は見積金額が安いのを優先的に考えるのであればためらうことなくＣ社に決定するであろう。

　また、異なるケースであるが、今まで銀行に定期預金だけしか行なわなかったＮ氏が、定年後の将来を考えて資産運用を本格的に検討しているとしよう。Ｎ氏は株式や債券など1年後どれか1つの投資を選ぼうと

69

考え、選定基準として１年後の予想収益率（利回り）、すなわち、投資金額に対してどの程度の利益を得られるのかという指標を考えたとする。

こうした指標は、前例の見積金額とは異なり、収益率（利回り）は、企業の収益や世界の経済環境など多くの要因が絡み合って複雑な様相を呈する。手に負えないと判断したＮ氏は、投資コンサル会社に調査依頼することにした。その結果、好景気、並みの景気、不景気のそれぞれの状態で、例えば図表３－３の情報が得られたとする。

〈図表３－３〉

	好景気	並みの景気	不景気
株　式	4％	3％	2％
債　券	4％	5％	4％
外貨投資	5％	3％	2％

すなわち、好景気、並みの景気、不景気の３つの景気状態によって、予想収益が異なる情報になっている。

１年後の景気予測が確実に好景気と分かっていれば、上表から収益率の高い外貨投資を選び、不景気であれば債券を選ぶことに異論はないだろう。しかし、１年後は好景気か、並みの景気か、不景気になるかは確実には分からないし、せいぜい分かっても、それぞれの確率分布か、それすらも分からないこともありうる。

さて、図表３－２や図表３－３のような表を改めて見てみよう。この表こそ意思決定を行なう出発点となる重要な表で、「ペイオフ表」（payoff table）という。ペイオフとは利得やコストの評価のことで、表の内容が利益など利得であれば**利得表**、コストなど損失であれば**損失表**となる。**ペイオフ表とは、まさに意思決定分析のフレームワークといえる。**

「定量分析」を用いた意思決定はこうする

　それでは、ペイオフ表を一般化してみよう。図表3－4を見てほしい。今、m種類の行動案の選択肢（$D_1 \sim Dm$）と、将来起こりうるn種類の状態（$S_1 \sim Sn$）に対し、利得やコストを入れたものを図表3－4として示した。

〈図表3－4〉

		将来起こりうる状態				
		S_1	S_2	S_3	$\cdots$	S_n
行動の選択肢	D_1					
	D_2					
	D_3					
	$\vdots$	$\vdots$	$\vdots$	$\vdots$	$\vdots$	$\vdots$
	D_m					

　ここで、将来起こりうるn種類の状態（$S_1 \sim Sn$）で、必ず起こる状態が1つと分かっている場合は図表3－2のような場合で、これを**確実性が高い時の意思決定**という。

　ところが、将来起こりうる状態が1つとは限らず複数起こりうる場合があって、このほうがビジネスの世界では圧倒的に多い。この複数起こる状態の確率分布が（客観的、あるいは主観的にせよ）分かっている場合は**リスクがある時の意思決定**という。また、この確率分布がまったく分からない場合もあるが、これを**不確実な時の意思決定**という。

　続いて次項以降で、これらの3つの場合の意思決定原理、すなわち行動代替案の選択の基本ノウハウを、ペイオフ表に照らし合わせながら概観してみよう。

①確実性が高い時の意思決定

　図表３－４（→前ページ）で一般化されたペイオフ表で、将来起こりうるｎ種類の状態（$S_1 \sim S_n$）がただ１つだけ確定している場合の意思決定を、**確実性が高い時の意思決定**といった。これに対応するペイオフ表は、図表３－５のように、列が１つだけの表になってしまう。

　この確実性が高い時の意思決定は、図表３－２（→69ページ）でも触れたように、提示された見積金額という確実な状態での１つの情報をもとに、最も安い見積金額を選ぶといった比較的容易な選択行動を取ることができる。

　例えば、７０％の確率で１００万円、確率３０％で７０万円というような見積書が業者から提示されることは現実的には考えられず、必ず確定した見積金額が提示されるだろう。

〈図表３－５〉

		将来確実に起こる１つの状態
行動の選択肢	D_1	
	D_2	
	D_3	
	⋮	⋮
	D_m	

将来起こりうる状態がただ１つ！

「定量分析」を用いた意思決定はこうする

　確実な状態での意思決定は、損益分岐点分析や正味現在価値分析など
の経済性分析を用いることが多い。具体的なノウハウは、78ページ以
降で述べることにする。

　また、第4章のケーススタディ（→ 122ページ）で、パート従業員採
用面接で複数人の応募者から1人を選ぶ際、チェックシートを用いてい
るが、これは確実性が高い時の意思決定の範疇に入る。

②リスクがある時の意思決定

　図表3-4（→71ページ）で一般化されたペイオフ表で、将来起こりうるn種類の状態（S_1～S_n）の確率分布が何らかの形で分かっている場合の意思決定を、**リスクがある時の意思決定**といった。

　確実性が高い時には、１００％確実な状態が１つ、すなわち１列だけのペイオフ表であったが、リスクのもとでは、図表3-6のように、起こりうる状態に対応する確率（**生起確率**）が示される。

〈図表3-6〉

		将来起こりうるn種類の状態（S）				
		S_1	S_2	S_3	…	S_n
		(0.1)	**(0.2)**	**(0.3)**	…	**(0.1)**
行動の選択肢	D_1					
	D_2					
	D_3					
	⋮	⋮	⋮	⋮	⋮	⋮
	D_m					

確率分布（**生起確率**）が分かっている！

　図表3-6では、将来起こりうる状態S_1の確率は０.１、すなわち１０％であることを示している。

　この確率分布であるが、例えば、工場内のシステム故障の確率などが経験的に分かる場合や、明日の天気予報などの確率が客観的に分かって

「定量分析」を用いた意思決定はこうする

いる場合は、**客観的リスク**という。

　ところが客観的な確率と呼べるものが見当たらず、主観的な確率で設定するしかない場合では、**主観的リスク**という。

　主観的といっても、まったくのあてずっぽうではなく、ある程度の経験や実績に裏付けられたものであろう。しかし客観だろうが主観だろうが、将来に起こりうる状態の確率分布が設定された場合は、リスクがある時の意思決定という。

　リスクがある時の意思決定は、生起確率とペイオフ表の数値（利得やコスト）情報をあわせて行なうが、具体的なノウハウは、99ページ以降で述べることにする。

75

③不確実な時の意思決定

　図表3-4（→71ページ）で一般化されたペイオフ表で、将来起こりうるn種類の状態（S_1〜S_n）で、客観的にせよ主観的にせよ確率の情報が分からなかったり、まったく確率を用いる状況でない意思決定を、**不確実な時の意思決定**という。
　この場合のペイオフ表は図表3-7のように、確率の情報は明示されない。

〈図表3-7〉

行動の選択肢 \ 将来起こりうる状態S	S_1	S_2	S_3	⋯	S_n
	?	?	?	⋯	?
D_1					
D_2					
D_3					
⋮	⋮	⋮	⋮	⋮	⋮
D_m					

確率分布（**生起確率**）が、まったく分からない！

　不確実な時の意思決定は、将来起こりうる状態の確率がまったく分からないため、当然のことながら、確率分布の数値を用いないで意思決定をせざるをえない。
　すなわち、ペイオフ表内の利得やコスト情報だけで行なうことになる。

「定量分析」を用いた意思決定はこうする

具体的なノウハウは、109ページ以降で述べることにする。

さて、ここまで次の3種類の意思決定を概観してきた。

　①確実性が高い時の意思決定
　②リスクがある時の意思決定
　③不確実な時の意思決定

これらをまとめてみると、将来起こりうる状態に関する情報をいかに知りえているかという完全性・不完全性によって、情報を図表3－8のように示すことができる。

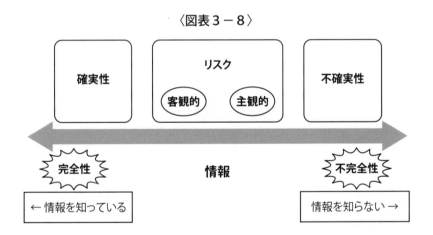

〈図表3－8〉

情報の量や正確性が"完全"に近ければ、①確実性が高い時の意思決定であり、不完全なほど、③不確実な時の意思決定になる。②リスクがある時の意思決定は、①、③の中間に位置する。

次項以降は、これら3種類の意思決定の具体的ノウハウ（ツール）について説明する。

意思決定のツール❶
損益分岐点分析
〈①確実性が高い時の意思決定、で主に使う〉

　確実性が高い時の意思決定を行なう際、**損益分岐点分析**の考え方やノウハウは重要なので、ぜひ理解しておいたほうがよい。

　まず、損益分岐点という概念に親しもう。言葉のひびきから難しく感じられそうだが、内容はそれほどでもない。以下の関係（1）は、ビジネスでは余りにもおなじみで、あえて説明する必要はないだろう。企業はいかに売上（収益ともいう）を上げ、費用（コスト）を抑えて、利益をたくさん上げるかが大前提である。

**　　　利益＝売上高－費用　➡（1）**

　損益分岐点売上高とは利益がゼロ、すなわち、売上高＝費用となる売上高で、すなわち損と益の境目、利益も損失もないトントン状態の売上高を示す。企業としては、損益分岐点は単なる通過点で、損益分岐点を超えた売上高を上げて、利益を大幅に得ることを目標としたいところである。

　今度は費用を考えよう。費用は固定費と変動費からなることをご理解いただきたい。すなわち、

**　　　費用＝固定費＋変動費　➡（2）**

　固定費は、売上高や操業度の増減と関係なく、一定に発生する費用である。人件費（正社員）や減価償却費がこれに当たる。一方、変動費は売上高や操業度によって比例的に増減する費用で、直接材料費、人件費（パートタイマー）などである。前者は製品を製造してもしなくても一

定に発生する費用で、後者は製造した分だけ発生する費用である。

　損益分岐点分析は、いかに多くの利益を上げるか、といった意思決定を行なう際に有用である。

　さて、（1）と（2）の関係から、損益分岐点売上高を求めてみよう。

$$\text{利益}＝\text{売上高}－\text{費用}＝\text{売上高}－（\text{固定費}＋\text{変動費}）\quad ➡（3）$$

損益分岐点では利益＝0、すなわち（3）の時、

$$\text{売上高}－\text{固定費}－\text{変動費}＝0\quad ➡（4）$$

$$\text{売上高}－\text{固定費}－\left(\textbf{売上高}\times\frac{\textbf{変動費}}{\textbf{売上高}}\right)＝0$$

ここで、$\dfrac{\text{変動費}}{\text{売上高}}＝\text{変動費率}$　とすれば、

$$\text{売上高}（1－\text{変動費率}）＝\text{固定費}$$

すなわち、損益分岐点での売上高（＝損益分岐点売上高）は、

$$\text{損益分岐点売上高}＝\frac{\text{固定費}}{1－\text{変動費率}}\quad ➡（5）$$

（5）は重要な関係式なので公式として覚えておいたほうがよいだろう。

　（1）と（2）の関係式から（4）を導いてきたが、図を使って説明しよう。
　まずは費用であるが、固定費と変動費をそれぞれグラフで表わすと、図表3－9のようになる。

〈図表3−9〉

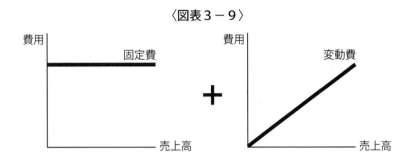

　費用は、固定費と変動費を加えて総費用線で表わすと、図表3−10のようになる。

〈図表3−10〉

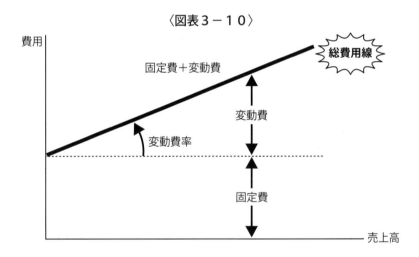

　損益分岐点は図表3−11のように、総費用線と売上高線が一致する点で、利益もない、損失もない状態である。この点を超えた売上を上げれば利益が得られることになる。

　もしも、損益分岐点に達しなければ、企業としては利益が出るように努力する必要があるだろう。

〈図表3−11〉

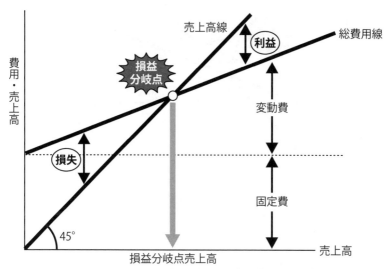

なお、売上高線が45°なのは横軸売上高と縦軸売上高が等しいので、変動比率（傾き）＝1で45°となる。

ところで、**損益分岐点売上高が低いと、少ない売上高でも利益が出る企業体質になる**。では、損益分岐点売上高を下げる（低くする）には具体的にはどうすればよいか。関係式（5）をじっくり眺めてみよう。

次のように、2つの方法が考えられる。

■①（分子の）固定費を下げる

つまり、正社員を減らして人件費を下げるということである。具体的には、パート、アルバイト、派遣社員などのより弾力的な雇用への切り替え、外注、アウトソーシングなどがこれに該当する。図表3−12からも理解できるであろう。

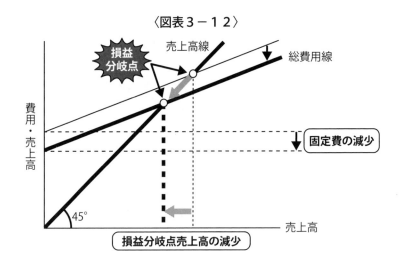

〈図表3−12〉

■② （分母にある）変動費率（$=\dfrac{変動費}{売上高}$）を小さくする

　結果的に分母が大きくなって、損益分岐点売上高が下がる。具体的には、材料費、物流費の削減などがこれに該当する。これも、図表3−13から理解できるであろう。

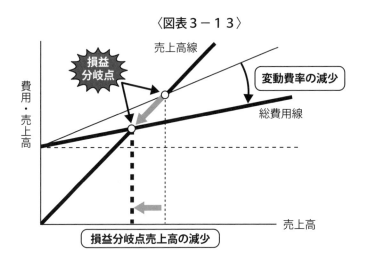

〈図表3−13〉

「定量分析」を用いた意思決定はこうする

最後に、**限界利益**という概念を説明する。

限界利益は、売上高から変動費を引いたものである。すなわち、

$$限界利益＝売上高－変動費 ＝ 固定費＋利益 ➡（6）$$

損益分岐点では利益＝0なので、（6）から

$$損益分岐点売上高－損益分岐点売上高×変動比率＝固定費$$

$$損益分岐点売上高×限界利益率＝固定費$$

$$（※限界利益率＝\frac{限界利益}{売上高}＝1－変動費率）$$

すなわち、79ページの（5）は次のようにも表わすことができる。

$$損益分岐点売上高＝\frac{固定費}{限界利益率} ➡（7）$$

限界利益を導入することで、図表3－11は、次ページの図表3－14のようにも表わすことができる。

この図は、損益分岐点は固定費と限界利益との交点であって、換言すれば固定費を限界利益で回収して、カバーできる状態である、ということも意味している。

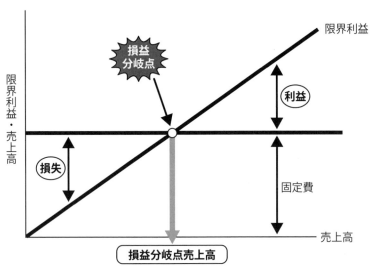

　限界利益が正(プラス)でなければ固定費をカバーできないが、この損益分岐点の考え方を使った意思決定のケーススタディは第4章の事例2(→125ページ)で紹介する。

キャッシュフローと正味現在価値
〈①確実性が高い時の意思決定、で主に使う〉

　確実性のもとで意思決定を行なう際、資金や資産を"現在"という時間に換算する考え方は、特に投資案件の意思決定を行なう場合には非常に重要になってくる。

　資金・資産の時間的価値をしっかり理解してほしい。例えば、現在の１００万円と１年後の１００万円はどちらのほうが価値があるだろうか。昨今、いくら金利が低くなったとはいえ、１００万円を銀行に預金すれば金利３％なら１年後は１０３万円になっている。

　つまり現在の１００万円は１年後には１０３万円と同じ価値で、１年後の１００万円より価値がある。同じ１００万円でも時間によって価値評価が変わってくる。また、１年後の１０３万円を、金利３％で割った（割り引いた）、１０３万円÷（１＋０.０３）＝１００万円は、現在価値ということができる。

　このように、**資金の現在価値と何年後かの将来価値との関係は、図表３－１５で表わすことができる。**

〈図表３－１５〉

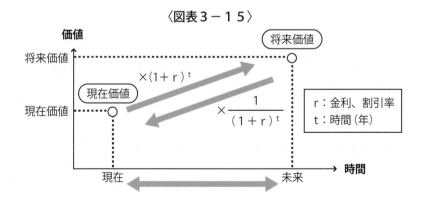

すなわち、金利や割引率を３％とした場合、

●現在価値を１００万円とすれば、５年後の将来価値は、
　１００×（１＋0.03)^5＝１１５万9,000円

●５年後１００万円の将来価値を、現在価値 に換算すると、

$$\frac{100}{(1+0.03)^5}＝86万3,000円$$

このように、現在価値と将来価値は相互に換算できることを理解していただきたい。

次に、「正味現在価値」の概念を説明する。

正味現在価値とは、英語で「Net Present Value」で、ＮＰＶと略して呼ぶ。もし、１年後、２年後、３年後のキャッシュフローがそれぞれ２０万円、３０万円、５０万円で、割引率を１０％とした場合、正味現在価値を求めると、

●１年後２０万円のキャッシュフロー ➡ 現在価値は $\frac{20}{1+0.1}$ 万円

　　　　　　　　　　　　　　　　　　　　　　＝１８万1,800円

●２年後３０万円のキャッシュフロー ➡ 現在価値は $\frac{30}{(1+0.1)^2}$ 万円

　　　　　　　　　　　　　　　　　　　　　　＝２４万7,900円

●３年後５０万円のキャッシュフロー ➡ 現在価値は $\frac{50}{(1+0.1)^3}$ 万円

　　　　　　　　　　　　　　　　　　　　　　＝３７万5,700円

それぞれの現在価値を加えて、将来3年間分の正味現在価値は、

１８１，８００＋２４７，９００＋３７５，７００＝８０万５，４００円

となる。この様子を、図表3-16に示す。

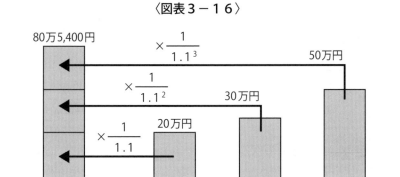

〈図表3-16〉

やや計算が複雑になるが、次の例を紹介しよう。

初期投資額１８０億円のある投資を行なうと、1年後、2年後、…１０年後まで毎年一定の２０億円のキャッシュフローが期待できるとしよう。金利や割引率を3％と考えると、キャッシュの収入・支出の状況は図表3-17のように示される。

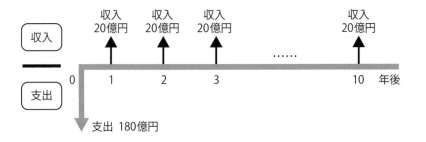

〈図表3-17〉

図表3−18のように、この場合の正味現在価値を求めると

〈図表3−18〉

	キャッシュフロー	収入・支出	現在価値
0年後	180億円 （初期投資）	支　出	180億円
1年後	20億円	収　入	$\dfrac{20}{1+0.03}$億円
2年後	20億円	収　入	$\dfrac{20}{(1+0.03)^2}$億円
3年後	20億円	収　入	$\dfrac{20}{(1+0.03)^3}$億円
⋮	⋮	収　入	⋮
10年後	20億円	収　入	$\dfrac{20}{(1+0.03)^{10}}$億円

　初期投資額は支出でマイナスになるが、その後はプラスの収入が続く
キャッシュフローとなる。最終的な正味現在価値は、これらの現在価値
を加えて、

$$\frac{20}{1+0.03}+\frac{20}{(1+0.03)^2}+\frac{20}{(1+0.03)^3}+\cdots+\frac{20}{(1+0.03)^{10}}-180$$

$$=\frac{20}{1.03}+\frac{20}{1.03^2}+\frac{20}{1.03^3}+\cdots+\frac{20}{1.03^{10}}-180$$

$$= 2\,0\,(\frac{1}{1.03} + \frac{1}{1.03^2} + \frac{1}{1.03^3} + \cdots + \frac{1}{1.03^{10}}) - 180 \ \Rightarrow (1)$$

ここで、（　）内は、

$$\frac{1}{1.03} + \frac{1}{1.03^2} + \frac{1}{1.03^3} + \cdots + \frac{1}{1.03^{10}}$$

で、１０項の足し算である。

　初めて目にする場合は、ちょっとためらってしまうかもしれない。計算自体やや複雑かもしれないが、この程度はぜひマスターしていただきたい。

　もちろん、$\dfrac{1}{1.03}$　$\dfrac{1}{1.03^2}$ などと１項ずつ電卓などで計算して、

最終的に１０項全て足してもいいが、Excel の関数を用いてもよい（→ 460 ページ）。

　ここでは、簡潔な数学的な公式を紹介しよう。これを理解することによりいろいろな応用がきく。決して難しいものではなく、電卓で指数の計算を行なえばよい。

　今、割引率を r（上の例では０.０３）、項数を t（１０年のように何年間かに相当）とすれば、以下のようになる。

$$\frac{1}{1+r} + \frac{1}{(1+r)^2} + \frac{1}{(1+r)^3} + \cdots + \frac{1}{(1+r)^t}$$

$$= \frac{1}{r} \times (1 - \frac{1}{(1+r)^t}) \ \Rightarrow (2)$$

今回の場合、（２）に　r = 0.03、t = 10　を入れて、

$$\frac{1}{1.03}+\frac{1}{1.03^2}+\frac{1}{1.03^3}+\cdots+\frac{1}{1.03^{10}}$$

$$=\frac{1}{0.03}\times\left(1-\frac{1}{1.03^{10}}\right) \quad \blacktriangleright \quad (3)$$

$1.03^{10}=1.344$ と電卓などで求めると、
（3）は最終的に、

$$=\frac{1}{0.03}\times\left(1-\frac{1}{1.344}\right)=8.53 \quad となる。$$

すなわち、今求めたい正味現在価値は、（1）に戻って、

20×8.53−180＝171−180＝−9億円　<0

というように求めることができる。

　今回、正味現在価値がマイナスになってしまった。もしかして計算が間違っているのではと思うかもしれない。

　計算は間違ってはいない。将来10年間にわたって手元に入ってくるキャッシュフローも、現在という基点に立てば、初期投資額をクリアできず、トータルでマイナス（負）になってしまうこともある。

　これは投資としてはおいしい話ではない。すなわち、この投資はやめるべきだとの判断が下せる。逆に正味現在価値がプラス（正）であれば投資を進めることになる。**これが正味現在価値（NPV）法による意思決定である。**

　参考までに、（2）で、期間 t が10年のレベルではない非常に長い場合はどうなるか。

例えば、半永久に近い何百年とかのオーダーであれば、次の公式が使える。

$$\frac{1}{1+r}+\frac{1}{(1+r)^2}+\frac{1}{(1+r)^3}+\cdots=\frac{1}{r} \quad \Rightarrow (4)$$

公式（4）を、（1）の計算に適用すれば、

20÷0.03－180＝667－180＝487億円　**＞0**

今度の場合は、正味現在価値はプラス（正）になる。

半永久的にキャッシュフローが入ってくれば、正味現在価値がプラスに転じるのは当然である。

最後に、割引率について触れておこう。

今までの計算では3％などとあらかじめ与えているが、この値は、将来受け取るキャッシュフローのリスクに応じて、企業などの意思決定者が決めるものである。

リスクが大きいと判断すれば、割引率をやや高めに設定することでキャッシュフローの現在価値は低く抑えられるようになる。

意思決定のツール❸
機会費用と埋没費用
〈①確実性が高い時の意思決定、で主に使う〉

　費用（コスト）とは、生産や取引などの経済活動選択に伴って支払われる金銭のことであるが、我々が目的を達成するために合理的行動を選択する際の"犠牲の大きさ"でもある。

　意思決定の場面でも特に**機会費用**と**埋没費用**の意味を正しく認識しないと、誤った選択の判断をしてしまうことになる。ここでは、機会費用と埋没費用の概念になじんでおこう。

　機会費用とは、図表3－19のように、例えば3つの選択肢（A、B、C）の中から1つだけを選ばなければならない状況でAを選んだ場合、もしA以外にBやCを選んでいたら得られたであろう機会を失うことになる。この失った機会（収益）を機会費用という。

〈図表3－19〉

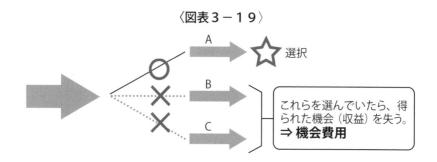

　まずは、**機会費用**の事例を見てみよう。企業に勤めるN氏は、ある資格を取得しようと週末に資格学校へ半年間、スクーリングに通うことにした。半年間とは考えようでは長いが、N氏は将来のキャリアアップを考え、家族と相談した末、了解を得て決めたとする。

「定量分析」を用いた意思決定はこうする

　N氏はすでに学校へ授業料３０万円を納めている。N氏が支払った真の費用は、学校へ納めた３０万円だけであろうか。もちろん、通学の交通費もかかるだろうが、幸運にも会社通勤で購入した定期が使えるとしよう。

　よく考えると、N氏はこの半年間のスクーリングを行なうことによって、失うと考えられるものがいくつかある。例えば次のようなものである。

①平日の仕事の疲れがたまっているので、週末は肉体的にも精神的にも休息の時間が欲しいところだが、このチャンスを失ってしまう。

②いくら家族からの了解が得られたとしても、週末に家族と映画や遊園地に行ったりする家族サービスの時間を失ってしまう。仮にN氏が独身であっても、付き合っている彼女とのデートの時間が取れなくなって、場合によっては結婚へのゴールインが遅くなってしまうかもしれない。

③ゴルフや旅行など会社仲間との懇親の機会も失ってしまうかもしれない。会社仲間とのコミュニケーションは、単なる親睦だけでなく様々な情報交換の場でもあるので、この時間も重要である。

④この半年間に、もし講演会や本の原稿の執筆依頼があった場合、依頼元にこの機会をキャンセルか延期してもらうなどの措置を講じることになるかもしれない。

　このように、N氏が週末に資格取得のためにスクーリングに通う例でも、機会費用はいろいろ考えられる。**すなわち、N氏が支払った真の費用は、すでに納めている３０万円だけではないのである。**
　①〜④までの機会費用を勘案して最終的に意思決定をすべきである。
　一般に機会費用は、次のように分解できる。

93

機会費用＝金銭の支出を伴う費用
　　　　　＋ 金銭の支出を直接伴わない費用

　N氏の場合、金銭の支出を伴う費用は④である。また、金銭の支出を直接伴わない費用は、①、②、③である。後者は金銭でカウントできる費用ではなく、個人の主観で価値が異なってくる。

　さて、もう一方の**埋没費用**であるが、英語で、**サンクコスト**（sunk cost）という。過去に行なった意思決定ですでに支払ってしまって、今では回収不能な費用のことである。この費用をどう考えるか。

　今まで、ある意思決定Aを行なって支払ってきた埋没費用があるとする。今、図表３－２０のように、Aよりも魅力あふれる行動選択案B、Cが現われたとする。BやCに乗り換えたいところだが、Aで支払ってきた埋没費用が非常にもったいない。我慢してでもこのままAを続けるべきできであろうか。
　埋没費用はもはや回収不能である。埋没費用は積極的に忘れて、これからの意思決定に専念すべきである。
　最近、日本ではこの「もったいない」という言葉が美徳のシンボルと再認識されるようになっている。しかしビジネスの世界では、埋没費用としてビジネスライクに決別すべきある。

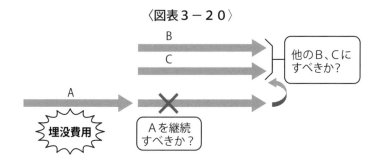

〈図表３－２０〉

「定量分析」を用いた意思決定はこうする

再び、Ｎ氏に登場してもらおう。

Ｎ氏はすでに授業料３０万円を支払っている。スクーリングに通って１ヵ月後、Ｎ氏はどうも最初にイメージしていた内容と実際かなり異なっていることが分かってきた。授業料を支払う際に「お支払いいただいた金額はお返しできません」という契約書に同意しているので、もはや返金は不可能である。

もっと慎重に事を運べばよかったとの後悔もあるが、せっかく３０万円も支払ったことだし、この先も我慢してスクーリングに通って何とか資格取得まで頑張ろうかと思っている。この判断は正しいだろうか。

はっきりといおう。これは間違っている。

すでに支払った３０万円は埋没費用として、きっぱりと無視すべきである。Ａに代わる他の魅力ある資格ＢやＣも現われるかもしれない。**埋没費用は一切忘れ、今後のことだけを考えて最終的に意思決定を行なうべきであろう。**

企業の場合も今まで展開してきた事業を撤退する場合、引き際を間違えると大きな損害を被ることになる。

今まで投じた多額の資金は埋没費用として諦め、例えば在庫となっている製品を値引きしてでも販売して、費用の回収を少しでも行なうとか、他企業とＭ＆Ａで提携してでも新規製品の開発を早めるなど、将来を見据えた様々な意思決定や解決策を講じていくべきであろう。

意思決定のツール❹
追加利益（限界効率）
〈①確実性が高い時の意思決定、で主に使う〉

人員の採用計画で何人雇えばよいかなどの意思決定を行なう際、**追加利益（限界効率）**の考え方が有用である。

例えば、ある学習塾で夏期集中講習を行なう計画があるとしよう。この講習期間、新塾講師を規に何人採用するかを考える。少なくとも１人から最大３人までを採用したい。

いったい何人採用すればよいか、塾経営者は頭をかかえた。新規募集によって収益がたくさん得られればよいのだが、講師に払う人件費も増えるし、何人の採用が適当だろうか。

まず、過去の講師の採用実績から図表３－２１のようなデータが得られたとしよう。ただし、夏期講習期間で塾講師１人当たり３０万円の人件費と見積もったとする。

〈図表３－２１〉

	塾講師の人数	人件費差引前利益
D₁ 案	１人	９５万円
D₂ 案	２人	１４０万円
D₃ 案	３人	１６０万円

ここで、人件費差引前利益とは、学習塾側が講習を行なうことで得られる収益から、テキスト作成費や部屋の賃貸料などの諸経費を引いた粗利益で、講師へ支払う人件費を差し引く前の利益である。

「定量分析」を用いた意思決定はこうする

　塾経営者は D_1 案、D_2 案、D_3 案を何の基準で選ぶべきであろうか。いうまでもないが、人件費を引いた**正味利益**が最も大きい案を選ぶべきであろう。

　それでは各案の正味利益を求めてみよう。

◎ D_1 案の正味利益
　＝９５万円 － ３０万円×１人＝６５万円

◎ D_2 案の正味利益
　＝１４０万円 － ３０万円×２人＝８０万円

◎ D_3 案の正味利益
　＝１６０万円 － ３０万円×３人＝７０万円

　つまり、正味利益が最も多いのは D_2 案の８０万円で、つまり講師を１人や３人採用するよりも、２人採用したほうが多くの利益を上げられることがわかる。

　この結果を図表３－２２のようにグラフを使って考えてみよう。採用する塾講師が１人増すごとに増加する「人件費差引前利益」に注目してほしい。

①０人から１人へ増加する
　➡　９５万円（－０）＝９５万円

②１人から２人へ増加する
　➡　１４０万円－９５万円＝４５万円

③２人から３人へ増加する
　➡　１６０万円－１４０万円＝２０万円

97

〈図表3-22〉

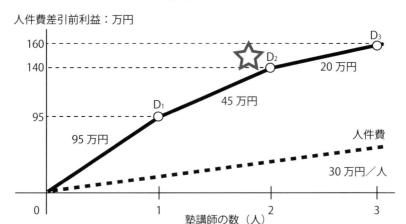

　原点から、各案（$D_1 \sim D_3$）の人件費差引前利益を結んだ折れ線の傾きは、それぞれ塾講師が1人増す場合の**追加利益率**を示している。これを**限界効率**という。
　この折れ線の傾きが、人件費を示す破線の傾きよりも大きい状態から小さい状態に変わる箇所、すなわちこの場合では星マークのついた D_2 案のところで、正味利益が最大になるのである。

　このように、投入できる資源（ここでは塾講師という人）の1単位の追加で増加する利益（限界効率）に注目して選択する方法を**追加利益法（限界効率法）**と呼ぶ。この方法は、**選択案のどれか1つの案を選ぶ**タイプに**適用**できる。
　今述べた人員計画や出店計画における店舗スペースの選択問題など、追加利益法（限界効率法）は広く適用される。

「定量分析」を用いた意思決定はこうする

意思決定のツール❺

期待値原理
〈②リスクがある時の意思決定、で主に使う〉

　リスクのもとでの意思決定を行なう際の、期待値原理のノウハウについて説明する。

　まず、**期待値**という概念をしっかり理解してほしい。期待値は平均ともいうが、**将来起こりうる状態において利得（コスト）と生起確率とを掛けたものの総和**である。すなわち、

　　S_1の（利得×生起確率）＋S_2の（利得×生起確率）＋ …

と算出する。

　ここで、ある3つの行動の選択肢（$D_1 \sim D_3$）があって、それぞれが3つの状態（$S_1 \sim S_3$）のペイオフ表（→70ページ）を考えてみよう。

　ペイオフ表は例えば図表3−23のように、ある投資運用で得られる利益として単位は万円とする。この時、値が負になれば損失を表わすことはいうまでもない。

〈図表3−23〉

行動の選択肢＼将来起こりうる状態 確率	S_1 0.3	S_2 0.5	S_3 0.2
D_1	−10	100	30
D_2	30	50	10
D_3	90	40	5

99

この場合、リスクのもとでの意思決定は３つの起こりうる状態の確率が分かっているので、例えば、状態 S_1 の生起確率を０.３、同様に、S_2 を０.５、S_3 は０.２、とする。

　３つの起こりうる状態の確率の総和が１になることを確認してほしい。

　　　　０.３＋０.５＋０.２＝１ ➡ 確かに間違いない！

　この場合、選択肢 D_1 の期待値は、以下のように計算できる。

　　　　（－１０）×０.３＋１００×０.５＋３０×０.２
　　　　＝－３＋５０＋６＝５３万円

同様に D_2 の期待値は、

　　　　３０×０.３＋５０×０.５＋１０×０.２＝３６万円

同様に D_3 の期待値は、

　　　　９０×０.３＋４０×０.５＋５×０.２＝４８万円

　結果として、選択肢 D_1 の期待値が５３万円で最も大きいので、期待利益が最も大きい D_1 を選ぶことになる。
　このように、**期待利益が最も大きい行動を選択する原理を「期待値原理」**という。

　期待値原理は、各行動案の期待利益が最も大きいものを選択する明快な原理である。

「定量分析」を用いた意思決定はこうする

選択肢 D_1 のペイオフ表の数値をよく見てみよう。

最大値は１００、最小値は－１０、これらの差は、１００－（－１０）＝１１０である。

同様に選択肢 D_2 や D_3 で最大値と最小値の差を求めると、D_2 で４０、D_3 で８５、である。

選択肢 D_1 は利益のバラつきが大きく、不安定といえる。いくら期待値が大きくても、利益が不安定というリスクを好まない人もいる。**利益のバラつきは「分散」という統計指標で記述できるが、分散が小さいほど好ましいとする考えは十分、有効と考えられる。**

このように期待値だけでなく、分散も考慮した意思決定原理を、期待値・分散原理という。これについては次項で詳しく述べる。

> 意思決定のツール❻
期待値・分散原理
〈②リスクがある時の意思決定、で主に使う〉

　リスクのもとでの意思決定を行なう際の、期待値原理のノウハウについて前項で説明したが、**期待値だけでなく、分散も考慮に入れた原理を**「**期待値・分散原理**」という。まずは、分散という概念はビジネスでも非常によく出てくるので、平均と併せて理解していただきたい。

〈図表３－２４〉

将来起こりうる状態 　　確率 行動の選択肢	S_1 0.3	S_2 0.5	S_3 0.2	
D_1	－１０	１００	３０	←期待値53万円
D_2	３０	５０	１０	←期待値36万円
D_3	９０	４０	５	←期待値48万円

　99ページの図表３－２３のペイオフ表をもとに、期待値原理によって各行動の選択肢（D_1～D_3）の期待値（平均）をすでに算出した。その結果を改めて図表３－２４に示す。ここでは、期待値だけでなく分散も算出する。選択肢D_1の期待値は５３万円であったが、**期待値からのずれ（つまり差のこと）を２乗した平均を「分散」という。**また、**分散の平方根を「標準偏差」という。**

　続けて具体的な数値で示してみよう。

　選択肢D_1の分散は、図表３－２４のアミがけで囲った箇所に注目して、

「定量分析」を用いた意思決定はこうする

$$(-10-53)^2 \times 0.3 + (100-53)^2 \times 0.5$$
$$+ (30-53)^2 \times 0.2$$
$$= 1,190.7 + 1,104.5 + 105.8 = 2,401$$

標準偏差$=\sqrt{2401}=49$

同様に、選択肢 D_2 では、期待値は３６万円なので、

$$(30-36)^2 \times 0.3 + (50-36)^2 \times 0.5$$
$$+ (10-36)^2 \times 0.2$$
$$= 10.8 + 98 + 135.2 = 244$$

標準偏差$=\sqrt{244}=15.6$

同様に、選択肢 D_3 では、期待値は４８万円なので、

$$(90-48)^2 \times 0.3 + (40-48)^2 \times 0.5$$
$$+ (5-48)^2 \times 0.2$$
$$= 529.2 + 32 + 369.8 = 931$$

標準偏差$=\sqrt{931}=30.5$

　行動の選択肢 D_1 の分散（または標準偏差）が、他の D_2 や D_3 に比べて最も大きい。すなわち、選択肢 D_1 では利益のバラつきが大きく、利益が不安定、リスクも大きいといえる。**利益の期待値だけでなく、リスクまでを考慮した原理を期待値・分散原理という。**

　期待値が大きくてもリスクは好まないという人も多いので、期待値は大きく、分散は小さいという基準は有効と考えられる。

　期待値と分散（または標準偏差）を組み合わせた指標として、例えば、

次のような2つの指標を算出し、この指標が最も大きい行動を選択することが考えられる。

①指標　：　$\dfrac{期待値}{標準偏差}$

②指標　：　期待値－標準偏差

①の指標によれば、

選択肢 D_1 では、　５３÷４９＝１.１
選択肢 D_2 では、　３６÷１５.６＝２.３
選択肢 D_3 では、　４８÷３０.５＝１.５７

最も大きいのは、選択肢 D_2 の　２.３　である。

②の指標によれば、

選択肢 D_1 では、　５３－４９＝４
選択肢 D_2 では、　３６－１５.６＝２０.４
選択肢 D_3 では、　４８－３０.５＝１７.５

最も大きいのは、①の指標と同じく選択肢 D_2 の　２０.４　である。

　このように、前項では期待値だけに注目する期待値原理で選択肢 D_1 を選んだが、期待値・分散原理では、選択肢 D_2 を選ぶことになる。期待値・分散原理では、もし同じ期待値であれば、標準偏差の小さい（リスクの小さい）ものを選択する。また、同じ標準偏差（リスク）であれば、より期待値の大きいものを選択することになる。

「定量分析」を用いた意思決定はこうする

意思決定のツール⑦

最尤未来原理
〈②リスクがある時の意思決定、で主に使う〉

ここでは、**最尤未来原理**について説明する。最尤未来とは、聞きなれない言葉かもしれないが、要は、**最も起こる可能性の高い状態に注目して他は無視する**。こうして選択した１つの状態の中で、さらに最も大きいペイオフを持つ行動を選ぶ原理である。

〈図表３－２５〉

↓確率が最大

行動の選択肢 \ 将来起こりうる状態 確率	S_1	S_2	S_3
	0.3	**0.5**	0.2
D_1	－10	**100**	30
D_2	30	50	10
D_3	90	40	5

←選択

　99ページの図表３－２３の場合ではどうなるか。最も確率が高いのは５０％である状態S_2である。この状態S_2で、選択肢D_1が１００と最もペイオフが大きいので、図表３－２５のようにD_1が選択されることになる。

　最尤未来原理が説得力を持つのは、１回限りの、繰り返されることはない選択で、ある１つの状態の確率が他を大きく引き離している場合である。この例では、S_1が０.３、S_2が０.５、S_3が０.２と、決して状態S_2が他の状態を大きく引き離しているわけではないが、最尤未来原理に基づいた行動といえる。

例えば、ある企業の営業部の上司が、新入社員や意気消沈気味の部下にチャンスを与えようと、自分が担当している案件を任せようと考えたとしよう。

　この上司はこの時どんな案件を任せようとするか。

　新人や部下には成功体験や自信をつけさせるために、おそらく、普通に営業活動すればまずは確実に受注できる案件を任せるに違いない。

　このように、受注できる確率が最も高い案件を（上司自らが選択して）新人や部下にやらせるようなことを、最尤未来原理に基づく意思決定という。

　この結果、めでたく受注に至って新人や部下は自信をつけ、今後もっと難易度の高い営業案件に挑むことだろう。この面倒見のよい、部下思いの上司への恩返しを期待したいところである。

　この上司のような試みは何度も行なうべきではない。ワンチャンスでよいだろう。何度も試みては新人や部下もまた期待してしまい、つい甘え癖ができてしまうに違いない。この考えは最尤未来原理の「1回限りで」に基づいている。

意思決定のツール❽ 要求水準原理
〈②リスクがある時の意思決定、で主に使う〉

　要求水準原理について説明する。「要求水準」とは、意思決定を行なうものが最低限これだけは達成したいと希望する水準をいう。
　その達成できる可能性が最も大きい行動を選択する原理を「要求水準原理」と呼ぶ。
　99ページの図表3－23の場合、仮に要求水準が40万円としよう。このことは、つまり最低でも40万円を得られる行動なら問題ないと判断できる、ということを意味する。この場合、図表3－26のアミがけで囲った箇所が、これに相当する。

〈図表3－26〉

将来起こりうる状態 行動の選択肢	S_1	S_2	S_3
確率	0.3	0.5	0.2
D_1	－10	100	30
D_2	30	50	10
D_3	**90**	**40**	5

←選択

　行動の選択肢 D_1 では、状態 S_2 のみが要求水準を超えているので、

　　0.5＝50％

　同様に、D_2 でも状態 S_2 で、

$$0.5 ＝ 50 ％$$

同様に、D_3 では、状態 S_1 と S_2 で、

$$0.3 ＋ 0.5 ＝ 0.8 ＝ 80 ％$$

すなわち、選択肢 D_3 が８０％と最も大きいので、要求水準原理から、図表３－２６において D_3 を選択することになる。

　この要求水準を設定する行為は、主観的でかつ曖昧である。人間、高望みをすれば切りがないので、そのことに気をつけて要求水準を設定したい。

　例えば、エアコンを新しく購入すると考えよう。最近のエアコンは機能も非常に豊富になっている。価格帯やエアコンが効く広さ（例：１０畳）で機種選択するのであればそれほど悩まなくても済むが、加湿・除湿、空気清浄、自動掃除、はたまたエコ運転など新機能を含む新機種がどんどん開発されている。
　果たしてどの機能までを要求水準とするのか購入する側も頭が痛いところである。しかし現実問題としては、予算が優先してあるところで妥協して購入せざるをえないだろう。
　この予算を優先して行動を選択することも「要求水準原理」といえる。

「定量分析」を用いた意思決定はこうする

意思決定のツール❾
ラプラスの原理（等可能性の原理）
〈③不確実な時の意思決定、で主に使う〉

　不確実な時の意思決定では、将来起こりうる状態がまったく分からない。すなわち状態の生起確率に関する情報が分からないのである。この状態で意思決定をどう行なうか、いくつかの方法を説明する。

　図表３－２７のペイオフ表を見てほしい。不確実な時は確率が分からないため、その表記がされていない。

〈図表３－２７〉

行動の選択肢＼将来起こりうる状態	S_1	S_2	S_3
D_1	－１０	１００	３０
D_2	３０	５０	１０
D_3	９０	４０	５

　ラプラスの原理とは、各状態の生起確率がいくら分からないといっても何とか確率の情報を引き出したい苦肉の策でもある。そのためには、**各状態がすべて同じ確率で起こるものと想定する**。

　例えば、明日の天気を知りたくてもテレビやラジオなどで天気予報を受信できない状態であれば、晴れ、曇り、雨になる確率をそれぞれ同じ確率３分の１と考えざるをえないだろう。これこそ、まさにラプラスの原理に基づく。

　図表３－２７のペイオフ表の例では、起こりうる状態が３つなので、

109

それぞれ同じ確率3分の1で起こると想定し、それぞれの行動の選択肢
で期待値を計算すると次のようになる。

◎行動の選択肢 D_1

$$(-10万円) \times \frac{1}{3} + 100万円 \times \frac{1}{3} + 30万円 \times = 40万円$$

◎行動の選択肢 D_2

$$30万円 \times \frac{1}{3} + 50万円 \times \frac{1}{3} + 10万円 \times \frac{1}{3} = 30万円$$

◎行動の選択肢 D_3

$$90万円 \times \frac{1}{3} + 40万円 \times \frac{1}{3} + 5万円 \times \frac{1}{3} = 45万円$$

この結果、期待値の大きい D_3 を選択することになる。

意思決定のツール⓾
マキシミン原理（悲観的態度を反映した決定原理）
〈③不確実な時の意思決定、で主に使う〉

次に、マキシミン原理を説明する。マキシミンとは、max（最大）とmin（最小）を合成した用語である。

109ページの図表3－27のペイオフ表で、各行動の選択肢について**"最小の利得"**を求め、その中から**"最大の利得"**を実現する行動を選択する原理である。

結果を図表3－28に示す。下の欄には、各行動案の最小利得を記し、その中で10と最も大きい行動D_2を選択することになる。

〈図表3－28〉

行動の選択肢＼将来起こりうる状態	S_1	S_2	S_3
D_1	－10	100	30
D_2	30	50	10
D_3	90	40	5

←選択

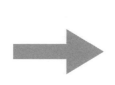

最小利得
－10
10 ←最大
5

このように、「マキシミン原理」とは、"最小の利得"を求めることから始まる。すなわち、最悪の結果を考慮し、その中からせめて最もましな「利得」（"最大の利得"）を選択しようとする原理である。

　マキシミン原理は、悲観的というか消極的な考え方で、換言すれば控えめで慎重な意思決定といえよう。

　一方、ペイオフが利得ではなく「**損失**」の場合は、各行動案の中で"最大の損失"を求め、その中で"最小の損失"を実現する行動案を選択する。このような場合は「**ミニマックス原理**」という。

　「ミニマックス原理」の例としては、生命保険や損害保険などが挙げられる。それら、生命に関わるような事故は決して起きて欲しくはないが、最悪の事態が起こるのを考え、その中でも最善の行動を考慮するという考え方に基づいているのである。

　マキシミン原理やミニマックス原理は、ワルド（A. Wald）が提案した考え方である。不確実性の高い将来に対して最悪の事態を考慮した選択の原理である。

意思決定のツール⓫
マキシマックス原理（楽観的態度を反映した決定原理）
〈③不確実な時の意思決定、で主に使う〉

続いて、マキシマックス原理を説明する。109ページの図表3－27のペイオフ表から、各行動の選択肢について"**最大の利得**"を求め、さらに"**最大の利得**"を実現する行動を選択する原理である。

結果を図表3－29に示す。下の欄には、各行動案の最大利得を記し、その中から100と最も大きい行動D_1を選択することになる。

〈図表3－29〉

行動の選択肢＼将来起こりうる状態	S_1	S_2	S_3
D_1	−10	100	30
D_2	30	50	10
D_3	90	40	5

このように、「マキシマックス原理」とは、最大の利得を求めることから始まる。すなわち、最良の結果を考慮し、その中から最も大きい利

得を選択しようとする原理である。

　マキシマックス原理は、楽観的で積極的な意思決定といえよう。強いていえば、やや欲張りな選択といえなくもない。

　マキシマックス原理の例としては、宝くじを買うとか金の投資や商品先物取引を行なうなどの大きな利益を夢見る投機性の高い投資への意思決定がある。

　一方、ペイオフが利得ではなく「**損失**」の場合は、各行動案の中で“最小の損失”を求め、その中からさらに“最小の損失”を実現する行動案を選択する。この場合は「**ミニミン原理**」という。

「定量分析」を用いた意思決定はこうする

意思決定のツール⑫

ハービッツの原理（悲観的態度と楽観的態度を含めた一般化原理）

〈③不確実な時の意思決定、で主に使う〉

　最後に、「ハービッツの原理」を紹介する。前の2項はマキシミンやマキシマックスというように、ｍｉｎ（最小）やｍａｘ（最大）を合成した用語であったが、ハービッツ（L. Hurwicz）の原理は、今まで説明してきた悲観的な意思決定である「マキシミン原理」と、楽観的意思決定といえる「マキシマックス原理」を、統一的に扱ったものである。

　マキシミン原理にしてもマキシマックス原理にしても、考え方自体はやや両極端である。ハービッツは統一的に扱ったというが、具体的にはどうしたのか。

　マキシミン原理とマキシマックス原理との橋渡しをする「楽観度係数 a」を導入したのである。

　この a は0から1までの値を取る。ペイオフ表で、各行動案での最大利得に a を、最小利得に（$1-a$）を掛けたものを計算して足す。これを「**決定係数**」といい、この値を最大とする行動案を選択するという原理である。

　やや抽象的でややこしい感じもするが、引き続きじっくりと中身を見てみよう。

　繰り返すが、ハービッツの原理とは、

　　　　決定係数＝最大利得×a＋最小利得×（$1-a$）

と計算して、決定係数が最大となる行動案を選択するのである。

　さて、 $a=0$ の場合、決定係数は何を意味するのか？

115

決定係数は単に最小利得だけになってしまう。この値が最大となる行動案を選ぶ原理とは何であったか？　そう、悲観的意思決定といえるマキシミン原理であったことをすぐ思い出してほしい。

それでは、$a = 1$の場合はどうだろうか？

この場合は決定係数は単に最大利得になってしまう。この値がさらに最大となる行動案を選ぶ原理とは、楽観的意思決定のマキシマックス原理であった。

以上をまとめると、ハービッツの原理で導入した楽観度係数aは、

$a = 0$の時 ➡ マキシミン原理（悲観的意思決定）を表わす

$a = 1$の時 ➡ マキシマックス原理（楽観的意思決定）を表わす

aは０から１の値を取って、０に近ければ悲観的で、１に近づけば楽観的傾向の強い意思決定となるのである。

両極端であるマキシミン原理とマキシマックス原理を、aという係数を導入することで統合したアイデアは、画期的なものであるといえる。

今までのペイオフ表に「ハービッツの原理」を適用してみると、図表３－３０のようになる。

〈図表３－３０〉

	S_1	S_2	S_3	最大利得	最小利得	決定係数
D_1	−10	100	30	100	−10	$100 \times a + (-10) \times (1-a)$
D_2	30	50	10	50	10	$50 \times a + 10 \times (1-a)$
D_3	90	40	5	90	5	$90 \times a + 5 \times (1-a)$

各行動案の決定係数を求めてみる。

◎行動案 D_1 の場合
　$100 \times \alpha + (-10) \times (1-\alpha)$

◎行動案 D_2 の場合
　$50 \times \alpha + 10 \times (1-\alpha)$

◎行動案 D_3 の場合
　$90 \times \alpha + 5 \times (1-\alpha)$

さて、$\alpha = 0$ では、決定係数の値はどうなっているか？
　行動案 D_1 では-10、行動案 D_2 では10、行動案 D_3 では5、という最小利得になって、この中から最大値を選ぶ「マキシミン原理」の結果（D_2）と一致する。

　$\alpha = 1$ では、マキシマックス原理の結果（D_1）になることを確認するのは困難ではないだろう。

　最後に、α が0と1の間の値、例えば $\alpha = 0.3$ ではどうなるか？
決定係数を実際に計算してみよう。

◎行動案 D_1 の場合
　$100 \times 0.3 + (-10) \times 0.7 = 30 - 7 = 23$

◎行動案 D_2 の場合
　$50 \times 0.3 + 10 \times 0.7 = 15 + 7 = 22$

◎行動案 D_3 の場合

９０×０．３＋５×０．７＝２７＋３．５＝３０．５

以上から、決定係数が最大となる行動案 D_3 が選択される。

このように、ハービッツの原理では、「楽観度係数 $α$」の値によって**意思決定される行動案が異なることが分かる。**

楽観度係数 $α$ によって、決定係数の値がどう変化するかを結果だけグラフで示すと、図表３－３１のようになる。

〈図表３－３１〉

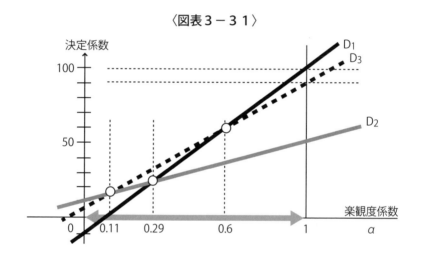

この図から、次のことが分かる。

◆ $α$ が０以上、０．１１（＝１／９）未満では、決定係数は D_2 が最大となる。
◆ $α$ が０．１１より大きく、０．６未満では、**決定係数 D_3 が最大となる。**
◆ $α$ が０．６より大きく、１以下では、**決定係数 D_1 が最大となる。**

このように、楽観度係数 $α$ の値によって、最大となる決定係数を持つ

「定量分析」を用いた意思決定はこうする

行動案が異なり、$a = 0.3$付近では、行動案D_3が最も大きな値になっていることが確認できる。

「ハービッツの原理」は、マキシミン原理とマキシマックス原理を「楽観度係数a」で橋渡しを行なった、理論的には興味深いものであるが、実用的な面からはどうであろうか。

aの値で選択すべき行動案が変化する。その場合、どのようにaの値を選択すればよいのか。

不確実な時の意思決定の中に、不確実な「楽観度係数a」をさらに導入することで、理論的にはおもしろいかもしれないが、実用の面で不透明度を増しているような感じもしないではない。

より合理的であろうという「楽観度係数a」を自ら選ぶ、ということを意識してほしい。

ラプラスとハービッツはどんな人？

　「ラプラスの原理」に登場するラプラスとは、特に理系の方とか自然科学に興味ある方であればピンとくる名前かと思われる。ピエール＝シモン・ラプラス（Pierre-Simon Laplace、1749年〜1827年）はフランスの数学者で、「天体力学」と「確率論の解析理論」という名著を残した。

　本書でも触れたラプラスの原理とはこの確率論の功績に関係しており、将来起こりうる状態についてまったく確率がわからない時、起こりうるそれぞれの状態は同じ確率で起こると考えようというものである。

　ロボットなど工学の制御理論で適用されるラプラス変換の発見者でもある。さらに、ラプラスの悪魔と呼ばれている用語も有名である。他にラプラスの星雲説などで知られる。

　このように自然科学や工学の分野で頻繁に名前が登場する著名な学者である。

　一方、「ハービッツの原理」こと、ハービッツ（Leonid Hurwicz；フルビッツと表記することもある）は、1917年8月21日生まれで、米国の経済学であり数学者でもある。

　ハービッツの原理は1950年発表されたもので、本書でも説明しているように、「楽観度係数α」を導入してマキシミン原理とマキシマックス原理との結合を図っている。まさに、数学的理論として美しくまとめられている。

　ハービッツは、2007年ノーベル経済学賞の受賞者3人のうちの1人で、何と90歳で受賞という、ノーベル賞の最高年齢受賞者になった。

第 4 章

ケーススタディ 1

確実性が高い時の「定量分析」による意思決定

★事例1	# パート従業員の採用面接で 誰を選ぶべきか
	重み付きスコア

　印刷会社のパート従業員で経理事務を担当していた人が、家庭の事情で急に会社を辞めなければならなくなった。月末が近く経理集計作業に支障をきたす可能性が出るので、それを避けるために経営者であるJ氏は新聞折込みチラシで急募をかけた。

　幸いにも5人の応募があったが、経営上どうしても1人に絞り込まなければならない。J氏はこの面接希望者5人のうち誰を選ぶべきか。

意思決定のアプローチ

　採用面接を行なう側は、面接希望者に特に何を期待するかによって、評価項目を決める必要がある。経理・事務作業であるから、まずは経理知識や技能は必須であり、実務経験も重要であろう。

　また、業務遂行力だけではなく本人の人柄とか、場合によっては顧客と接する機会もあるので、身だしなみもきちんとしていたほうがよい、など面接する側の希望も挙げたら切りがないだろう。

　採用面接を受ける側についていうと、こちらの過大な要望が分かっていたら、かなりのプレッシャーを感じてしまうに違いない。

　そんな状況で、**客観的な評価・選定を行なうには、J氏は例えば次ページの図表4－1のような面接チェックシートを作成することが望ましい。**

　ここでは、面接希望者5人を、Aさん、Bさん、Cさん、Dさん、Eさんとして、評価項目を①専門的知識、②経験年数、③人柄、④身だしなみ、の4項目とした。

122

〈ケーススタディ１〉確実性が高い時の「定量分析」による意思決定

　①の専門的知識に関しては、資格試験の取得状況や、面接時に簡単な
ペーパーテストで評価した。各項目で０～５点のスコアを記入した。

　また、４項目のうち、結果をより重要評価する目的で、１～５の重み
付け（ウエイト）を行なった。Ｊ氏は、経理作業の専門性と人柄を重視
し、具体的には①の専門的知識は５、②経験年数は３、③人柄は４、④
身だしなみは２、とした。

　なお、面接希望者５人から、最高スコアの１人を選定したいと考えて
いる。

　さて、その面接の結果が、図表４－１のとおりであったとしよう。

〈図表４－１〉

面接希望者 ＼ 評価項目	①専門的知識	②経験年数	③人柄	④身だしなみ
Ａさん	5	3	3	4
Ｂさん	4	4	5	3
Ｃさん	4	3	4	4
Ｄさん	5	4	4	3
Ｅさん	3	4	3	5

　Ａさんの総スコアは、次のようになる。

　　　　５×５＋３×３＋３×４＋４×２＝５４点

同様に、残りの人も計算してみる。

Bさんの総スコア ➡ 4×5＋4×3＋5×4＋3×2＝58点

Cさんの総スコア ➡ 4×5＋3×3＋4×4＋4×2＝53点

Dさんの総スコア ➡ 5×5＋4×3＋4×4＋3×2＝59点

Eさんの総スコア ➡ 3×5＋4×3＋3×4＋5×2＝49点

　結果として最高スコアは、僅差であったがDさんの59点で、Dさんを採用決定した。

この事例で分かったこと

▶客観的な評価・選定を行なうには、このケースで挙げたようなチェックシートを作成したほうがよい。
　より詳細な評価項目を入れたら、評価精度が上がるだろう。しかし、面接人数が増えた場合、かなりの集計作業になるだろうから、どの程度にすべきか状況を見て作成すべきである。

▶各評価項目のスコア幅については、5点でよいか、より精緻な10点がよいか、さらに重み付け（ウエイト）も、面接評価をする上で、何の評価項目を重要視しているのかを明確にして決定するほうがよい。

〈ケーススタディ１〉確実性が高い時の「定量分析」による意思決定

★事例2

外国企業からの商品注文を受けるべきか
限界利益・損益分岐点

大手精密機器Ｓ社には、１種類の製品ラインで生産から販売まで手がける海外事業部がある。

〈図表４－２〉

費　目	1個当たりの費用
①直接材料費・消耗費	3万5千円
②変動加工費・経費	1万5千円
③直接労務費　（2億8千万円÷10,000個）	2万8千円
④各種の間接経費　（2億円÷10,000個）	2万円
⑤減価償却費　（8千万円÷10,000個）	8千円
合　計	10万6千円

現状、生産ライン及び人にも余裕があって、国内での生産に加え、さらに海外向けの増産も可能な状況にある。

この海外事業部では、売上高を増大させるために輸出を促進したいが、海外市場が最近、円高傾向のため、売上収益は国内市場よりもかなり低い。

なお、最近の国内での月間販売量は１０，０００個で、経理部からの資料（図表４－２）では、１個当たりの製造費用は１０万６千円であった。

また、製品の販売価格は、国内では１個当たり１２万円で、すなわち、月当たりでは、（１２万円－１０万６千円）×１０，０００個＝１億４千万円　の利益が得られていた。

そんな中、今月になって外国商社Kから毎月2,000個ずつをS社から輸入したいという申入れがあった。この国へ売るには、売り値から関税や運賃などの諸経費を引くと、最終的に1個当たりの販売価格が9万5千円になってしまう。S社の海外事業部は、この申入れを受けるべきであろうか。

ちなみに、図表4－2で③～⑤のカッコ内は、月間の固定費を製品1個当たりの費用に換算することを意味している。

意思決定のアプローチ

S社の海外事業部は、外国商社Kから注文を受けるべきか、それとも受けないほうがよいか。受注するとしても、利益が出ないことには注文は受けられないだろう。これが意思決定を行なう判断基準となりうる。

すでに、第3章の**損益分岐点分析**（→78ページ）で説明したように、

利益＝売上高－費用

であった。
製品1個当たりの費用を、図表4－2から10万6千円と見なしていたら、

利益＝9万5千円－10万6千円＝－1万1千円　＜0

となって、注文の申入れを断って輸出しないことを決定するであろう。（これまでこの外国商社Kとの実績や、良好なビジネスパートナーであったかどうかも勘案するだろうが）果たして、この判断は間違っていないだろうか。後々になって機会損失で後悔することにはならないだろ

〈ケーススタディ１〉確実性が高い時の「定量分析」による意思決定

うか。

さて、125ページの図表４－２を再度じっくり見てみよう。

前章の損益分岐点分析（→78ページ）では、費用は固定費と変動費に分解できることに触れた。図表４－２では、①＋②（＝５万円）は、生産量（売上高）に比例する**変動費**である。一方、③＋④＋⑤（＝５万６千円）は、生産量（売上高）には関係しない一定の**固定費**である。

固定費５万６千円は、製品１個当たりの費用に換算しないで、月間の値、すなわち、２億８千万円＋２億円＋８千万円＝５億６千万円 を月額の固定費と考える。

そうすれば、国内市場で１２万円で売る場合、月々の利益は、

（製品売価－変動費）×生産量（販売量）－固定費
＝（１２万円－５万円）×１０，０００個－５億６千万円
＝ １億４千万円 ＞０

となり、しっかりと利益が出ることになる。これはいけそうである！

この考えが正しければ、外国商社Ｋからの注文を受けた場合、これによって発生するコストは製品１個当たり変動費として５万円だけである。決して固定費までを含めた１０万６千円ではないことに注意してほしい。

余談であるが、伝統的な原価計算である**「全部原価計算」**では、固定費まで按分して製品１個当たりのコストに含めることもあるが、利益計画を見て意思決定を行なう場合、費用を固定費と変動費に分けて変動費のみを製品原価として、固定費を期間費用（その期の費用）として処理する**「直接原価計算」**の考えが必要となる。

127

この計算方法は損益分岐点分析と連動し、利益計画の策定に非常に有用である。

海外輸出品からの売上は1個当たり9万5千円で、輸出によって増加するコストは1個につき5万円であるため、4万5千円（＝9万5千円－5万円）ずつの利幅（＝**限界利益**）が生じる。

もし、毎月2,000個ずつの注文を受けるなら、9千万円（＝4万5千円×2,000個）の利益が海外向け輸出によって増加となる。この状況からも外国商社Kからの海外注文は現時点では受けるべきと判断できるだろう。

続いて、精密機器S社の海外事業部が、国内向けだけに生産・販売を行なうとして、第3章で学んだ損益分岐点分析を行なってみよう。第3章では、横軸は売上高になっていたが、**この場合、売上高を販売価格12万円で割れば、生産・販売量（個）に換算できる。**

月額固定費5億6千万円、製品1個当たり変動費5万円から、総費用線が描ける。この場合、1個売り上げるごとに12万円のうち、変動費が5万円なので、変動費率は、0.417（＝5万円÷12万円）となり、すなわち、損益分岐点売上高は次のようになる。

$$\frac{5億6千万円}{1-0.417} = 9億6千万円$$

また、損益分岐点での生産・販売量は、次のようになる。

9億6千万円÷12万円＝8,000個　（→図表4－3）

〈図表４－３〉

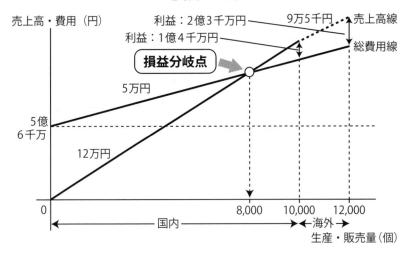

国内での月間１０,０００個の生産・販売量では、

売上高＝１２万円×１０,０００個＝１２億円

となる。また、総費用は次のようになる。

総費用＝固定費＋変動費
　　　＝５億６千万円＋５万円×10,000個＝１０億６千万円

以上より、利益は次の金額になる

利益＝１２億円－１０億６千万円＝１億４千万円

現状では、生産ラインと人に余裕があるため、さらに海外向けに、１個当たり９万５千円で２,０００個輸出すれば、生産・販売量は合計１２,０００個になって、次の金額が求められる。

売上高＝１２億円＋９万５千円×２,０００個＝１３億９千万円
総費用＝５億６千万円＋５万円×１２,０００個＝１１億６千万円
利　益＝１３億９千万円－１１億６千万円＝２億３千万円

限界利益の観点から説明すると、国内での生産・販売量を１個増加するごとに、７万円（＝１２万円－５万円）だけ利益（＝**限界利益**という）が回収され、月額固定費５億６千万円を回収するには、

５億６千万円÷７万円＝８,０００個

を達成して、損益分岐点に到達する。損益分岐点を超えると、１個ごとに、７万円ずつ利益が増えていく（→図表４－４）。

〈図表４－４〉

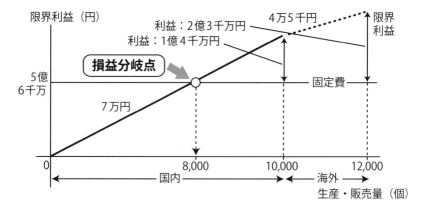

S社の海外事業部では、生産ラインと人に余裕がある状態であるが、外国商社Kからの注文を受けるかどうかの判断は、限界利益＝９万５千円－５万円＝４万５千円 **＞０** であることが重要である。
　さらに、追加注文を受けることで、設備や人員といった固定費の増加が限界利益を超過しないのかもチェックする必要がある。

〈ケーススタディ１〉確実性が高い時の「定量分析」による意思決定

もし、設備投資や人員補強を行なって固定費が仮に９億円（＞８億９千万円）のように増加してしまっては、せっかく海外からの追加注文を行なっても、利益どころか損失になってしまう（→図表４－５）。

今回のケースでは、生産ラインと人に余裕がある状態のため、固定費の増加は考えなくてよさそうである。

〈図表４－５〉

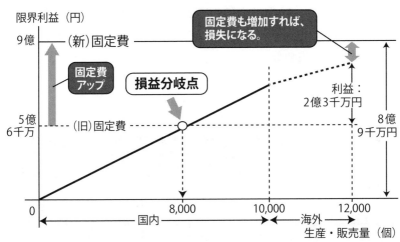

この事例で分かったこと

▶精密機器会社の海外事業部が国内向け製品だけを生産・販売を行なう場合、さらに外国商社からの追加注文を受けるかどうかを決定する際、損益分岐点分析は有効なツールになりうる。

▶追加注文の意思決定をする際、限界利益 ＞０ であることが重要であるが、それに伴って、固定費が過剰に増大しないよう注意する必要がある。

事例3 ★

事業拡張に伴う新プラントを建設すべきか

キャッシュフローとＮＰＶ

化学薬品メーカーのＸ社は現在、遊休地となっている会社敷地内に、新製品製造のため新プラントの建設を予定している。この投資プロジェクトの採算について検討を一任された担当者Ｂ氏は、同社の財務部担当者から得られた各種情報に基づいて、図表４－６のような予想キャッシュフローを作成した。

〈図表４－６〉

単位：円

	投資実行時	1年後	2年後	3年後	4年後	…
投資額	100億	0	0	0	0	…
売上高	0	0	30億	40億	40億	…
営業費用	0	0	25億	35億	35億	…
内減価償却費	0	0	5億	4億	4億	…
税引前利益	0	0	5億	10億	10億	…
税引後利益	0	0	3億	6億	6億	…
キャッシュフロー	▲100億	0	8億	10億	10億	…

※4年後以降は3年後の数字と同じと推定
※キャッシュフロー＝減価償却費＋税引後利益　　※▲＝マイナス

Ｂ氏は新プラント建設を実行すべきかどうかの判断をどうすればよいか。この時、Ｂ氏は初期投資額１００億円については、会社内の遊休地

〈ケーススタディ１〉確実性が高い時の「定量分析」による意思決定

を活用するため、土地代は含めていない。

意思決定のアプローチ

第３章で学んだ**キャッシュフローと正味現在価値（ＮＰＶ）**（→ 85
ページ）を使って意思決定することを考えてみよう。

B氏は割引率を５％と見込み、正味現在価値を考えるに当たって、
キャッシュフローの数値に注目して、また４年後以降は３年後の数字と同
じであることも考慮して、正味現在価値を次のように算出しようとした。

$$\frac{8億}{1.05^2} + \frac{10億}{1.05^3} + \frac{10億}{1.05^4} + \frac{10億}{1.05^5} + \cdots - 100億 \quad ➡（1）$$

ここで、B氏はこの計算をどうしようか悩んでしまった。

$$\frac{1}{1+r} + \frac{1}{(1+r)^2} + \frac{1}{(1+r)^3} + \cdots = \frac{1}{r} \quad ➡（2）$$

（２）は、すでに91ページで説明しているように、正味現在価値を算
出する期間が半永久的ならば、使用できる公式であった。

そこで再び、（１）を登場させ、

$$\frac{8億}{1.05^2} + \frac{10億}{1.05^3} + \boxed{\frac{10億}{1.05^4} + \frac{10億}{1.05^5} + \cdots} - 100億 \quad ➡（1）$$

（１）の破線枠で囲んだ部分は、次の（３）のように計算する。

$$\frac{10億}{1.05^4} + \frac{10億}{1.05^5} + \cdots$$

$$= \frac{10億}{1.05^3} \times \left(\frac{1}{1.05} + \frac{1}{1.05^2} + \frac{1}{1.05^3} + \cdots \right) \quad ➡（3）$$

133

前ページ（3）の（　　）の部分は、3年目以降のキャッシュフローの現在価値で、公式（2）を適用すると、

$$\frac{10億}{1.05^3} \times \frac{1}{0.05} \quad \Rightarrow \quad (4)$$

と容易に計算できる。

結局、正味現在価値（1）は、

$$\frac{8億}{1.05^2} + \frac{10億}{1.05^3} + \frac{10億}{1.05^3} \times \frac{1}{0.05} - 100億$$

＝7.26億円＋8.64億円＋172.77億円－100億円
＝89億円

　すなわち、正味現在価値はプラス（正）になるので、この投資プロジェクトを実施するのは問題ないとの判断ができる。担当者B氏は自信を持って担当役員に説明できることを確信した。さっそく、B氏は稟議書にまとめ、担当役員に説明のアポを取った。
　すると、B氏が担当役員の前で説明したところ、役員はB氏の説明に首をかしげた。
　B氏は投資実行時の初期投資額100億円については、会社敷地内の遊休地を活用するため、土地代を含めていなかったが、担当役員はこの点に触れ、「遊休地が現時点でどの程度の価格で売却できるのか。機会費用を考慮しなさい」、とB氏に再検討を求めた。

　なぜだろうか？　機会費用をまったく考慮していなかったB氏は落胆したが、気を取り直して再び検討を始めた。
　地元の不動産コンサルタントなどにヒアリングした結果、遊休地となっているこの土地は、マンション用地として、予想売却価格が100

〜130億円になっていることが判明した。

この調査結果を役員に報告したところ、役員は、当初建設の候補と考えていた遊休地であったが、この代わりとなる新プラント用工業用地として、100億円以下の物件がないか調査するようB氏に命じた。

B氏は、すぐさま新たな工業用地候補を70億円で見つけた。結果的には遊休地をマンション不動産業者に120億円で売却し、新たな工業用地を70億円で購入することを決定した。

目まぐるしい展開であったが、今までの推移をキャッシュの収入・支出の状況で図示してみよう。

まず図表4－7は、最初にB氏が考えたイメージである。

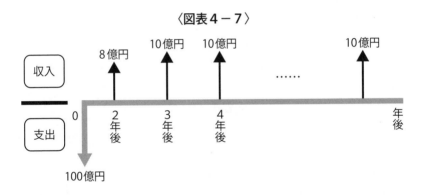

〈図表4－7〉

次に、遊休地をマンション不動産業者に120億円で売却し、新たな工業用地を70億円で購入することを決定した状況は、次ページの図表4－8のようになる。

〈図表4-8〉

収入／支出

120億円
8億円　10億円　10億円　　　　10億円
0　2年後　3年後　4年後　……　年後
100億円
70億円

図表4-8は、結局は図表4-9のように書き表わすことができる。

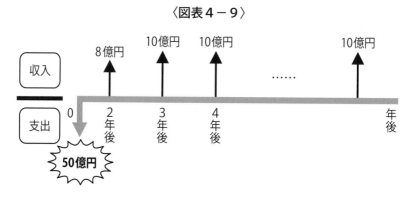

〈図表4-9〉

当初、初期投資額とした100億円は、結果的には50億円に半減している。

図表4-9の正味現在価値は、もはや計算しなくてもプラス（正）で

〈ケーススタディ１〉確実性が高い時の「定量分析」による意思決定

あることは分かるが、念のため計算してみよう。

$$\frac{8億}{1.05^2}+\frac{10億}{1.05^3}+\frac{10億}{1.05^4}+\frac{10億}{1.05^5}+\cdots-50億$$

$$=7.26億円＋8.64億円＋172.77億円－50億円$$
$$=139億円$$

となって、図表４－７と比較して、５０億円の増加となっている。

この事例で分かったこと

▶正味現在価値（ＮＰＶ）法によって、予想キャッシュフローから正味現在価値を実際に算出した。この方式を使えば、正味現在価値がプラス（正）であれば投資すべきとの判断ができるようになる。

▶機会費用があれば、キャッシュフローは機会費用を含めて計算することが大切である。これにより意思決定の精度がさらに増す。もちろん、上司への説得力、そして信頼度も増すであろう。

★ 事 例 4	# 営業会議は就業時間それとも # 残業時間に行なうべきか

機会費用

　中堅情報通信企業であるＺ社は定期的に営業会議を毎週月曜日に２時間実施している。Ｚ社には東京本社と名古屋支社があって、営業担当者はそれぞれ１０人いる。今までは、東京本社に２０人が顔を合わせて会議を行なってきた。

　ところが、Ｚ社の前線部隊である営業は日々多忙であるため、就業時間よりも、例えば金曜日などの残業時間などに営業会議をしたほうがよいとの意見が経営トップから出た。果たしてどちらにすべきだろうか。また、さらにコストが抑えられる他の方法はないだろうか。

意思決定のアプローチ

　営業会議を就業時間内か残業時間にすべきかの判断基準は、どちらが利益が高いか、ここではどちらが費用を抑えられるかといった経済性の分析が決め手である。会議を就業時間と残業時間それぞれで行なう場合の費用を見積もってみよう。

　考えられる費用は、まずは①交通費である。名古屋支社の営業担当者１０人が東京まで出張するのだから、東京・名古屋間の往復新幹線料金と若干の交通費を含め、１人当たり２万５千円として、

２万５千円×１０人＝２５万円

東京・名古屋間であるから、前日の宿泊は認められないとする。

　さらに、②残業による人件費も考える必要がある。残業時間に会議を

〈ケーススタディ１〉確実性が高い時の「定量分析」による意思決定

行なう場合、２時間分の時間外労働の割増賃金が追加費用となる。営業担当員１人の１時間当たりの給与を３，０００円として時間外では３割増しとすると、２時間では、

$$３，０００円×１．３（＝３割増し）×２時間＝７，８００円$$

営業担当員２０人では、

$$７，８００円×２０人＝１５万６千円$$

これらの結果を、図表４－１０にまとめてみると、

〈図表４－１０〉

単位：円

	就業時間	残業時間
①交通費	２５万	２５万
②人件費（残業代）	０	１５万６千
合　計	２５万	４０万６千

　この結果から、残業時間のほうが就業時間よりも費用がかさむので、営業会議は就業時間に行なうべきだとの判断がつくだろう。だが、果たしてこれで正しいのだろうか。非常に大切な何かを忘れてはいないだろうか。それは、**機会費用**（→ 92 ページ）である。

　機会費用とは、ある意思決定を行なうことで失う、他の選択肢を選んだら得られたであろう機会のことをいう。
　では、営業会議を就業時間内に行なうことで失われる機会は何か。

139

それはまさに、営業担当員のノルマとして課せられている売上（利益）達成である。就業時間の2時間を会議に使われたら、まとまるはずの商談のチャンスを逸する可能性も出てくる。

　この機会費用を見積もってみよう。Z社の経営トップは常日頃、営業担当員は、給与の2倍から4倍の利益を上げなければならないといっている。このことから考えると、就業時間内に会議を行なうことで、営業担当員の給与の平均3倍の利益を失ったと考えられる。

　これはかなりの費用になると予想されるが、実際どの程度になるだろうか？

　まず、会議に要する時間を見積もってみよう。図表4－11のように、会議の2時間だけでなく、会議のために移動する時間も考慮しなければならない。名古屋から東京に移動する時間は往復5時間とする。
　東京本社の営業担当員10人は2時間。一方、名古屋支社10人は、会議時間2時間に移動時間5時間を加え、計7時間にもなってしまう。これはかなりの時間のロスである。

〈図表4－11〉

	会議時間	移動時間	計（1人当たり）
東京本社（10人）	2時間	0時間	2時間
名古屋支社（10人）	2時間	5時間	7時間

　さて、営業担当員1人当たりの給与を1時間3,000円とすると、この3倍の利益が機会損失になるので、東京本社では1人当たりの機会損失は次のようになる。

〈ケーススタディ１〉確実性が高い時の「定量分析」による意思決定

３，０００円×３倍×２時間＝１万８千円

１０人では、その１０倍の１８万円となる。

同様に、名古屋支社では、機会費用の１０人の合計は次のようになる。

３，０００円×３倍×７時間×１０人＝６３万円

すなわち、１８万円と６３万円の合計８１万円が**機会費用**となる。繰り返すが、この８１万円が、営業会議を就業時間に行なった場合の機会費用である。機会費用を考慮した場合を、図表４−１２にまとめてみる。

〈図表４−１２〉

単位：円

	A 就業時間中に会議	B 残業時間中に会議
①**交通費**	２５万	２５万
②**人件費（残業代）**	０	１５万６千
③**機会費用**	８１万	０
合　計	**１０６万**	**４０万６千**

このように、機会費用を考慮すると、状況が変わってくる。今度は就業時間のほうが費用が増えて、むしろ残業時間に会議を行なったほうが好ましいように思える。**それだけ、就業時間における機会費用の重みが大きいことを痛感してほしい。**

余談ではあるが、営業担当員だけでなく、一般の従業員にも当てはまることとして、会議は決められた時間の中で効率よく進行して成果が得られることが望ましい。会議がワイワイガヤガヤと単なる烏合の衆に

なってしまっては、愚の骨頂である。

ところで図表4－12のBでは、残業時間中に会議を行なった時は機会費用はないと見積もった。これは、果たしてそのとおりといい切れるだろうか。

すべてとはいい切れないが、営業担当員は夜でも仕事をしているといわれる。すなわち、宴席などで直接的な商談をしないまでも、水面下で様々な情報収集や企業との商談の根回しを行なっている。**これらの機会を会議で失うことがありうる。**

利益を上げるための会議が機会費用を生じては本末転倒であるが、ただし、この費用は、94ページでも解説したが、金銭の支出を直接伴わない費用であり、算定は困難である。

基本的には就業時間よりも残業時間に会議を行なうほうが、費用の観点からは望ましいといえる。

先ほど述べたＺ社の事例において、さらに費用の改善点はないだろうか。

図表4－11を見ると、交通費を何とかできないかと考えることができる。名古屋から東京までわざわざ新幹線を使ってまで行なう会議はいかがなものか。

テレビ会議システムを導入したり、最近ではWebカメラを使った会議を行なう企業が増えている。特にWebカメラでは、費用はカメラ機材のみで済んで、さほどかからない。また、テレビ会議システムも、レンタルして会議2時間分に換算すれば費用は非常に安価である。

さらに、名古屋から東京への移動時間がなくなるため、**機会損失も軽減される**などいいこと尽くめである。この結果を図表4－13にまとめてみよう。

〈ケーススタディ１〉確実性が高い時の「定量分析」による意思決定

〈図表４－１３〉

単位：円

	A 就業時間中に会議	B 残業時間中に会議
①交通費	0	0
②人件費（残業代）	0	１５万６千
③機会費用	３６万	0
④テレビ会議費用（２時間に換算）	**１千**	**１千**
合　計	３６万１千	１５万７千

　この図において、テレビ会議システム用の費用（ランニングコスト）を月額１０万円のレンタル料とすれば、１日では次のようになる。

　　　１０万円÷３０日＝３，３００円

　そして、１日の就業時間８時間における２時間と換算した場合は、３，３００円×（２時間÷８時間）となり、８２５円が得られる。つまり、テレビ会議の費用はせいぜい１，０００円程度である。
　また、機会費用は、東京本社では１人当たりで、次のようになる。

　　　３，０００円×３倍×２時間＝１万８千円

　１０人ではその１０倍の１８万円となる。
　東京本社の機会費用は変わらないが、名古屋支社は今度は移動時間がなくなるため、東京本社と同じになって、１８万円、すなわち、合計３６万円が機会費用となる。
　図表４－１２と図表４－１３を比較すると、**テレビ会議システムを導**

入することで、**費用は明らかに減少していることが分かる。**

　ＳＦＡという用語をご存知だろうか。「Sales Force Automation」の略で、日本では一般的に「営業支援システム」と呼ばれている。顧客情報と営業日報を有効に管理するシステムで、近年はノートパソコンも軽く小さくなり、携帯電話でのＳＦＡ運用も可能になって、営業担当者の活動を支援し、営業の質を上げていくツールとして注目されている。

　このツールを活用することで、会議に縛られない自由度の高い営業活動が可能になる。もちろん、このツールを使いこなせるだけの営業センスやＩＴスキルが必須であることはいうまでもない。

　こうしたケースでの費用も計算すると勉強になるであろう。

💡 この事例で分かったこと

▶営業会議を就業時間内に行なうか時間外の残業時間で行なうか、というこの事例のように、機会費用を考慮するかしないかで判断は変わってくる。機会費用は金銭の支出を直接伴わない費用や、費用に換算するには困難なものも含まれることもあるが、意思決定の際はできるだけ考慮したほうがよい。

〈ケーススタディ１〉確実性が高い時の「定量分析」による意思決定

★事例5	中古ランドクルーザーの買い替えをすべきか
	埋没費用

　Ｙ氏は、平日は外資系投資ファンドに勤務し、激務をこなしている。週末は自宅で完全休養かと思いきや、リフレッシュのため郊外で釣りをしたりと、自然を満喫するアウトドア派である。ある時、ランドクルーザー専門店Ａで、お好みの中古ランドクルーザー（価格１９０万円）が見つかり、手付金として３０万円を支払った。

　このまま、このランドクルーザーを購入すれば問題はなかったが、ある知人から中古車専門店Ｂを紹介され、Ｙ氏が専門店Ａで購入しようとしているランドクルーザーと同種の中古車を、１４０万円で売ってもよいという条件が提示された。Ｙ氏はこの時ほど、自分の調査不足、ツキのなさを痛感したことはなかった。

　さて、Ｙ氏はどうすべきか。専門店Ａにすでに支払った手付金がもったいないので、専門店Ａで残金価格１６０万円を支払い続けるか。それとも、果断にも知人に紹介された中古車専門店Ｂで買い直すべきだろうか。

意思決定のアプローチ

　第３章で説明した**埋没費用**（→ 94 ページ）の事例である。そこでは、埋没費用は積極的に忘れて、これからの意思決定に専念すべきであると述べた。まさに結論はこのとおりであるが、事例による定量分析で実感してみよう。

　埋没費用に通じていない方は、今回の事例を次のように考えるだろう。

145

（1）専門店Ａの車はあと１６０万円で買える。

（2）専門店Ｂの車は１４０万円であるが、払った手付金３０万円は返金されないので、結局は１７０万円かかることになる。

　以上のことから、専門店Ａの車が専門店Ｂよりも１０万円安いので、専門店Ａから買うことにしよう、という結論になる人がいるに違いない。

　外資系投資ファンドに勤務して、まさに金融関連の定量分析に長けているＹ氏であるから、このような考え方はよもやしないとは思うが、明らかにこの考え方は間違っている。正しい結論を得るには、次の２つの考え方のどちらかが正解である。

①過去に支払った手付金はもはや戻ってこない。きれいさっぱり忘れて、これから払わなければならない金額だけを考えてみよう。

　▶専門店Ａの車は、１９０万円－３０万円＝１６０万円

　▶専門店Ｂの車は、明らかに１４０万円

このことから専門店Ｂの車が２０万円安いので、こちらに決定となる。

②専門店Ａと専門店Ｂそれぞれから車を買った場合、すでに支払ってしまった手付金を含めた費用の総額を求めてみる。

　▶専門店Ａの車は、１９０万円

　▶専門店Ｂの車は、３０万円＋１４０万円＝１７０万円

　①、②の両方の考え方からも、専門店Ｂの車が２０万円安いので、専門店Ｂの車を購入するほうが得策といえる。

〈ケーススタディ１〉確実性が高い時の「定量分析」による意思決定

①、②の内容を、図表４−１４にまとめてみよう。

〈図表４−１４〉

	価格	手付金	①これから支払う金額	②支払い総金額
専門店Ａの車	190万円	30万円	160万円	190万円
専門店Ｂの車	140万円	なし	140万円	170万円

①、②の考え方のうち、①のほうが簡便でしっくりくるかもしれない。

今まで述べてきた手付金こそ、埋没費用である。もはや埋没して回収できない費用である。何度も繰り返すようであるが、**埋没費用は回収不能な費用として積極的に切り捨て、今後の意思決定にブレが生じないようにすべきである。**

💡 この事例で分かったこと

▶埋没費用は回収不能な費用として積極的に切り捨て、今後の意思決定を行なうべきである。ビジネスの世界では、「もったいない」という気持ちはタブー視すべきであろう。

★事例6	新規事業部に中途採用者を 何人採用するか
	限界効率

　鉄鋼業界は鉄鋼需要の好調さに支えられ、着々と業績を伸ばしている。その中で大手鉄鋼メーカーＹ社は、資本力を武器に新規事業に参入した。即戦力の優秀な技術者を求めるため、中途採用の募集をかけた。中途採用者には１ヵ月ほどの基本研修の後、即戦力として各事業部での利益に貢献することを期待している。

　新規事業である３事業部、すなわち電子機器事業部、半導体事業部、不動産開発事業部で、技術者をそれぞれ１人から３人中途採用したい。
　新規事業部の担当取締役から、仮に合計で３人採用する場合、各事業部でどんな人数配分がよいか、また、４人採用、５人採用ではどうなるか、を調査して至急報告せよとの命が下った。
　人事部の採用担当であるＭ部長は、３事業部でどのような人数配分にすべきか早速、調査・検討に入った。

意思決定のアプローチ

　第３章で説明した**追加利益（限界効率）**を活用することを思い出してほしい（→96ページ）。ここでは、人員の採用計画などで何人を雇えばよいかの意思決定を行なう際、追加利益のノウハウを用いる。
　Ｍ部長は、中途採用者を募集したい３つの事業部の各担当者に、人件費を差し引く前の利益を見積もらせた。その結果は、図表４−１５に示す。なお、１人当たりの平均人件費は一定で４０万円と考える。

148

〈ケーススタディ１〉確実性が高い時の「定量分析」による意思決定

〈図表４−１５〉

	採用人数	人件費差引前利益
電子機器事業部	1人	８０万円
	2人	１１５万円
	3人	１８０万円
半導体事業部	1人	１０万円
	2人	８４万円
	3人	１１０万円
不動産開発事業部	1人	６２万円
	2人	１１５万円
	3人	１４０万円

　優秀な中途採用者のことであるから、採用人数を増やせば、各事業部の利益貢献に寄与してくれることは間違いないが、鉄鋼メーカーＹ社における事業部特性を勘案すると、**人員増強による効率は一様ではない。**

　さて、図表４−１５に基づいて、３つの事業部の**正味利益**、すなわち、人件費を引いた利益を求めてみよう。

◎電子機器事業部
　　1人 ➡ ８０万円−４０万円＝４０万円
　　2人 ➡ １１５万円−４０万円×２人＝３５万円
　　3人 ➡ １８０万円−４０万円×３人＝６０万円

149

同様に、半導体事業部、不動産開発事業部でも、図表４－１６のように
なる。

〈図表４－１６〉

	採用人数	人件費差引前利益	正味利益	
電子機器事業部	１人	８０万円	４０万円	
	２人	１１５万円	３５万円	
	３人	１８０万円	６０万円	★
半導体事業部	１人	１０万円	▲３０万円	
	２人	８４万円	４万円	★
	３人	１１０万円	▲１０万円	
不動産開発事業部	１人	６２万円	２２万円	
	２人	１１５万円	３５万円	★
	３人	１４０万円	２０万円	

　正味利益が最も多くなる採用人数の欄に★を付けているが、電子機器
事業部では３人、半導体事業部では２人、不動産開発事業部でも２人で
ある。各事業部で好きなだけの人員を採用してもよいのであれば、計７
人の中途採用者を雇えるが、それほど甘い話ではない。

　担当取締役の指示は、採用枠が合計３人、４人、５人の場合、各事業
部でどのような採用人数になるか、すなわち最適な人員配分計画を提示
せよ、というものであった。

　ポイントは限界効率、すなわち追加利益率である。横軸を採用人数、
縦軸を人件費差引前の利益とした図表を各事業部ごとに示してみよう。

〈ケーススタディ１〉確実性が高い時の「定量分析」による意思決定

〈図表４−１７ａ〉

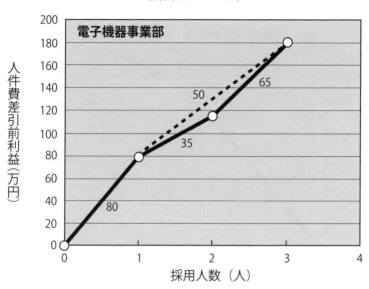

〈図表４−１７ｂ〉

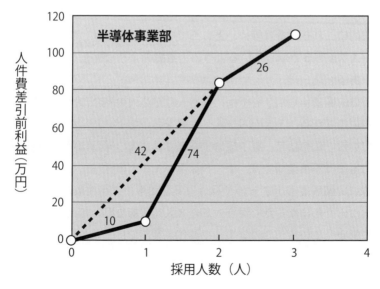

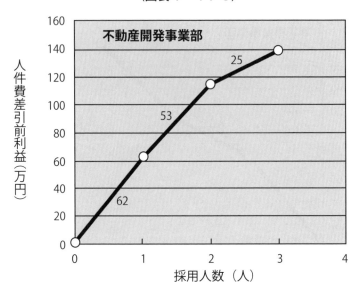

〈図表4-17c〉

　図表4-17a～cの折れ線の傾きは、追加人員による限界効率を示している。

　一般的にこれらの折れ線は、上に凸にならない場合は、前ページの図表4-17aとbで示しているように、点線のような補正をかけてやる必要がある。

　例えば、図表4-17aでは、採用人数が2人の場合には、下にへこんだ形になるため、1人から3人へ点線を引いて上に凸になるように補正している。この結果、電子機器事業部では2人の採用は考えない。すなわち電子機器事業部では、1人の採用か、3人の採用になる。

　同様に、図表4-17bの半導体事業部でも、採用人数が1人では、下にへこんだ形になるため、0人から2人へ点線を引いて上に凸になるように補正している。この結果、半導体事業部では1人の採用は考えない。

〈ケーススタディ１〉確実性が高い時の「定量分析」による意思決定

　次に、追加人員に対する限界効率、すなわち図表４－１７（ａ～ｃ）の折れ線の傾きを大きい順に並べてみよう。ただし、上に凸にならないために補正した箇所、すなわち、電子機器事業部では採用人数２人、半導体事業部では１人、は除くようにする。結果は図表４－１８に示す。採用枠が３人、４人、５人の場合、範囲を◀━▶で示している。

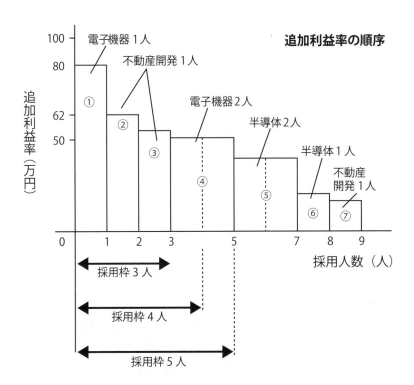

〈図表４－１８〉

　なお、順序①から⑦までの各情報は、次ページの図表４－１９に示すとおりになる。

〈図表4－19〉

順序	追加利益率	採用する事業部・人数	累計人数（人）
①	８０万円	電子機器・1人	1
②	６２万円	不動産開発・1人	2
③	５３万円	不動産開発・1人	3
④	５０万円	電子機器・2人	5
⑤	４２万円	半導体・2人	7
⑥	２６万円	半導体・1人	8
⑦	２５万円	不動産開発・1人	9

　この結果から、中途採用枠が3人の場合は、電子機器事業部1人、不動産開発事業部2人、の合計3人である。

　また、採用枠が5人では、電子機器事業部3人、不動産開発事業部2人、の合計5人が最適な人員配分となることが分かる。

　それでは、4人枠の場合はどうなるか？　順序4位の電子機器事業の2人採用を1人ずつに分割できないのがネックである。要は、4人の採用枠にどう押し込めるかがポイントである。

　さらに、半導体事業部では図表4－17bから1人の採用は考えられないので、次のように2つのパターンⒶⒷが考えられる。

Ⓐ 順序4位の電子機器事業部（2人採用）をはずして、7位の不動産開発1人を採用。すなわち、電子機器1人、不動産開発3人。

Ⓑ 順序3位の不動産開発（1人採用）をはずして、4位の電子機器

〈ケーススタディ１〉確実性が高い時の「定量分析」による意思決定

２人を採用。すなわち、電子機器３人、不動産開発１人。

これら２つのパターンで、正味価値を算出してみよう。

Ⓐ ８０万円＋１４０万円－４人×４０万円＝６０万円
Ⓑ １８０万円＋６２万円－４人×４０万円＝８２万円

この結果、Ⓑのパターンが最も正味価値が大きいことが分かった。採用枠４人では、電子機器事業部で３人、不動産開発事業部で１人を採用する場合が最適な採用人員配分となることが分かる。

この事例で分かったこと

▶３つの事業部から中途採用があって最適な人員配分を行なう場合、追加利益率が大きいものから小さいものに順番を並べ替え、必要とする採用枠に入れ込むことで意思決定できる。

階層化意思決定法（ＡＨＰ）とは

　一般に意思決定を行なう際、選択の基準（評価基準）を設定するが、本書では定量分析による意思決定を扱っているため、定量的（数値的）に表現できることが前提になっている。ところが、現実では定量的な選択基準だけで意思決定を行なっているだろうか。例えば、新車を購入する際、価格だけではない、ブランドやデザインといった複数の定性的な選択基準による意思決定が必要になってくるだろう。

　ここでＡＨＰの強みが発揮される。ＡＨＰとは1970年代にサーティ（Saaty）が開発した分析手法で階層化意思決定法（analytic hierarchy process：ＡＨＰ）といわれる。

　もっと具体的な例を示そう。ある企業ではオフィスの生産性向上のため、早急にプリンタ複合機を全社的に導入する必要が出てきたとしよう。3機種、すなわちＸ、Ｙ、Ｚに絞り込み、評価基準は「機能」、「使いやすさ」、「価格」、「省スペース性」の4つで、3機種間の評価比較は実施済みとしよう。果たして3機種のうちどれを購入すべきであろうか。ＡＨＰはここで大いに活躍する。ＡＨＰの手順の概要を次に示す。

　①問題の構造を階層図で表わす。
　②一対比較により、評価基準（この場合4つ）の重要度（ウエイト）、
　　並びに3機種の重要度（ウエイト）を求める。
　③一対比較の整合性をチェックする。
　④最終的に3機種の総合ウエイトを計算し、順位をつける。

　ＡＨＰを理解するには参考文献（例えば宮川公男『意思決定論』）などを学習してほしい。

第 5 章

ケーススタディ2

リスクがある時の「定量分析」による意思決定

★事例7

３グループのうち会議の効率性が最もよいのは

平均とバラつき

　Ｓ氏は経営コンサルタントで、クライアントであるＫ社の営業次長から調査依頼を受けた。

　その内容とは、Ｋ社では定期的に営業グループ会議を開いているが、会議時間内にきちんと結論が出るグループもあれば、会議の終了時間が延びたり、議題が次回に持ち越しになったりするグループもあって、会議の効率がグループによってまちまちである。そのため、グループごとに、結果や情報の共有、また仕事へのモチベーションに格差が感じられる。

　Ｋ社は、本業の営業活動に支障がないような会議の運用・効率性を目指しているが、まずは３つのグループで最も会議効率性がよいと判断できるのはどのグループか。また、会議の効率性がバラつく原因は何であるか。それらを調査・検討していただきたい──というものだった。

　さて、Ｓ氏はどう対応すべきあろうか。

意思決定のアプローチ

　依頼をしてきた営業次長は３グループ（Ａ、Ｂ、Ｃ）を業務管理している。依頼を受けた経営コンサルタントＳ氏は、各グループごとに状況をヒアリングした。

　営業メンバーは各グループで８人ずついるが、自宅からの通勤時間が長い人もいれば、朝１０時の営業会議の前に顧客先に立ち寄ってくる人もいる。調査を進めていく中で、Ｓ氏は各グループで会議の効率性が異なるのは、各グループの会議開始におけるメンバーの集合時間が原因の１つでは、と考えて、まずは各グループの会議の集合時間を調査してみ

〈ケーススタディ２〉リスクがある時の「定量分析」による意思決定

た。**いわゆる仮説を立てたのである。**

　結果は、図表５－１のとおりであった。

〈図表５－１〉

会議集合時間（午前10時）

メンバー〵グループ	1	2	3	4	5	6	7	8
A	9：55	9：56	9：57	9：57	9：57	9：59	9：57	9：58
B	9：50	10：08	9：54	10：00	10：07	9：52	9：54	9：51
C	9：57	10：03	9：55	10：03	9：57	10：03	9：57	10：05

　このデータを、会議開始時間である午前１０時からのズレ、つまり１０時以降であればプラスに、１０時前であればマイナスとして図表５－２のように求めてみた。なおプラスの場合、符号は省略している。

〈図表５－２〉

午前10時からのズレ（分）

メンバー〵グループ	1	2	3	4	5	6	7	8
A	−5	−4	−3	−3	−3	−1	−3	−2
B	−10	8	−6	0	7	−8	−6	−9
C	−3	3	−5	3	−3	3	−3	5

　図表５－３で示すように、ズレの値は０に近いほど、会議の予定時間の１０時に出席する傾向が強い。また、ズレの値が正や負でも０からの値（正確には絶対値）が大きいほど、会議の出席時間が大幅に遅れたり、反対に余裕があり過ぎの状態で集合する、すなわちバラバラに集まる傾

159

向があることを意味する。

〈図表5－3〉

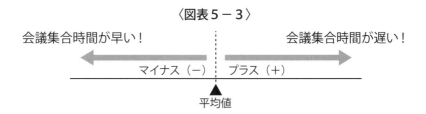

ここで、ズレの平均値とズレの平均値からの差の2乗平均を計算することにしよう。

統計学では、ある量の平均値からの差の2乗平均を「分散」という。また、分散の平方根を「標準偏差」と呼ぶ。いずれも、値の"バラつき具合"を示す重要な統計指標である。

まずは、ズレの平均値を計算した結果は図表5－4のようになる。

〈図表5－4〉

メンバー グループ	1	2	3	4	5	6	7	8	平均値
A	－5	－4	－3	－3	－3	－1	－3	－2	**－3**
B	－10	8	－6	0	7	－8	－6	－9	**－3**
C	－3	3	－5	3	－3	3	－3	5	**0**

例えば、Aグループでは、（－5）＋（－4）＋（－3）＋（－3）＋（－3）＋（－1）＋（－3）＋（－2）＝－24 という合計から、－24÷8＝ －3 と平均値が求められる。

〈ケーススタディ２〉リスクがある時の「定量分析」による意思決定

　次に、ズレから平均値を引いた値の２乗平均（**分散**）、さらに分散の平方根である**標準偏差**を求めてみた（→図表５－５）。

〈図表５－５〉

グループ ＼ メンバー	1	2	3	4	5	6	7	8	分散	標準偏差
A	4	1	0	0	0	4	0	1	**1.25**	**1.1**
B	49	121	9	9	100	25	9	36	**44.8**	**6.7**
C	9	9	25	9	9	9	9	25	**13**	**3.6**

　例えば、Ａグループの分散と標準偏差を求めてみよう。

　Ａグループの平均値は－３なので、平均値を引いた２乗の総和は、

$$(-5-(-3))^2+(-4-(-3))^2+(-3-(-3))^2+(-3-(-3))^2$$
$$+(-3-(-3))^2+(-1-(-3))^2+(-3-(-3))^2+(-2-(-3))^2$$
$$=(-2)^2+(-1)^2+0^2+0^2+0^2+2^2+0^2+1^2$$
$$=4+1+0+0+0+0+4+0+1$$
$$=10$$

　２乗の総和１０を営業メンバー数８で割って平均を求めると、

$$分散＝10÷8＝\boxed{1.25}$$

　標準偏差は分散の平方根なので、次のようになる。

$$標準偏差＝\sqrt{1.25}＝\boxed{1.1}$$

161

まずは、目につくというか、目に余るというか、Bグループはズレの平均値は－3で、グループとして平均的に、会議開始数分前の9時57分頃に集合しており問題はないが、「標準偏差」（バラつき）が約7分と非常に大きい。

　すなわち、最も早い人と遅い人で約14分程度の開き（バラつき）があって、グループメンバーがバラバラに集まる傾向が強いことを意味する。実際に会議開始の10時から10分近く遅れる者もいて、会議の始まりが遅延する大きな原因になることが予想される。

　他のAグループ、Cグループはどうであろうか。

　Aグループは、平均値は－3と会議開始数分前の集合で問題ないし、標準偏差も1分程度と理想的といえよう。また、Cグループは、平均値で0、また標準偏差は4分弱で、強いていうならば、会議開始前の数分前に余裕を持って集合したほうがよかろう。

　これらの調査結果から、Aグループは会議の集合時間に関しては、他グループ（B、C）に比べて最もよく、会議自体の運用・効率性も他のグループよりも群を抜いていることが分かった。

　経営コンサルタントS氏は、K社の営業次長に今回の調査・検討リポートを提示し、特に、Bグループに会議集合時間の徹底（数分前に集合）を提言した。その後、営業会議はA、B、Cの3グループとも、効率よく運用できるようになった、と営業次長から連絡があった。

この事例で分かったこと

▶会議の集合時間のズレのデータから、平均と標準偏差を求め、会議開始の状況が推測できた。ズレ時間だけでは単なるデータに過ぎない。統計指標の基本中の基本である平均や分散（標準偏差）を求めることで、意思決定する際の判断情報として吸い上げることが重要だ。

〈ケーススタディ２〉リスクがある時の「定量分析」による意思決定

★事例8	コンビニでの ランチ弁当の品揃え リスクとリターン

　コンビニエンスストアＳ店では、新年度を迎えた新入社員やＯＬが会社の近くの公園で昼食を食べることを想定したランチ弁当３種類を特別販売することにした。この３種類のランチ弁当の企画に関しては、Ｓ店のアルバイト店員３人にそれぞれアイデアを出させた。

　弁当にはコンビニ本部の了解のもとで、自社ブランド品（いわゆるＰＢ）のデザートをセットにした３種類のＡランチ、Ｂランチ、Ｃランチを、１個当たりの価格をそれぞれ４５０円、５００円、６００円で設定した。

　販売を開始して２ヵ月が経過して、３種類の毎週の売上高が図表５－６のように報告された。３種類の弁当のうち、売上が最も望ましいのはどれか。また、店長はこのランチ弁当を担当した３人の中から、１人に対し時給をアップするのなら、誰を選ぶべきか。

〈図表５－６〉

売上高：円

		Ａランチ	Ｂランチ	Ｃランチ
3月	第1週	114,300	117,000	123,600
	第2週	124,200	135,000	105,600
	第3週	119,700	124,000	98,400
	第4週	124,200	106,000	157,200
4月	第1週	109,800	124,000	110,400
	第2週	127,800	116,000	97,200
	第3週	119,700	114,000	108,000
	第4週	117,900	119,000	153,600

意思決定のアプローチ

　店長としては、まずは週ごとに平均的にどの程度売れたかを見るだろう。2ヵ月間・8週間にわたった平均値を計算すると、Aランチでは119,700円、Bランチ、Cランチでは、それぞれ、119,375円、119,250円と、3種類とも約12万円弱でほとんど差はない。

　店長は、3種類のランチ弁当とも甲乙つけ難いという結論で終わってしまうのだろうか。表の数値だけとにらめっこしても埒があかない。グラフで図表5-7のように表示してみよう。

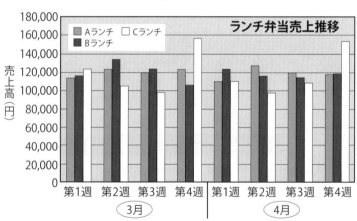

〈図表5-7〉

　3種類のランチ弁当の週の売上高の平均値はほぼ同じといっても、週によって売上高の様子は異なる。特に、Cランチでは週ごとの売上高の変動が大きく、月末に当たる第4週目で売上高が1番大きい。
　Cランチでは、いわゆる、売上高のバラつきが大きいのである。ちなみに、前項の事例7では平均とバラつきを求めた。

〈ケーススタディ2〉リスクがある時の「定量分析」による意思決定

バラつきは、統計では分散とか標準偏差といわれるが、このケースでもこれを求めてみよう。結果のみを示すが、図表5-8を参照してほしい。

〈図表5-8〉

単位：円

	Aランチ	Bランチ	Cランチ
平均	119,700	119,375	119,250
標準偏差	5,437	7,999	22,224

　ここからも、3種類のランチ弁当の平均はほぼ等しいが、Cランチの標準偏差が他に比べて圧倒的に大きいことが分かる。

　第4週目で売上高が大きいのは、価格が600円と他に比べて高価であるが、第4週目は会社の給料日なのでちょっと贅沢してみようと思う会社員が多くなるからでは、と推察される。

　標準偏差が大きいということは、週ごとの売上高の変動（バラつき）が大きく、店長にとっては販売（需要）の予測が立てにくいリスクの大きい商品といえる。普通であれば、リスクの大きい商品は回避したいところである。このため、**リスクを最小にする選択を行なうのが妥当であろう。**

　リスクがある時の意思決定では、**期待値・分散原理**というものがあった（→102ページ）。

　そこでは、$\dfrac{期待値}{標準偏差}$ や**期待値－標準偏差**の指標を求め、その

指標が最も大きい行動を選択することを学んだ。

　期待値は平均であってリターンともいわれる。結果は図表5-9のとおりになる。

〈図表5－9〉

	Aランチ	Bランチ	Cランチ
期待値 / 標準偏差	22.0	14.9	5.4
期待値－標準偏差	114,263	111,376	97,026

　この結果から、Aランチが最も優れているといえる。もし、店長が、3人の中から1人だけ時給を上げたいというのであれば、Aランチ弁当の担当者ということになるだろう。

　では、店長はAランチのようなタイプ、すなわち比較的安く、週ごとの売上高がバラつかないような、（店長にとっては安心できる）ランチ弁当だけを販売することを考えればよいのだろうか？
　これは間違っている。Cランチのような売上高の変動は大きいが、給料日に強い商品を組み合わせることも必要である。**金融ではこれをポートフォリオといって、結果的にはリスクを軽減（回避）する効果がある。**

　コンビニやスーパーには様々な商品が展示・販売されている。その店舗が立地する商圏の顧客の消費動向を調査し、これらの商品をどう販売していくかなどの顧客ニーズを考えたよい品揃えが大切になる。
　その中で、価格帯の設定も重要である。Aランチのように比較的安いものだけでなく、Bランチや給料日に人気が高いCランチのような高価商品も組み込んで、価格帯に幅をもたせることが、売上アップのためには必要になってくる。

　ところで、リスクが高い状態とは、果たして好ましくない状態ばかりであろうか？　最近は金融商品がいろいろと開発され、資産を運用する

166

〈ケーススタディ２〉リスクがある時の「定量分析」による意思決定

方法は多岐に渡ってきた。国債・社債などの債券の利回りは一定であり、リスクが極めて小さいので、初めて投資を行なう人は債券からスタートしたほうが無難といえる。一方、株式投資やＦＸ（外国為替証拠金取引）などの外貨投資は、収益の変動幅が非常に大きく、大儲けをする一方で大損もしたり、とリスクが大きいといえる。リスクが大きいと分かっていても、自己責任でチャレンジするのも１つの選択である。

「ハイリスク・ハイリターン」という言葉がある。リスクが高いほどリターンが大きいという意味であるが、リスクが高い分、それに見合うリターン（平均収益率）も高くないと、投資などは割に合わない。この意味で、株式や外貨投資は、「ハイリスク・ハイリターン」型の投資であるといえるが、時には夢や希望（射幸心も！）を抱かせてくれる金融商品でもある。

この事例で分かったこと

▶ 3種類のランチ弁当の毎週の売上データから、平均と分散を求めた。分散はリスクの指標であるため、値が小さいほうが望ましいと考えられる。

$\dfrac{期待値}{標準偏差}$ などの指標を求めて、3種類のうちＡランチが最も売上高の

安定性という点で優れている（安心できる）と判断できることが分かった。

▶ 分散や標準偏差は、変動（バラつき）の大きさ、すなわちリスクの指標にもなりうる。リスクが高い状態とは、必ずしも好ましくない状態ばかりでもない。「ハイリスク・ハイリターン」の言葉どおり、ハイリスクに伴って、ハイリターンという平均収益率が高いチャンスが巡ってくる可能性もある。

★事例9	高級ワインと棚割を近くにする商品は何か
	相関分析

　食品スーパーMでは、商品展示の棚割の見直しを検討している。顧客から「○△はどこにありますか？」という問い合わせを減らす目的もある。さらにある顧客がある商品を購入した際に、同時に購入したい商品がなるべく近い場所（棚割）に展示されることで、顧客にとっては機能的な購買が、店にとっては売上増大、並びに顧客ロイヤリティ保持・拡大が実現する。このスーパーMでは、特に下記１０種類の商品（群）の展示を見直している。

　　①ワイン　　　　　　　　　②ビール
　　③魚介類　　　　　　　　　④冷凍食品類
　　⑤精肉類　　　　　　　　　⑥乳製品類
　　⑦インスタント食品類　　　⑧缶詰類
　　⑨菓子類　　　　　　　　　⑩青果類

　店長はどのような商品展示をすべきか。特に、このスーパーは高級ワインの品揃えが豊富で、それらを格安販売もしている。この高級ワインと棚割を近くにすべき商品群は何であろうか。

意思決定のアプローチ

　店長としては、何のデータや情報に注目すべきであろうか。
　ビールを買ったら菓子類もついでに買うという顧客の傾向があれば、ＰＯＳデータから、顧客が何と何を同時に購入（併買）しているかを分析すればよい。

〈ケーススタディ2〉リスクがある時の「定量分析」による意思決定

　例えば、ある顧客5人が3つの商品（X、Y、Z）を、図表5－10のように購入したとする。この図表は、5人の顧客のうち顧客1と顧客4のレシートのイメージを示す。

〈図表5－10〉

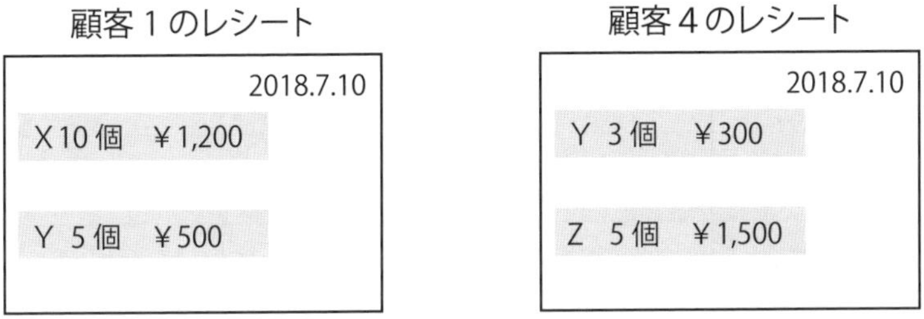

顧客1のレシート

	2018.7.10
X 10個	￥1,200
Y 5個	￥500

顧客4のレシート

	2018.7.10
Y 3個	￥300
Z 5個	￥1,500

　図表5－11のように、商品を購入した場合は〇で示す。例えば、顧客1は商品Xと商品Yを同時に購入していることを意味している。

〈図表5－11〉

顧客 ＼ 商品	商品X	商品Y	商品Z
顧客1	〇	〇	
顧客2	〇	〇	〇
顧客3	〇	〇	
顧客4		〇	〇
顧客5			〇

　図表5－11を、図表5－12のように表記を変える。購入した場合は1で、購入しない場合は0で示す。

〈図表5－12〉

顧客＼商品	商品X	商品Y	商品Z
顧客1	1	1	0
顧客2	1	1	1
顧客3	1	1	0
顧客4	0	1	1
顧客5	0	0	1

　商品X、Yの関係を見てみると、顧客1から顧客3までは、同時に購入しており、顧客5は、逆に同時に購入しなかった。また、顧客4は、Xを購入しなかったが、Yを購入した。

　すなわち、5人のうち4人は同時に購入したりしなかったりであった。回数が少ないので断言はできないが、商品X、Yはどちらかといえば、同時に購入したりしなかったりする傾向が強い商品関係といえる。

　商品X、Yを同時に購入したりしなかったりという関係を示す**相関係数**を求めてみる。

　まずは、商品Xと商品Yの平均を求めると、0.6と0.8が得られる（→図表5－13）。

　　商品Xの平均＝（1＋1＋1）÷5＝0.6
　　商品Yの平均＝（1＋1＋1＋1）÷5＝0.8

〈ケーススタディ２〉リスクがある時の「定量分析」による意思決定

〈図表５－１３〉

顧客＼商品	商品Ｘ	商品Ｙ	Ｘ－ｍ	Ｙ－ｍ
顧客１	1	1	0.4	0.2
顧客２	1	1	0.4	0.2
顧客３	1	1	0.4	0.2
顧客４	0	1	－0.6	0.2
顧客５	0	0	－0.6	－0.8
平均値（ｍ）	0.6	0.8		

　次に、商品Ｘ、Ｙの各データ（といっても０と１だけであるが）から、平均（ｍ）を引いた値を求めると、図表５－１３のＸ－ｍやＹ－ｍの欄のようになる。なお、ｍは平均値を意味する。

　さらに、顧客１から顧客５に渡って、

$$① （X－m）× （X－m） ＝ （X－m)^2$$
$$② （Y－m）× （Y－m） ＝ （Y－m)^2$$
$$③ （X－m）× （Y－m）$$

を計算し、５人分の合計を求める。

　結果は、次ページの図表５－１４の合計（１）（２）（３）のとおりになる。

〈図表5-14〉

顧客＼商品	$(X-m)^2$	$(Y-m)^2$	$(X-m)\times(Y-m)$
顧客1	0.16	0.04	**0.08**
顧客2	0.16	0.04	**0.08**
顧客3	0.16	0.04	**0.08**
顧客4	0.36	0.04	**−0.12**
顧客5	0.36	0.64	**0.48**
合計	**1.2**	**0.8**	**0.6**
	（1）	（2）	（3）

最終的に、商品Xと商品Yとの相関係数は、

$$相関係数＝（3）÷\sqrt{（1）×（2）}$$

で求められる。$\sqrt{}$ は、平方根を求めることである。

したがって、相関係数は

$$0.6÷\sqrt{1.2×0.8}＝0.612$$

となる。

また、商品X、Zではどういう関係だろうか。相関係数を同様の手順で求めると、－0.667と得られる。

実際に図表5-12を見ると、5人のうち4人までがXを購入した場合はZを購入しなかったり、また逆にXを購入しない場合はZを購入した、という関係になっている。

このように、**相関係数は一般的に－１から１までの値を取り、商品を同時に購入したか、またはしなかったかの指標となる。**

プラス（正）の相関係数で１に近いほど、２つの商品のどちらかを購入すれば、他方も同時に購入した傾向が強いことを意味する。一方、マイナス（負）の相関係数で－１に近づけば、どちらかを購入した時に、他方は購入しなかった傾向が強くなることを意味する。

２つの数量Ｘ、Ｙの相関係数は、一般に図表５－１５の関係がある。正の相関係数で１に近いほど、Ｘが増加すればＹも増加する傾向がある。

一方、負の相関係数で－１に近いほど、Ｘが増加（減少）すれば、逆にＹは減少（増加）する。

また、０の相関係数では、Ｘ、Ｙの間に顕著な傾向はない。

〈図表５－１５〉

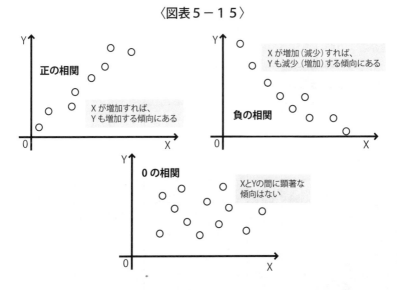

ところが、今回の事例では、数量Ｘ、Ｙの値は、購入した場合は１、しなければ０の２つの値しか取りえないが、相関係数が正の１に近いほど、同時に購入したり、または同時に購入しない傾向が強いことを意味

する。逆に、負の－１に近いほど、これらは同時に購入しない傾向が強いことを示す。

　さて、このような相関分析を、冒頭で説明した棚割を見直したい１０種類の商品群に対して行なったとする。結果は図表５－１６になったとしよう。

〈図表５－１６〉

	ワイン	ビール	魚介類	冷凍食品類	精肉類	乳製品類	インスタント食品類	缶詰類	菓子類	青果類
ワイン	1									
ビール	−0.21	1								
魚介類	0.43	0.56	1							
冷凍食品類	0.32	0.71	0.34	1						
精肉類	0.56	0.68	0.43	0.38	1					
乳製品類	0.82	0.32	0.26	0.29	0.44	1				
インスタント食品類	0.26	0.58	0.11	0.11	0.15	0.32	1			
缶詰類	0.43	0.48	0.19	−0.32	0.27	0.25	−0.47	1		
菓子類	0.64	0.43	0.39	0.22	0.44	0.14	0.38	0.59	1	
青果類	0.43	0.12	0.44	0.02	0.35	0.69	0.62	0.32	0.28	1

〈ケーススタディ2〉リスクがある時の「定量分析」による意思決定

　特に、正の相関係数が0.6以上の食品の組み合わせは、アミがけで示している。この結果から、ビールと冷凍食品、ビールと精肉類などが高い正の相関係数を示している。特に、ワインと乳製品類が相関係数0.82となり、かなり高い正の相関係数を示し、ワインと菓子類との相関係数も高い。また、青果類と乳製品類、青果類とインスタント食品類との相関係数が比較的高いのも注目される。

　ワインやビールは、酒類として専用の棚割として固定化しているが、**相関分析で顧客の同時購入の傾向が強いのであれば、できるだけ棚割を近くにする**ことで、顧客が1つの場所でショッピングできるようにするといい。つまり、動線のコントロールや売場レイアウトの変更など、店舗の売上を向上させるような対策を積極的に行なうべきである。

　ただし、相関分析も、天気などの気象条件や営業時刻、また近くの競合スーパーの特売状況などによって変化するため、データや情報を様々な角度から検証していく必要がある。

💡 この事例で分かったこと

▶食品など商品の棚割を見直す際に、顧客が何と何を同時に購入したかという相関分析を行なって、正の相関が高い商品同士をなるべく近くの棚割に展示する。

▶正の相関が高い食品同士を近くの棚割に設定することで、顧客がワンストップショッピングできるようにして、効率的な買い物が可能になる。顧客にとっては満足度が得られ、ロイヤリティも保持・拡大する。スーパー側にとっては売上高や利益の増大が得られるなどのメリットがある。

★ 事 例 10	# 家電量販店の新店舗を どこに立地するか 回帰分析

　家電量販店業界は、経営規模の大きさが生き残りの条件とされ、再編
の波が非常に早いといわれる。

　大手家電量販店Kは、今まで駅前の近くに店舗を出店してきた。駅前
の近くで倒産した百貨店に注目したり、私鉄会社の開発跡地などを新店
舗の立地候補として検討を進めてきた。

　その家電量販店Kの新規出店候補地として、現時点では3地点（X、Y、
Z）が考えられる。駅から比較的近いのが共通で、3地点の商圏分析の
情報は図表5-17のとおりであったとしよう。

〈図表5-17〉

新立地候補	商圏人口 （万人）	最寄駅からの 距離（km）	最寄駅での1日平均 乗降者数（万人）
X	9.8	1.1	76
Y	13.6	0.7	100
Z	8.1	1.2	69

　この3つの立地候補と、家電量販店Kにおける6店舗（既存店）の条
件は似ている。その6店舗の商圏分析情報を図表5-18に示す。

〈ケーススタディ２〉リスクがある時の「定量分析」による意思決定

〈図表５－１８〉

店舗名	年商 （億円）	商圏人口 （万人）	最寄駅からの 距離（ｋｍ）	最寄駅での１日平均 乗降者数（万人）
A	11.3	10.0	0.8	67
B	10.0	11.7	0.4	45
C	12.0	8.5	1.0	95
D	14.0	15.6	0.6	117
E	7.5	6.0	1.2	40
F	10.5	4.6	0.9	74

　新店舗では、年商は少なくとも１２億円以上であることが必須の条件とされている。果たして、この３立地候補のうちで、新店舗候補として出店できる地点はあるか。

意思決定のアプローチ

　新店舗の年商はそれぞれ１２億円以上であることが必須条件とされているが、図表５－１８をもとに、既存の６店舗で年商や商圏人口、最寄駅からの距離、さらに最寄駅での１日平均乗降者数との関係はどうなっているかも見てみよう。

　まずは、次ページの図表５－１９のように、年商と商圏人口などの**散布図**で、可視化（「見える化」という表現もある）してみよう。

〈図表５−１９〉

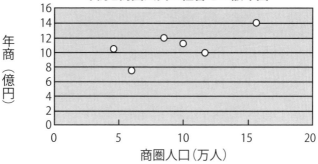

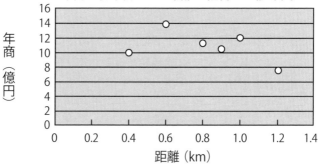

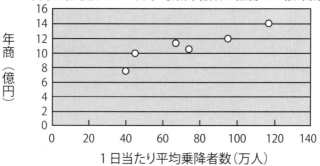

〈ケーススタディ２〉リスクがある時の「定量分析」による意思決定

　図表５－１９では、①年商と商圏人口、②年商と最寄駅からの距離、③年商と最寄駅での１日平均乗降者数、の３つの関係を散布図で示している。

　①年商と商圏人口との関係から、商圏人口が大きいと年商も高くなる傾向が"何となく"見えてくる。

　②年商と最寄駅からの距離の関係からは、最寄駅から遠いほど年商が低くなっているのでは、という"おぼろげながら"ではあるが傾向があるように思える。

　③年商と最寄駅での１日平均乗降者数との関係は、今までの２つの関係とは異なり、"歴然と"最寄駅での平均乗降者数が多いと年商が高くなる、という傾向が強く見える。

　以上の①②③で示した年商との関係で、「何となく」「おぼろげながら」「歴然と」という３つの表現を使い分けたが、２つの関係をもっと数量的に表わす方法はないだろうか？

　前の事例で学んだ**相関係数**を思い出してほしい。さっそく、①②③の相関係数をそれぞれ求めてみよう。結果だけを示すと、次ページの５－２０のようになる（相関係数の求め方は前項を参照のこと）。

179

〈図表5－20〉

2つの数量の関係	相関係数
①年商と商圏人口	0.691
②年商と最寄駅からの距離	−0.464
③年商と最寄駅での1日平均乗降者数	0.925

　先ほど言葉で説明したような両者の関係を相関係数で示すと、非常に鮮やかに表現できるようになる。これこそが定量分析の醍醐味である。

　例えば、③の「年商と最寄駅での1日平均乗降者数の関係」は、相関係数が、0.925と正（プラス）で1に近い。最寄駅での1日平均乗降者数が多いと年商も増大する傾向が強い、という推定（仮説）が成り立つ。

　上記の分析では、既存6店舗であるが、もし家電量販店Kがもっと多くの店舗を経営しているなら、そのすべてのデータを分析してみよう。そして、その結果からも、③「年商と最寄駅での1日平均乗降者数の関係」で正（プラス）の相関係数が高いとしよう。
　そうした時、さらに、正の相関係数が高い③を、直線で近似させてみよう。

　今、2つの関係を直線で近似しようという表現を使ったが、これこそ、この事例の重要なポイントである「回帰分析」である。
　回帰分析とは、散布図にあるような2つの数量（仮にx、yとしよう）の関係を直線で表わす試みである。

〈図表5−21〉

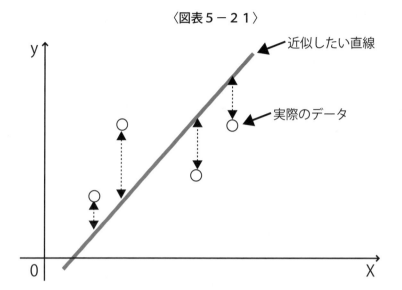

　図表5−21では、2つの数量x、yの散布図で、○で示した4点がある。この4点を直線で表わしたい。カッコよくいえば、「**直線で近似したい**」となる。適当にエイヤと直線を引いてもだめである。
　近似したい直線と実際データとの離れ具合を破線（◀……▶）で示すが、この破線の長さ（正確には長さの2乗）を合計したものが、最も短くなるように直線を引く。これが**最小2乗法による直線の求め方**である。極めて明快であろう。この結果、求めた直線を「**回帰直線**」という。

　2つの数量x、yの関係で、直線は、

　　y＝ax＋b　➡（1）

という式で表わされることは知っていると思う。
　中学校の数学で学んだ1次関数である。aとbは定数で、aは傾き、bは切片と呼ばれる。

回帰直線における傾きと切片の求め方は、統計学のテキストに解説されているので、詳細を知りたい方は参照してほしい。
　ところで、表計算ソフトExcelで、直線近似させたいデータをクリックし、「近似曲線の追加」を行ない、さらに線形近似を選択すると、容易に直線近似できる。さらに、直線の式も同時に求めることができる。
　話をもとに戻そう。正の相関が最も強かった年商と最寄駅での1日平均乗降者数の関係を直線近似した結果を図表5－22に示す。

〈図表5－22〉

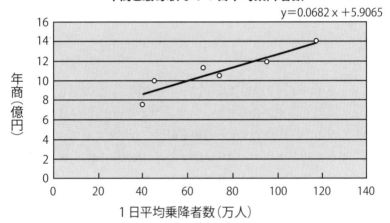

回帰直線も、

$$y=0.0682x+5.9065 \quad \Rightarrow \quad (2)$$

と求められる。
　再度確認すると、yは年商（億円）で、xは1日平均乗降者数（万人）であった。**今求めた回帰直線を使うことで、適当な平均乗降者数から、年商がある程度推定（予測）**できる。これは相関係数が正で1に近いと

いう裏づけがあるからである。

176ページの図表5－17のデータに再び注目してほしい。立地候補Xでは、最寄駅での1日平均乗降者数は76万人であった。回帰直線（2）に数値を入れることで、

◎立地候補X
$$y＝0.0682×76万人＋5.9065＝11.1億円$$

同様に、Y、Z地点候補では、それぞれ、

◎立地候補Y
$$y＝0.0682×100万人＋5.9065＝12.7億円$$

◎立地候補Z
$$y＝0.0682×69万人＋5.9065＝10.6億円$$

さて、これらの結果から、立地候補Yだけは、必須条件（→177ページ）であった年商12億円を超える可能性があるとして、3候補の中から新店舗候補として選べると判断できる。

この事例では、正の相関が最も強かった（大きかった）年商と最寄駅での1日平均乗降者数の関係に注目して、年商を説明できうる数量（やや難しいが、**「説明変数」**という）を、平均乗降者数という1つに絞り込んで、回帰直線を求めた。これを**「単回帰分析」**という。

また、最初から、年商について商圏人口や最寄駅からの距離という複数の説明変数でも分析できる。この場合は**「重回帰分析」**という。yを年商として、x_1は商圏人口、x_2は最寄駅からの距離、x_3は1日平均乗降者数とすれば、

$$y = ax_1 + bx_2 + cx_3 + d \quad \blacktriangleright \quad (3)$$

（a、b、c、d は定数である）

という式で求めることができる。

　重回帰式（3）では、定数a、b、c、dまで求める必要があるが、コンピュータでは容易に計算できる。

この事例で分かったこと

▶家電量販店の年商を最もよく推定（予測）できる説明変数を相関係数を計算することで見つけた。説明変数を1つに絞り込む際、年商と最も相関係数が高い最寄駅での1日平均乗降者数に設定した。

その結果、単回帰分析により、新立地候補で年商基準がクリアできるかどうかの判断が可能になった。

〈ケーススタディ２〉リスクがある時の「定量分析」による意思決定

★事例11

回転寿司チェーン店へ
新ハイテクシステムの売込み
期待値原理

タッチパネルで注文したり、自動精算システムで勘定を支払うなど、最近は回転寿司店内でもハイテク化が進んでいる。最近、ある業者がさらにパワーアップした新システムを開発し、回転寿司チェーンＫの本部へ売り込みに行った。

この本部では業者からいくつかの提案と選択肢が提示された。Ｋ本部の担当者はこの新システムを導入（特許料＋ロイヤリティを支払う）したり、導入を見送るなど、次の５案のうち、どれかを選択しなければならない。

D_1：特許料５００万円を支払う。

D_2：特許料２５０万円と売上のロイヤリティ１０％を支払う。

D_3：特許料１００万円と売上のロイヤリティ２０％を支払う。

D_4：特許料３０万円と売上のロイヤリティ３０％を支払う。

D_5：導入を見送る。

なお、回転寿司店を新規に営業するのに、店舗改築費と人件費の合計が５００万円かかる。寿司の価格を１皿２００円とすれば、材料費などの必要経費を差し引いた利益は１皿１２０円となる。また、回転寿司店をオープンすると、寿司の需要は次の３つあると考えられるとしよう。

S_1：需要が１０，０００皿である。

S_2：需要が３００，０００皿である。

S_3：需要が１００，０００皿である。

3つの状態 S_1 ～ S_3 の確率分布は、他のチェーン店の実績結果から、図表5－23のように3つの需要シナリオで数値が異なる。

〈図表5－23〉

需要シナリオ ＼ 将来起こりうる状態	S_1 (10,000 皿)	S_2 (300,000 皿)	S_3 (100,000 皿)
1．強気シナリオ	10%	70%	20%
2．標準シナリオ	20%	20%	60%
3．弱気シナリオ（控えめシナリオ）	60%	10%	30%

　リスクがある時の意思決定で使うツールの**期待値原理**を用いた場合、前述した D_1 ～ D_5 の5つの選択肢のうち、K本部では3つの需要シナリオでそれぞれどれを選択すべきであろうか。

意思決定のアプローチ

　ペイオフ表を用いた意思決定では、ペイオフ表の中身である利益やコストは、あらかじめ与えられているという錯覚を覚える。意思決定の演習問題やケースメソッドなどでは、意思決定の原理（アルゴリズム）を理解するのが先決なので、前段階であるペイオフ表の算出や将来起こりうる状態の確率分布が与えられていることが多いからだ。

　ところが、**現実には、現状把握、過去の実績や未来の需要予測などをもとにペイオフ表を算出することから始める。**

　この事例では、具体的にペイオフ表を求めることから始めてみたいと思う。

〈ケーススタディ２〉リスクがある時の「定量分析」による意思決定

　まず、ペイオフ表であるが、次の図表５－２４のようになることはすぐにイメージできるだろう。

　行動の選択肢は５つ（$D_1 \sim D_5$）、将来起こりうる状態は３つ（$S_1 \sim S_3$）である。

〈図表５－２４〉

		将来起こりうる状態		
		S_1	S_2	S_3
		（生起確率１）	（生起確率２）	（生起確率３）
選択肢	D_1	…	…	…
	D_2	…	…	…
	D_3	…	…	…
	D_4	…	…	…
	D_5	…	…	…

　３つの需要シナリオによって、将来起こりうる状態の確率分布が異なる。それぞれの需要シナリオで、５つの選択肢（$D_1 \sim D_5$）からどれを選ぶべきか、リスクがある時の意思決定のうちで最もポピュラーである**「期待値原理」**を用いて行なってみよう。

　まず、選択肢 D_1 と 状態 S_1、略記して（D_1、S_1）でのペイオフを計算してみよう。これに対応する条件を整理してみると、次の２つに集約できるであろう。

１．業者への支払いは特許料５００万円である。
２．回転寿司の皿の需要が１０，０００皿である。

さて、その時の利益に注目してみよう。

1皿の利益は120円だから、利益合計は、

120円×10,000皿＝120万円

支払うコストは、特許料500万円と、店舗改築費と人件費の合計である500万円を足したもので、すなわちコスト合計は1,000万円となる。

よって、ペイオフ表（D_1、S_1）には、

120万円－1,000万円＝－880万円

が入る。

続いて、選択肢 D_2 と 状態 S_2、略記して（D_2、S_2）でのペイオフを計算してみよう。今度の条件は、次の2つである。

1．業者への支払いは特許料250万円と売上のロイヤリティ10％である。
2．回転寿司の皿の需要が300,000皿である。

この時、利益合計は次のようになる。

120円×300,000皿＝3,600万円

支払うコストは、店舗改築費と人件費の合計である500万円、さらに特許料250万円＋売上のロイヤリティ10％を加えて、コスト合計は、次のとおりになる。

〈ケーススタディ２〉リスクがある時の「定量分析」による意思決定

５００万円＋２５０万円＋２００円×３００,０００皿×０.１
＝１,３５０万円

すなわち、$(D_2、S_2)$ には、

３,６００万円－１,３５０万円＝２,２５０万円

が入る。

　このように、ペイオフ表の作成は、計算自体は難しくはないが、計算条件が混乱しないように慎重に行なってほしい。すべてを計算した最終的な結果を図表５－２５に示す。

〈図表５－２５〉

単位：万円

		将来起こりうる状態		
		S_1	S_2	S_3
		（生起確率１）	（生起確率２）	（生起確率３）
選択肢	D_1	▲880	2,600	200
	D_2	▲650	2,250	250
	D_3	▲520	1,800	200
	D_4	▲470	1,270	70
	D_5	0	0	0

　ペイオフ表で数値が正ならば利益、負ならば損失であることはいうまでもないだろう。
　さて、ペイオフ表が求められたら、図表５－２３に示されているよう

189

な3つの需要シナリオに沿って、期待値原理で「期待値」を求めてみよう。

■強気シナリオ（状態S_1：１０％、状態S_2：７０％、状態S_3：
　２０％）の時の期待値

・選択肢D_1：$(-880) \times 0.1 + 2,600 \times 0.7 + 200 \times 0.2$
　　　　$= -88 + 1,820 + 40 =$ **1,772万円**

・選択肢D_2：$(-650) \times 0.1 + 2,250 \times 0.7 + 250 \times 0.2$
　　　　$= -65 + 1,575 + 50 =$ **1,560万円**

・選択肢D_3：$(-520) \times 0.1 + 1,800 \times 0.7 + 200 \times 0.2$
　　　　$= -52 + 1,260 + 40 =$ **1,248万円**

・選択肢D_4：$(-470) \times 0.1 + 1,270 \times 0.7 + 70 \times 0.2$
　　　　$= -47 + 889 + 14 =$ **856万円**

・選択肢D_5：$0 \times 0.1 + 0 \times 0.7 + 0 \times 0.2 =$ **0**

　期待値が最大なのは、選択肢D_1の **1,772万円** である。すなわち、特許料５００万円を支払うことを選択したほうがよい。

■標準シナリオ（状態S_1：２０％、状態S_2：２０％、状態S_3：
　６０％）の時の期待値

・選択肢D_1：４６４万円
・選択肢D_2：**４７０万円**
・選択肢D_3：３７６万円
・選択肢D_4：２０２万円

〈ケーススタディ２〉リスクがある時の「定量分析」による意思決定

・選択肢 D_5：０

　同様に期待値を求めると、期待値が最大なのは、僅差であるが選択肢
D_2 の **４７０万円** である。すなわち、特許料２５０万円とロイヤリティ
１０％を支払うことを選択したほうがよい。

■**弱気シナリオ（状態 S_1：６０％、状態 S_2：１０％、状態 S_3：**
　　３０％）の時の期待値

・選択肢 D_1：－２０８万円
・選択肢 D_2：－９０万円
・選択肢 D_3：－７２万円
・選択肢 D_4：－１３４万円
・選択肢 D_5：０

　弱気（控えめ）シナリオでは、D_1 ～ D_4 の選択肢で、利益がマイナス
になって損失を示すようになる。このシナリオでは現時点では導入を見
送ったほうが得策のように思われる。

この事例で分かったこと

▶この事例では、まず、３つの将来起こりうる状態、５つの選択肢に対
して、実際にペイオフ表を求めた。

▶求めたペイオフ表から、３つの需要シナリオごとに、「**期待値原理**」
による意思決定を行なった。結果として、強気シナリオ、標準シナリ
オ、弱気（控えめ）シナリオごとに選択すべき行動が異なってくるこ
とが分かった。

191

データマイニングとは

　データマイニング（Data mining）とは、大量のデータに対し網羅的に適用することで何らかの規則性・知識を取り出すデータ解析のプロセスである。英語ではknowledge-discovery in databases（データベースからの知識発見）の頭文字をとってＫＤＤとも呼ばれる。

　データマイニングとは、従来からなじんでいる統計解析、多変量解析とは似た処理も含むが、主な目的として何らかの規則性（ルールやパターン）を抽出することにある。一方、統計解析、多変量解析では、解析手法がすでに確立されており、この手法を検証するために行なわれてきたともいえる。

　データマイニングの主な解析手法を次に示す。

（1）頻出パターン抽出

　POSなどの大量のデータから、同時に生起する事象同士を相関の強い事象の関係として抽出する技術。取引ログに含まれる購買履歴を利用したバスケット解析が著名である。本書では事例9に示している。

（2）回帰分析

　与えられたデータを説明変数で予測する問題に対し、線形回帰やロジスティック回帰を適用する。本書では事例１０に示している。

（3）クラスタリング

　データの集合をクラスタと呼ぶグループに分ける。クラスタとは、同じクラスタのデータならば互いに似ていて、違うクラスタならば似ていないようなデータの集まりのことである。

　データマイニングは最近、脚光を浴びている機械学習とも関連があり、定量分析においても強力なツールにもなりうる。本書や参考文献により基本的な解析手法をぜひ理解してほしい。

第 6 章

ケーススタディ3

不確実な時の
「定量分析」による意思決定

★ 事 例 12	# 衣料専門店での夏物衣料の 生産計画をどうするか 各種原理の適用

　アパレル業界の衣料専門店Ｙ社は、今年の夏に向けた衣料の生産計画を検討している。Ｙ社は、ＳＰＡと呼ばれる製造小売り型の企業で、製造した衣料を系列の小売店へ直販する。このように生産、物流、販売を一体管理することで効率的、かつ戦略的な営業展開が可能になる。

　さて、Ｙ社は自社ブランド（ＰＢ）であるクールビズ商品の生産に関する計画を策定中で、この夏どう生産するかについて、気象庁から発表される今夏の気象予測をにらみながら、最終的に図表6-1のようなペイオフ表を作成した。

　図表6-1は、冷夏、平年並み、猛暑の3つの状態に対し、5計画、すなわち、①昨年並みの生産、②昨年より10％の増産、③昨年より20％の増産、④昨年より10％の減産、⑤昨年より20％の減産、それぞれの**ペイオフ**を示している。

〈図表6-1〉

単位：円

	冷夏	平年並み	猛暑
①昨年並み	2億8千万	7億	10億
②10%増産	4億	17億5千万	16億
③20%増産	▲1億	15億	18億
④10%減産	3億5千万	13億	10億
⑤20%減産	7億	6億5千万	5億

194

〈ケーススタディ３〉不確実な時の「定量分析」による意思決定

　Y社は気象庁の長期予報を参考にして、今夏の状況の「**生起確率**」を見積もるのは困難と判断し、確率を用いない、いわゆる不確実な時の意思決定を行なうことにした。

　Y社は、109ページ以降で紹介した「ラプラスの原理」「マキシミン原理」「マキシマックス原理」「ハービッツの原理」の４種類の原理を適用した場合、5計画のうちどの計画を選択するとよいかを検討した。

意思決定のアプローチ

　第３章で解説した「不確実な時の意思決定」の具体的ツール（→ 109 ～ 119ページ）を、図表６-１のペイオフ表に適用してみよう。この作業はある程度、機械的に行なえる。

■ラプラスの原理

　ラプラスの原理は、今夏の３つの気象予報が不確実なため、**同じ確率で起こると仮定して、ペイオフの期待値を求める原理**であった。

　すなわち、冷夏、平年並み、猛暑はそれぞれ、確率 $\frac{1}{3}$ で起こるとして、

①２億8千万円 $\times \frac{1}{3}$ ＋7億円 $\times \frac{1}{3}$ ＋１０億円 $\times \frac{1}{3}$

　＝（２億8千万円＋7億円＋１０億円）$\times \frac{1}{3}$ ＝6億6千万円

同様に計算して、

② １2億5千万円

③ １０億6,7００万円

195

④ 8億8,300万円

⑤ 6億1,700万円

　すなわち、②の１２億５千万円が最大となることが分かる。ラプラスの原理では、昨年の「１０％増産」を選択したほうがよさそうである。

■マキシミン原理

　マキシミン原理は、各増減計画①〜⑤の**最小の利得を求め、その中から最大の利得を持つ選択肢を選ぶ**ものであった。それぞれの最小の利得は図表５−１からすぐに分かる。結果は図表６−２のようになる。

　ただし、単位は百万円にしていることに注意していただきたい（以下同様）。

〈図表６−２〉

単位：百万円

	最小利得
①昨年並み	280
②10%増産	400
③20%増産	▲100
④10%減産	350
⑤20%減産	500

← 最大利得

　この結果、マキシミン原理では、この中で最大の利得を選ぶので⑤が選択される。すなわち、昨年の「２０％減産」である。

196

〈ケーススタディ３〉不確実な時の「定量分析」による意思決定

■マキシマックス原理

マキシマックス原理は、各増減計画①〜⑤の**最大の利得**を求め、その中からさらに**最大の利得をもつ選択肢を選ぶ**ものであった。結果を図表６－３に示す。

〈図表６－３〉

単位：百万円

	最大利得
①昨年並み	1,000
②10%増産	1,600〜1,750
③20%増産	1,800
④10%減産	1,000〜1,300
⑤20%減産	500〜700

⬅ 最大利得

この結果、マキシマックス原理では、この中で最大の利得を選ぶので③が選択される。すなわち、昨年の「**２０％増産**」である。

これら３つの原理の結果からも、マキシミン原理とマキシマックス原理では、選択される行動案が異なってくる。

マキシミン原理では、昨年の２０％の減産と、極めて控えめな選択であることがお分かりいただけるだろう。増産すれば、冷夏になった場合に思わしくない利得になることを重要視し、その結果、**２０％の減産**を選択する結果に至る。

一方、マキシマックス原理では、昨年の**２０％増産**で、まさにイケイケの意思決定である。猛暑になった場合の利得を重要視している。アグレッシブな経営者のお好みの選択かもしれない。

197

また、ラプラスの原理では、昨年の**１０％増産**を選択することになる。ラプラスの原理は、控えめなマキシミン原理と積極的なマキシマックス原理の中間に位置し、オーソドックスな原理といえる。

■ハービッツの原理 ···

ハービッツの原理はやや計算が煩雑であるが、トライしてみよう。

ハービッツの原理は、楽観度係数 a を導入して「決定係数」を計算し、決定係数が最大となる行動案を選択するものであった。

５つの計画に対して、それぞれ、

$$決定係数＝最大利得×a＋ 最小利得×（1－a）$$

を計算してみよう。結果は、次のようになる。

① $1,000a＋280（1－a）$
② $1,750a＋400（1－a）$
③ $1,800a－100（1－a）$
④ $1,300a＋350（1－a）$
⑤ $700a＋500（1－a）$

楽観度係数 $a＝0$ では、①２８０、②４００、③▲１００、④３５０、⑤５００、となって、これらの最大値は、⑤**５００**で、マキシミン原理の結果と一致する。

一方、楽観度係数 $a＝1$ では、①１,０００、②１,７５０、③１,８００、④１,３００、⑤７００、となって、最大値は、③**１,８００**、となり、これはマキシマックス原理の結果と一致する。

a が０と１の中間の値では決定係数はどうなるのか、を計算したもの

〈ケーススタディ３〉不確実な時の「定量分析」による意思決定

を、参考までに図表６－４で示す。決定係数が最大になる箇所（選択肢）は、太字で示している。

〈図表６－４〉

単位：百万円

楽観度係数 aの値	選択肢				
	①	②	③	④	⑤
0.0	280	400	▲100	350	**500**
0.1	352	**535**	90	445	520
0.2	424	**670**	280	540	540
0.3	496	**805**	470	635	560
0.4	568	**940**	660	730	580
0.5	640	**1,075**	850	825	600
0.6	712	**1,210**	1,040	920	620
0.7	784	**1,345**	1,230	1,015	640
0.8	856	**1,480**	1,420	1,110	660
0.9	928	**1,615**	1,610	1,205	680
1.0	1,000	1,750	**1,800**	1,300	700

　楽観度係数aに対する「各選択肢の決定係数」のグラフは、次ページの図表６－５のようになる。

　この図からも、**選択肢②**（昨年より１０％増産）が大部分において決定係数が大きいが、aが０に近いところでは**選択肢⑤**（２０％減産）、aが１に近いところでは**選択肢③**（２０％増産）が優位となっていることが分かる。

199

〈図表6−5〉

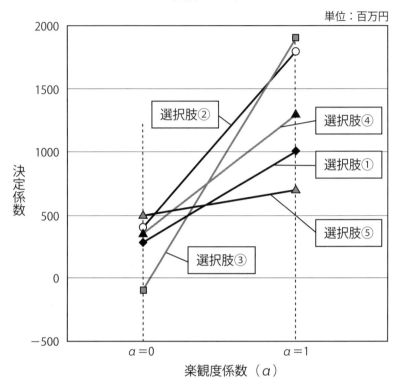

この事例で分かったこと

▶衣料専門店での夏物衣料（クールビズ）の生産計画について、不確実な状況下での意思決定を、各種原理を用いて行なった。
すなわち、「ラプラスの原理」「マキシミン原理」「マキシマックス原理」「ハービッツの原理」の4原理を適用した場合、5計画のうちどの計画が選択されるかを見たところ、適用される原理によって選択される結果が異なることが確認できた。
要は、意思決定を行なう者が置かれている状況を総合的に勘案して、意思決定者が最適と考える原理を適用すべきであろう。

〈ケーススタディ3〉不確実な時の「定量分析」による意思決定

★事例13	地質調査会社による 資源採掘の採算性
	感度分析

　日本の商社Ａでは、海外に鉄鉱石資源を開発するプロジェクト投資を行なっている。今年になって、委託した地質調査会社から、ある国で新たな鉄鉱石の鉱床が発見されたとの報告を受け、開発しようかどうか検討を始めている。

　初期投資額は、採掘処理設備、港湾工事、輸送設備など１５０億円が見込まれる。気になる鉄鉱石の推定埋蔵量は、調査結果から２０億トンと見込まれている。毎年１，０００万トンずつの需要があるとして採掘すれば、２０億トンの埋蔵量であるから２００年分に相当する。鉄鉱石１トンは、１，０００円で売れるとして、毎年１００億円の売上が予測される。

　一方、操業費用として年々８０億円かかり、内訳として４０億円が固定費、また残り４０億円が採掘量に比例する変動費と見込まれる。

　さて、いろいろと不確実性の多い資源投資プロジェクトであるが、この最初の予測値で本投資プロジェクトは進めるべきか。また、鉄鋼石の推定埋蔵量が実際は少なくて予定の１０％の２億トンになった場合、開発は進めるべきか。さらに、需要量が１０％下がって９００万トンとなった場合、開発は進められるか。

　なお、議論の対象となりやすい割引率であるが、この国の経済状況から１０％と見積もることにする。

意思決定のアプローチ

　上記ケースのような投資を行なうべきかの意思決定は、第３章で説明

201

した**正味現在価値（ＮＰＶ）**を算出して判断することが常套手段と考えられる。このケースは様々な情報に伴う数値が盛り込まれ、一見複雑な意思決定と思われるが、キャッシュフローの流れに注目して、図6－6をすぐに示すことができるようにしてほしい。

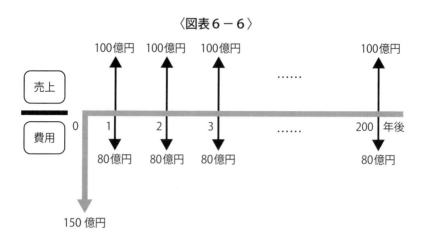

〈図表6－6〉

図表6－6は、毎年のキャッシュフローの正味額から、図6－7に書き直すことができる。

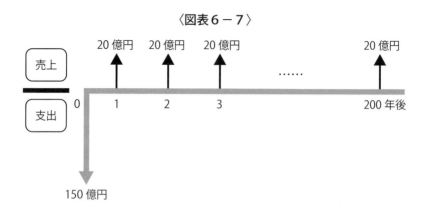

〈図表6－7〉

〈ケーススタディ３〉不確実な時の「定量分析」による意思決定

さて、図表６－７から、結局は毎年のキャッシュフローは、１００億円－８０億円＝２０億円なので、正味現在価値（ＮＰＶ）を求めると、

$$NPV = \frac{20}{1+0.1} + \frac{20}{(1+0.1)^2} + \frac{20}{(1+0.1)^3} + \cdots + \frac{20}{(1+0.1)^{200}} - 150$$

$$= \frac{20}{1.1} + \frac{20}{1.1^2} + \frac{20}{1.1^3} + \cdots + \frac{20}{1.1^{200}} - 150$$

$$= 20 \times \left(\frac{1}{1.1} + \frac{1}{1.1^2} + \frac{1}{1.1^3} + \cdots + \frac{1}{1.1^{200}} \right) - 150$$

かっこ（　　　　）の中身の計算は、公式を利用して（→89ページ）、

$$\frac{1}{0.1} \times \left(1 - \frac{1}{1.1^{200}} \right) \quad となる。$$

ここで、$\frac{1}{1.1^{200}}$ は、ほとんど０になってしまうので、（　）の中身

は、結局は、$\frac{1}{0.1}$（$=10$）　となる。したがってＮＰＶは、

$$NPV = 20億円 \times 10 - 150億円$$
$$= 200億円 - 150億円 = 50億円$$

すなわち、正味現在価値（ＮＰＶ）＞０、つまり正になるので、最初の予測どおりであればこの開発は行なうべきであると判断できる。

ところが、なかなか予測どおりに事が進まないのが世の常だ。もし推定埋蔵量や需要量が予想より少なくなった場合、投資の判断はどう変化するか。まさにここで「感度分析」の強みが発揮される。

203

■1. 鉄鋼石の推定埋蔵量が１０％と少なくなって、実際は２億トンで
   あった場合は開発すべきであろうか。

さて、推定埋蔵量が２０億トンだったが、１０％の２億トンになった
らどうなるか。毎年１，０００万トン発掘して２００年分と見積もって
いたのが、１０％の２０年分になってしまうことになる。
　この場合も、正味現在価値（ＮＰＶ）を算出してみよう。

$$ＮＰＶ = \frac{20}{1+0.1} + \frac{20}{(1+0.1)^2} + \frac{20}{(1+0.1)^3} + \cdots + \frac{20}{(1+0.1)^{20}} - 150$$

$$= \frac{20}{1.1} + \frac{20}{1.1^2} + \frac{20}{1.1^3} + \cdots + \frac{20}{1.1^{20}} - 150$$

$$= 20 \times \left(\frac{1}{1.1} + \frac{1}{1.1^2} + \frac{1}{1.1^3} + \cdots + \frac{1}{1.1^{20}} \right) - 150$$

（　　）の中身は　$\dfrac{1}{0.1} \times \left(1 - \dfrac{1}{1.1^{20}}\right)$　となる。

今度は、$\dfrac{1}{1.1^{20}} = 0.1486$　となって、０とするわけにはいかない。

$$ＮＰＶ = 20億円 \times \frac{1}{0.1} \times (1 - 0.1486) - 150億円 = 20億円$$

この場合、ＮＰＶ＞０なので、開発は進めてよいと判断できる。

■2. 鉄鉱石の需要量が１０％減少して、それにあわせて毎年の採掘量
   が９００万トンとなった場合、開発は進めるべきであろうか。

この場合は、毎年の売上収益は１トン１，０００円なので、９００万ト
ンで９０億円となる。気になる操業費用であるが、固定費は４０億円で変

204

化しない。変動費は、４０億円×（１−０.１）＝３６億円、すなわち、操業費用は毎年、４０＋３６＝７６億円で、結局は、９０−７６＝１４億円の収入（利益）が見込まれる。２００年間続くとしてＮＰＶを求めてみる。

$$NPV = \frac{14}{1+0.1} + \frac{14}{(1+0.1)^2} + \frac{14}{(1+0.1)^3} + \cdots + \frac{14}{(1+0.1)^{200}} - 150$$

$$= \frac{14}{1.1} + \frac{14}{1.1^2} + \frac{14}{1.1^3} + \cdots + \frac{14}{1.1^{200}} - 150$$

$$= 14 \times \left(\frac{1}{1.1} + \frac{1}{1.1^2} + \frac{1}{1.1^3} + \cdots + \frac{1}{1.1^{200}} \right) - 150$$

かっこ（　　　）の中身は $\dfrac{1}{0.1} \times \left(1 - \dfrac{1}{1.1^{200}}\right)$ となる。

ＮＰＶ ＝ １４億円×１０−１５０億円＝−１０億円

　今回の場合は、ＮＰＶ＜０となり、マイナスになってしまい、開発はしないほうがよいとの決断を迫られることになる。

この事例で分かったこと

▶鉄鋼石の埋蔵量が１０％に減少しても、開発プロジェクトは問題なく進められるが、需要量の予測が１０％減った場合はプロジェクトの進行は致命的になりうる。このことから、需要量の予測を十分、詳細に分析する必要があることが分かると同時に、プロジェクトを進めるには、積極的に需要量を増大する措置が必要になるだろう。

▶不確実な時には、「感度分析」によって、変数に一定の変動幅をもたせて結果の振幅を計算してリスクを定量的に把握して対策を講じる。

★事例14	エコ商品専門店が 注目しているエコ商品とは
	デシジョン・ツリーとベイジアン決定理論

エコ商品の専門店ＥＣＯ社は、エコ商品に対する関心や需要の増加に対して、取り扱い商品の強化を目指している。現在、ＥＣＯ社は３種類のエコ商品Ａ、Ｂ、Ｃを扱っている。エコ商品Ａは農薬や化学肥料を使わない自然食品である。エコ商品Ｂは日焼け止めクリームや石鹸などの自然化粧品、エコ商品Ｃは海水から採取した自然塩や深層水である。

この３種類のエコ商品の中で、積極的に販売強化すべき商品をどれにするかを検討している。もちろん利得が最も期待できる商品に対して販売強化を行なう。

ただし、エコ商品の市場は、地球環境はもちろんのこと、世界各国の環境問題への取り組み方や法規制が絡まって決定するため、不確実性が高い。この業界に精通したコンサルタントに今後の環境市場の予測を打診することも検討している。

今後、環境市場の景況感が上昇して市場が活況を呈する状態をN_1、反対に景況感が下降する状態をN_2として、その時に販売するエコ商品Ａ、Ｂ、Ｃのペイオフが、図表６−８のようになるとしよう。

〈図表６−８〉

単位：百万円

景況感 エコ商品	N_1 景況感上昇	N_2 景況感下降
A	130	▲10
B	100	30
C	65	45

〈ケーススタディ３〉不確実な時の「定量分析」による意思決定

　図表６−８のようなペイオフ表は、今まで何度も本書で説明してきたが、今度は図表６−９のような「**デシジョン・ツリー**」で表わしてみよう。デシジョン・ツリーとは、**意思決定の問題を樹木が枝分かれしているような形の図で表示したもの**である。

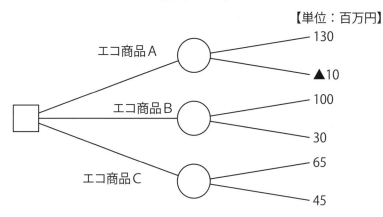

　図表６−９には、□印と○印がある。
　□印のところは、意思決定を行なうノード（自分の決定や選択によって枝が分かれることを示す）である。
　○印のノードでは、何本か枝分かれがあって、各枝には、各状態が起こる状態（分かればその生起確率）と枝の末端にはペイオフが示されている。
　図表６−８または図表６−９では、状態 N_1 と状態 N_2 の生起確率が分からない不確実な状態であるため、「ラプラスの原理」を用いる。
　確率をそれぞれ５０％として、エコ商品A、B、Cそれぞれの期待利益を計算すると、次のようになる

◎エコ商品A：130×0.5＋(−10)×0.5
　　　　　　＝60百万円＝6,000万円

◎エコ商品Ｂ：１００×０.５＋３０×０.５
　　　　　　＝６５百万円＝６,５００万円
◎エコ商品Ｃ：６５×０.５＋４５×０.５
　　　　　　＝５５百万円＝５,５００円

　期待値原理の結果から、エコ商品Ｂの期待利得値が６,５００万円（＝６５百万円）と最大となるので、エコ商品Ｂを最も販売強化すべきであろう。

　ここまでであれば、不確実な時の意思決定の１つである「ラプラスの原理」を繰り返し説明したに過ぎない。さて、もしも信頼できる調査機関から、実際に起こる環境市場の景況感上昇 N_1 と景況感下降 N_2 の状態に関して、それぞれ n_1 と n_2 として予測を得たとしよう。それぞれの対応を図表６－１０で示す。

〈図表６－１０〉

| | | 実際に起こる状態 | |
		N_1（景況感上昇）	N_2（景況感下降）
景況予測	n_1（景況感上昇）	①	②
	n_2（景況感下降）	③	④

　図表６－１０の見方に慣れてほしい。例えば、①の箇所は、実際の景況感が上昇する（N_1）時に景況感が上昇する（n_1）と予測していた比率を示す。この値が大きいことは予測が正しいことを示す、信頼性の指標でもある。
　また、④も同様で、実際の景況感が下降する（N_2）に対して景況感が下降する（n_2）と予測していた比率で、この値も大きいほど予測が正

〈ケーススタディ３〉不確実な時の「定量分析」による意思決定

しいことを示す。

逆に、②と③は、実際の景況感に対し予測が誤った場合の指標で、小さいほうが信頼性が高い。

なお、①＋③＝１、②＋④＝１　であることに注意してほしい。

脱線するようであるが、１００％信頼できる予測であれば、図表６－１０は、図表６－１１のようになるであろう。

〈図表６－１１〉

		実際に起こる状態	
		N₁（景況感上昇）	N₂（景況感下降）
景況予測	n₁（景況感上昇）	1.0	0
	n₂（景況感下降）	0	1.0

逆に、まったく信頼できない（でたらめな）予測情報であれば、図表６－１２のようになるであろう。

〈図表６－１２〉

		実際に起こる状態	
		N₁（景況感上昇）	N₂（景況感下降）
景況予測	n₁（景況感上昇）	0.5	0.5
	n₂（景況感下降）	0.5	0.5

つまり、図表6－13のように、右下がりの実線（楕円）で囲まれた箇所の値が大きければ、また右上がりの破線（楕円）で囲まれた箇所の値が小さければ、信頼性が高いといえる。

〈図表6－13〉

		実際に起こる状態	
		N₁（景況感上昇）	N₂（景況感下降）
景況予測	n₁（景況感上昇）	①	②
	n₂（景況感下降）	③	④

ポイントは、現時点では市場景況感が実際に上昇する状態 N_1 と下降する状態 N_2 がそれぞれ５０％しか分からないということだ。

この確率を**事前確率**というが、調査機関から景況に関する予測情報を購入することで（もちろんコンサル料は支払わなければならないだろうが）、次のようなことがわかる。

▶（1）　予測を n_1 とした場合と予測を n_2 とした場合とで、状態 N_1 の生起確率がそれぞれどのように変わるか（図表6－13の①、③）。
　➡**図表6－11から、①では大きく、③では小さくなることが推測されるであろう。**

▶（2）　予測を n_1 とした場合と予測を n_2 とした場合とで、状態 N_2 の生起確率がそれぞれどのように変わるか（図表6－13の②、④）。
　➡**図表6－11から同様に、②では小さく、④では大きくなることが推測されるであろう。**

〈ケーススタディ３〉不確実な時の「定量分析」による意思決定

さて、本題に戻ろう。調査機関から入手できた予測情報が図表６－
１４だったとする。

〈図表６－１４〉

		実際に起こる状態	
		N₁（景況感上昇）	N₂（景況感下降）
景況予測	n₁（景況感上昇）	0.9	0.2
	n₂（景況感下降）	0.1	0.8

今まで述べてきた観点から、図表６－１４の情報は、かなり信頼でき
る情報といえるだろう。図表６－１４から、次のようなことが分かる。

◎実際に景況感が上昇する確率 N_1：５０％（事前確率）
◎調査機関からの予測情報で、景況感が上昇する予測 n_1：０.９

◆実際に景況感が上昇（N_1）し、かつ予測も上昇（n_1）する確率
　＝０.５×０.９＝０.４５

◆実際に景況感が上昇（N_1）し、かつ予測が下降（n_2）する確率
　＝０.５×０.１＝０.０５

このように２つの状態が同時に起こる確率を「同時確率」という。計
算上はそれぞれの生起確率を掛け合わせればよい。これは確率の基本中
の基本であるので、ぜひ覚えておいてほしい。

同様に、図表６－１４から、次のようなことも分かる。

211

◎実際に景況感が下降する確率 N_2：５０％（事前確率）
◎調査機関からの予測情報で、景況感が上昇する予測 n_1：０.２

◆実際に景況感が下降（N_2）し、かつ予測が上昇（n_1）する確率
　＝０.５×０.２＝０.１

◆実際に景況感が下降（N_2）し、かつ予測も下降（n_2）する確率
　＝０.５×０.８＝０.４

　これらの計算結果を図表６－１５にまとめてみよう。なお、n_1 と n_2 の各行で、２つの同時確率の和、すなわち、

　　０.４５＋０.１＝０.５５
　　０.０５＋０.４＝０.４５

は、「周辺確率」と呼ばれる。
　周辺確率とは、実際の景況感が N_1 か N_2 であるかを問わずに、調査機関から n_1 という予測が５５％、n_2 という予測が４５％で提供されるという情報である。

〈図表６－１５〉

		同時確率		周辺確率
		実際に起こる状態		
		N_1（景況感上昇）	N_2（景況感下降）	
景況予測	n_1（景況感上昇）	0.45	0.1	**0.55**
	n_2（景況感下降）	0.05	0.4	**0.45**
	計	0.5	0.5	

〈ケーススタディ３〉不確実な時の「定量分析」による意思決定

「事前確率」から、調査機関からの情報をもとに「同時確率」を計算し、さらに「周辺確率」を求めた。「事後確率」という最終的な確率を求めるには、もう一歩の計算が必要である。

つまり、予測情報が n_1 あるいは n_2 と調査機関から提供された場合に、実際に N_1、N_2 と起こる確率はどのように変化するかを最終的に求めなければならない。これは、図表６－１６のように、周辺確率で該当するそれぞれの同時確率を割ってやればよい。

〈図表６－１６〉

		同時確率		周辺確率
		実際に起こる状態		
		N_1（景況感上昇）	N_2（景況感下降）	
景況予測	n_1（景況感上昇）	0.45	0.1	**0.55**
	n_2（景況感下降）	0.05	0.4	**0.45**
	計	0.5	0.5	

◆予測情報で景況感が上昇（n_1）し、実際も景況感が上昇（N_1）する確率
$$0.45 \div 0.55 = 0.82$$

◆予測情報で景況感が上昇（n_1）し、実際は景況感が下降（N_2）する確率
$$0.1 \div 0.55 = 0.18$$

◆予測情報で景況感が下降（n_2）し、実際は景況感が上昇（N_1）する確率
$$0.05 \div 0.45 = 0.11$$

◆予測情報で景況感が下降（n_2）し、実際も景況感が下降（N_2）する確率
$$0.4 \div 0.45 = 0.89$$

この最終結果、すなわち**事後確率**をまとめると、図表6－17のようになる。

〈図表6－17〉

		実際に起こる状態		合計
		N_1（景況感上昇）	N_2（景況感下降）	
景況予測	n_1（景況感上昇）	0.82	0.18	1
	n_2（景況感下降）	0.11	0.89	1

事前確率が調査機関からの予測情報の提供を受けて、事後確率としてどのように変化するのかを3次元の棒グラフで示したのが、図表6－18a、図表6－18b（→次ページ）である。

図表6－18aは事前確率、図表6－18bは事後確率を示す。

〈図表6－18a〉

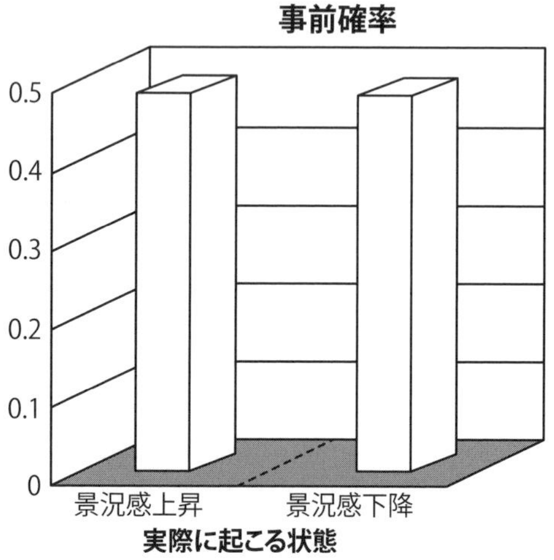

事前確率

〈ケーススタディ３〉不確実な時の「定量分析」による意思決定

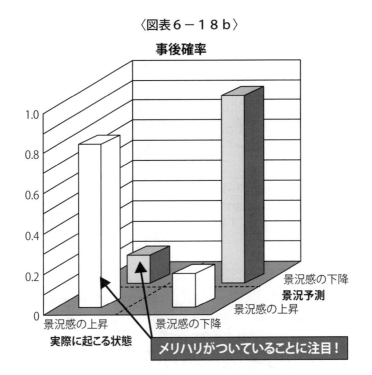

〈図表６－１８ｂ〉

　実際の景況感の上昇 N_1 や景況感の下降 N_2 がせいぜい０.５であった事前確率図表６－１８ａが、調査機関からの予測情報の提供を受けて事後確率図表６－１８ｂに変化している。

　例えば、予測では上昇し、実際も上昇したのが０.８２、また予測で下降であったが、実際は上昇したのが０.１１と、事後確率ではメリハリがきっちりとついていることに注目してほしい。

　また、実際は下降した場合も、同様に確率にメリハリがついている。すなわち、これらは**予測情報の購入による効用**である。このことは、次ページの図表６－１９からもイメージできる。

〈図表6−19〉

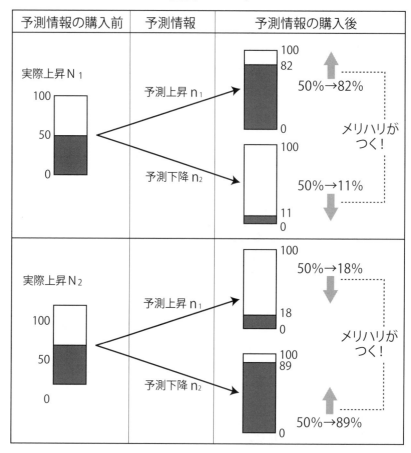

　さて、このようにして求めた事後確率を、207ページの図表6−9（デシジョン・ツリー）に適用してみよう。図表6−9は予測情報を購入しない場合であったが、今度は予測情報を購入する場合も含める。結果を図表6−20に示す。

　図表6−20には、事前確率、そして周辺確率や事後確率も記されていることに注意してほしい。

〈ケーススタディ３〉不確実な時の「定量分析」による意思決定

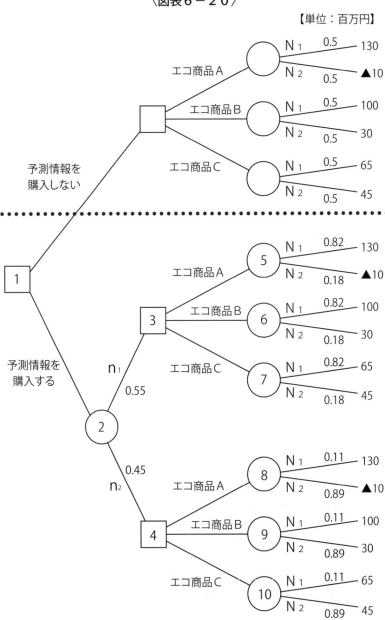

〈図表６−２０〉

217

図表6-20の太い点線の上部分は、予測情報を購入しない場合である。すでにこの場合の期待利益は計算済みで、エコ商品Bの期待利得値が6,500万円＝（65百万円）と最大であった。同様に、太い点線下部の予測情報を購入した場合の**期待利益**を求めてみよう。

　図表6-20の⑤ノードから⑦ノードまでの期待利益を計算すると、

⑤ノード➡130×0.82＋（－10）×0.18＝104.8百万円
⑥ノード➡100×0.82＋30×0.18＝87.4百万円
⑦ノード➡65×0.82＋45×0.18＝61.4百万円

　すなわち、③ノードにおいて**期待利益が最大**となるのは、⑤ノードで、エコ商品Aの1億480万円（＝104.8百万円）となる。
　同様に、

⑧ノード➡130×0.11＋（－10）×0.89＝5.4百万円
⑨ノード➡100×0.11＋30×0.89＝37.7百万円
⑩ノード➡65×0.11＋45×0.89＝47.2百万円

　つまり、④ノードにおいて期待利益が最大となるのは、エコ商品Cの4,720万円（＝47.2百万円）である。

　結局は②ノードで、すなわち予測情報を購入した場合の期待利益は、

104.8×0.55＋47.2×0.45＝79百万円＝7,900万円

と求められた。
　さて、予測情報を購入しなかった場合の期待利益は6,500万円であったが（→208ページ）、予測情報を購入した場合は、何と7,900万円（＝79百万円）に跳ね上がった。

218

〈ケーススタディ3〉不確実な時の「定量分析」による意思決定

　この差、7,900万円－6,500万円＝1,400万円　はどう解釈する
のか。この差こそ、調査機関から購入した予測情報によって、期待利益が、
1,400万円高まったと解釈できるので、予測情報の購入価値とみなす
ことができる。当然といえば当然である。

　わざわざ、お金を出してまで予測情報を購入したのであるから期待利
益が上がるのはいうまでもない。もし期待利益が下がっては予測情報の
価値はないし、この情報を提供した調査機関の信用も危ぶまれる。

　また、調査機関を利用することによるコストは、いくら期待利益が上が
ると見込めても、ある値（金額）を歯止めとして設定しなければならない。
この値こそ、差として求められた1,400万円で、コストが1,400万
円以下なら、予測情報を購入して利用したほうがよいということになる。

　さて、この事例のタイトルには、**ベイジアン決定理論**という用語が含
まれている。ベイジアン決定理論とは、イギリスの牧師であったベイズ
（Thomas　Bayes）によって発見された「ベイズの定理」を用いている
理論体系である。

　「ベイズの定理」とは、事前確率が、予測情報のような信頼性を表わ
す情報（これを条件付き確率と呼ぶ）によって、事後確率に変化するこ
とを意味する。**これにより、不確実な状況下で、予測情報を加えること
で精度の高い意思決定を行なうことが可能になる。**

　さて、総括を兼ね、ベイジアン決定理論の一連の計算の流れを、図表
6－21に示す。この図からも分かるように、**ベイジアン決定理論では、
事前確率というかたちで意思決定者の判断（主観）を計算に取り込み、
それを新しい情報（客観）で修正するという手続きを経て、主観的情報
と客観的情報をうまく有機的にリンクさせ、結果的に精度の高い意思決
定を行なうことが可能になる。**

219

〈図表6-21〉

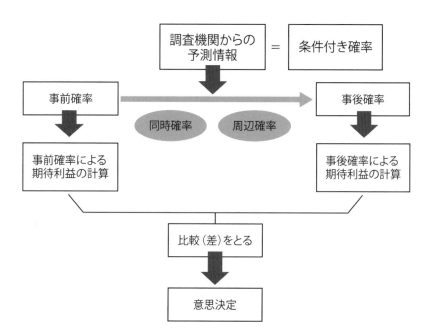

　企業においては、意思決定を行なう際には、過去に同じ事例がなく客観的情報がない場合、どうしても意思決定者の経験に頼らざるをえない局面が多い。ベイジアン決定理論はまさにこのような状況下で強みを発揮する。企業における意思決定で、ベイジアン決定理論はなくてはならない強力な手法になっている。

この事例で分かったこと

▶主観的情報である事前確率に、信頼できる予測データを追加することにより事後確率を求め、精度の高い柔軟な意思決定が可能になる「ベイジアン決定理論」は、今日の不確実な時の意思決定において、不可欠な存在になっている。

〈ケーススタディ３〉不確実な時の「定量分析」による意思決定

★事例15	ベンチャー企業への投資をどうするか
	リアル・オプション

　ベンチャーキャピタルＫ社は、ベンチャー企業Ｆ社への投資を検討している。ベンチャーキャピタルは、ベンチャー企業への株式などに投資し、投資後の支援の成果として企業価値を高め、キャピタルゲイン（株式などの売却代金と投資資金との差額）を得ることを主業務としており、通常、いくつかのステージ（段階）に分けて資金を投入する。

　Ｋ社では次の３つのステージごとに検討をしている。

①スタートアップ期：

　試行段階からコアスキルを確立しつつある状態。ハイリスクの状態でもあり、商品開発や事業化に伴う資金が必要。

②アーリーステージ：

　事業の本格的立ち上げ期で、設備や人件費で多額の資金が必要。

③ミドル・レイターステージ：

　確立したコアスキルの強化・多角化、事業の拡大で、株式公開・上場（ＩＰＯ：Initial Public Offering）も視野に準備している状態。

　ベンチャー企業Ｆ社は、バイオ技術を活用した設立間もない企業で、スタートアップ期でうまく目標をクリアできれば、アーリーステージへ進むことができる。しかし目標がクリアできなければ、ベンチャーキャピタルＫ社は以後の資金は投入しない。

　このように、ベンチャー企業Ｆ社は、３つのステージを乗り越えて、

221

晴れて株式公開・上場の権利を獲得する。一方、ベンチャーキャピタル
K社は、ベンチャー企業F社に資金を投入した見返りとしてキャピタル
ゲインを期待する。

　さて、ベンチャーキャピタルK社は、ベンチャー企業F社への必要資
金プランを、図表6－22のように算定している。

〈図表6－22〉

ステージ	必要資金	ステージ期間	成功確率	割引率
①スタート 　アップ期	0.5億円	3年	－	0.3
②アーリー 　ステージ	1億円	4年	40%	0.3
③ミドル・ 　レイターステージ	5億円	3年	75%	0.3
公開時時価総額 推計値	50億円	－	30% (40%×75%)	－

　さて、ベンチャーキャピタルK社は、ベンチャー企業F社に資金を
投入すべきであろうか。

意思決定のアプローチ

　まず、事例3（→132ページ）でも扱ったNPV（正味現在価値）法
でアプローチしてみよう。NPV法はDCF（ディスカウント・キャッ
シュフロー）法ともいわれる。

〈ケーススタディ３〉不確実な時の「定量分析」による意思決定

〈図表６−２３〉

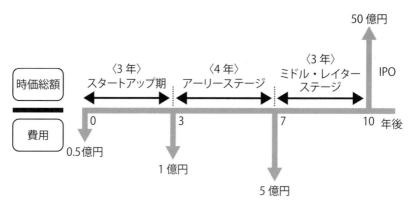

図表６−２３から、各ステージで必要な投資資金の現在価値を求めると、

$$0.5+\frac{1}{(1+0.3)^3}+\frac{5}{(1+0.3)^7}=1.75億円$$

公開時時価総額の現在価値は、

$$\frac{50}{(1+0.3)^{10}}=3.63億円$$

となる。

ベンチャー企業Ｆ社への投資の正味現在価値を求めると、

$$NPV=3.63億円×0.3（＝IPO時の成功確率30\%）−1.75億円$$
$$=−0.66億円$$

この結果、正味現在価値がマイナス（負）になってしまうので、Ｆ社への投資は実施すべきではないと判断できる。

これでは味も素っ気もない結論で、拍子抜けしてしまう。そこで、こ

こでは、ＮＰＶとは異なるアプローチである「リアル・オプション」を用いた経営判断を行なってみよう。

リアル・オプションとは、不確実性の高い「段階的な意思決定」の行なわれる投資プロジェクトの経営選択権（オプション）を意味する。

すなわち、投資の過程で事業を中止したり延期したりする、事業規模を縮小する、事業を拡大するということが行なわれる投資プロジェクトでの選択する権利を意味する。

一方、先に説明した「ＤＣＦ法」は、プロジェクトの途中で予期せぬ事態が発生する可能性があっても、一度意思決定をした後は、その時に想定したシナリオでプロジェクトが遂行される。しかし、この事例のような不確実性の高い事業環境下では、最初から何年も先のシナリオを不変的に保持するのは合理的とはいえない。

投資プロジェクトの途中で、「ちょっと待てよ。このまま進むか、撤退もありか？」という投資の進捗を評価しながら進む意思決定こそが重要であろう。

リアル・オプションの一種である「デシジョン・ツリー分析」は、将来の経営上のオプションを織り込んで、経営の柔軟性を盛り込むことが可能で、視覚的に分かりやすいというメリットがある。事例１４（→206ページ）で説明したとおりだ。そこで、続けてデシジョン・ツリー分析も見てみよう。

近年の事業環境は過去に比べ、金融市場のグローバル化やＩＴ技術の爆発的進歩で、変動性を高めており、より柔軟な意思決定を経営に要求するようになってきている。

それでは、ベンチャー企業Ｆ社への投資のデシジョン・ツリーを図表６－２４に示してみる。

〈ケーススタディ３〉不確実な時の「定量分析」による意思決定

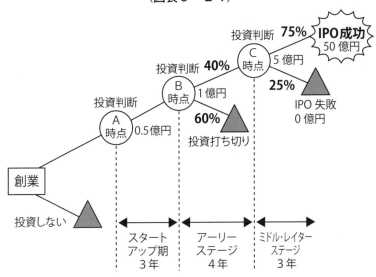

まず、Ｃ時点での投資現在価値を求めよう。

ＩＰＯ時に推計した時価総額５０億円を割引率３０％で３年間割り引いた価値から、ミドル・レイターステージの投入資金５億円を引くと、

$$\frac{50}{(1+0.3)^3} - 5 = 17.76 億円$$

さらに、ミドル・レイターステージにおける成功確率７５％で期待値を求めると、次のようになる

１７．７６億円×０．７５＋０×０．２５＝１３．３億円

次に、Ｂ時点での投資の現在価値を求める。すなわち、上で求めたＣ時点での投資の現在価値を割引率３０％で４年間割り引いた価値から、アーリーステージ投入資金１億円を差し引く。

$$\frac{13.3}{(1+0.3)^4}-1=3.66億円$$

さらに、アーリーステージ成功確率４０％で期待値を求める。

3.66億円×0.4＋0×0.6＝1.47億円

最後に、Ａ時点での投資の現在価値を求める。すなわち、上で求めたＢ時点での投資の現在価値を割引率３０％で３年間割り引いた価値から、最初のスタートアップ期の投入資金０.５億円を差し引く。

$$\frac{1.47}{(1+0.3)^3}-0.5=0.17億円$$

今までの計算結果から、Ａ時点でのベンチャー企業Ｆ社への投資の正味現在価値は０.１７億円になり、プラス（正）になった。これなら投資を行なわない根拠は見当たらない。投資は行なうべきとの判断ができる。

さて、本事例では最初にＤＣＦ法で求めた正味現在価値は、▲０.６６億円とマイナス（負）であったが、デシジョン・ツリー分析では、何と０.１７億円のプラス（正）に転じた。この差を求めると、

0.17－（－0.66）＝0.83億円

であるが、この差はどのように解釈できるであろうか。

事例１４で、**ベイジアン決定理論**を学んだ。これはある調査機関から得られた予測情報などを活用することで、不確実性のもとでより精度の高い意思決定ができるというものであった。**予測情報を活用する前と後**

では、期待利益が高まった場合、これらの差こそ、予測情報の価値と解釈できた。この事例も同じである。

図表6－25に示すように、0.83億円こそ、リアル・オプションを活用することで増加した期待利益である。

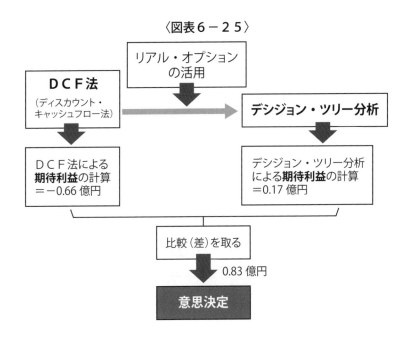

〈図表6－25〉

この事例のような不確実性の高い事業環境下では、ベンチャーキャピタルK社にとっては、投資の過程で事態が思わしくない方向になれば投資の断念も辞さないというスタンスによる"価値の増加分"と解釈できる。

まさに**オプション行使**による**優位価値**である。

ところで、デシジョン・ツリー分析の図表6－24で、アーリーステージ、ミドル・レイターステージの成功確率は、それぞれ40％、75％であった。当然、IPO時点の成功確率は、これらの積により、40％

×７５％＝３０％である。

　もし、アーリーステージ、ミドル・レイターステージの成功確率がともに１００％であった場合の計算をしてみよう。

　まず、計算にかかる前にどんな結果が予測されるのであろうか。また、なぜ、こんな計算をさせるのか勘のよい読者であれば何かピンとくるものがあるに違いない。

　成功確率が１００％であるということは、不確実な要素がなく、ベンチャー企業Ｆ社がスタートアップ期から紆余曲折がないまま、確実にＩＰＯまで到達して時価総額５０億円になることを意味する。

　これこそ、最初に計算したＤＣＦ法の前提である。

　まずは、ＤＣＦ法では、すでに求めたように、各ステージで必要な投資資金の現在価値は、

$$0.5 + \frac{1}{(1+0.3)^3} + \frac{5}{(1+0.3)^7} = 1.75億円$$

公開時の時価総額の現在価値は、

$$\frac{50}{(1+0.3)^{10}} = 3.63億円$$

ベンチャー企業Ｆ社への投資の正味現在価値は、ＤＣＦ法では、

$$NPV = 3.63億円×1(＝ＩＰＯ時の成功確率１００％) - 1.75億円$$
$$= 1.88億円$$

と求められる。

　一方、デシジョン・ツリー分析では、すでに求めたように、Ｃ時点で

〈ケーススタディ３〉不確実な時の「定量分析」による意思決定

の投資現在価値は、

$$\frac{50}{(1+0.3)^3}-5=17.76億円$$

今度は、ミドル・レイターステージにおける成功確率は１００％なので、結局は、期待値は１７．７６億円である。

次に、Ｂ時点での投資の現在価値は、

$$\frac{17.76}{(1+0.3)^4}-1=5.22億円$$

これもアーリーステージにおける成功確率は１００％なので、期待値は５．２２億円である。

最後に、Ａ時点での投資の現在価値は、

$$\frac{5.22}{(1+0.3)^3}-0.5=1.88億円$$

これは、ＤＣＦ法で求めた正味現在価値に一致する。

この事例で分かったこと

▶今日の不確実性の高い経営環境では、事業環境も変動性を高めており、より柔軟な意思決定が経営に要求されるようになってきている。

▶このような不確実性の高い「段階的な意思決定」の行なわれる投資プロジェクトなどでは、リアル・オプションは、ＤＣＦ法よりも柔軟性に優れており、投資シナリオの変更などにも対応できる。今後、積極的に活用すべき手法である。

229

★ 事例 16	# 競合関係の古本ショップS店と F店の出店、利用客をいかに獲得するか
	ゲーム理論

　M市では新興住宅街の開発が進み、A駅とB駅両方の駅からアクセス可能である。このどちらかの駅に、2つの古本ショップS店とF店が出店を計画している。

　古本ショップといっても、最近はゲームソフトやCD、DVDも取り扱い、A駅に古本ショップができた場合は1日1,500人が、B駅にできた場合は300人が利用すると見込まれている。

　もし両方の古本ショップが異なる駅に出店した場合は、他に古本ショップがないため、すべての利用客を獲得できるとする。また同じ駅に出店した場合は、S店のほうがF店よりも2倍の利用客を集客できるとする。

　すなわち、同じA駅であれば、S店は1,000人、F店は500人を獲得し、また同じB駅であれば、S店は200人、F店は100人を獲得できるとする。1日当たりの平均客単価はS店とF店を問わず500円とする。

　利用客をいかに多く獲得するかという観点で、古本ショップS店とF店は、A駅とB駅のどちらに出店すべきであろうか。

意思決定のアプローチ

　事例を読んで、今まで行なってきた意思決定と何かパターンが異なると感じないだろうか。

　今までは、一人の人間や企業が意思決定を行なう事例を扱ってきたが、この事例は、古本ショップS店とF店と両方で意思決定をするという、いわゆる意思決定を行なう主体が2つと複数であり、それぞれ相手の出

〈ケーススタディ３〉不確実な時の「定量分析」による意思決定

方で自分の意思決定が異なってくる可能性が出てくる。

このような意思決定の理論体系は「ゲーム理論」といわれる。

今までの意思決定ではペイオフ表（利得表）を使って考察してきたが、ゲーム理論でもこれらと同じようなアプローチが可能である。

ゲーム理論でのペイオフ表（ゲーム理論ではペイオフ表をペイオフマトリックスともいう）を作成するに当たって、この事例に戻ってみよう。

古本ショップＳ店とＦ店が、それぞれＡ駅とＢ駅に出店する４つのケースを考え、各ケースの売上高を利得として計算してみる。

■（１）古本ショップＳ店がＡ駅に出店した時

◎古本ショップＦ店がＡ駅に出店した場合
➡Ｓ店が１，０００人集客
５００円×１，０００人＝５０万円
➡Ｆ店が５００人集客
５００円×５００人＝２５万円

◎古本ショップＦ店がＢ駅に出店した場合
➡Ｓ店が１，５００人集客
５００円×１，５００人＝７５万円
➡Ｆ店が３００人集客
５００円×３００人＝１５万円

■（２）古本ショップＳ店がＢ駅に出店した時

◎古本ショップＦ店がＡ駅に出店した場合
➡Ｓ店が３００人集客
５００円×３００人＝１５万円
➡Ｆ店が１，５００人集客

231

５００円×１,５００人＝７５万円

◎**古本ショップＦ店がＢ駅に出店した場合**

➡Ｓ店が２００人集客

５００円×２００人＝１０万円

➡Ｆ店が１００人集客

５００円×１００人＝５万円

これらの計算結果を、図表６－２６にまとめてみよう。ただし、単位は千円にしていることに注意していただきたい。

〈図表６－２６〉

単位：千円

古本ショップ：Ｓ店 ＼ 古本ショップ：Ｆ店	Ａ駅	Ｂ駅
Ａ駅	（５００、２５０）	（７５０、１５０）
Ｂ駅	（１５０、７５０）	（１００、５０）

ペイオフ表である図表６－２６の見方に慣れてほしい。

例えば、古本ショップＳ店とＦ店がともにＡ駅に出店した場合に、それぞれ、Ｓ店は５００千円（＝５０万円）、Ｆ店は２５０千円（＝２５万円）の売上があるので、（５００、２５０）と示す。（○、□）ならば、前者の○はＳ店の売上、後者の□はＦ店の売上を示す。

図表６－２６から古本ショップＳ店とＦ店はどう出店すべきか。

それは、**Ｓ店、Ｆ店それぞれの立場で考えればよい。**

まずは、古本ショップＦ店がＡ駅に出店した場合、**Ｓ店の立場で考え**

〈ケーススタディ３〉不確実な時の「定量分析」による意思決定

てみよう。

　図表６－２７を見ていただきたい。Ｓ店は太い実線内の利得（→70ページ）で、５００千円（＝５０万円）と１５０千円（＝１５万円）を比べて、５００千円（＝５０万円）得られるＡ駅を選ぶことになる。売上が多いＡ駅であるなら当然であろう。

〈図表６－２７〉

単位：千円

古本 ショップ：Ｓ店 ＼ 古本ショップ：F店	Ａ駅	Ｂ駅
Ａ駅	(500、250)	(750、150)
Ｂ駅	(150、750)	(100、50)

　今度は、古本ショップＦ店がＢ駅に出店したとする。

　図６－２８からＳ店は、太い実線内の利得で、７５０千円（＝７５万円）と１００千円（＝１０万円）を比べて、７５０千円（＝７５万円）であるＡ駅を選ぶであろう。

〈図表６－２８〉

単位：千円

古本 ショップ：Ｓ店 ＼ 古本ショップ：F店	Ａ駅	Ｂ駅
Ａ駅	(500、250)	(750、150)
Ｂ駅	(150、750)	(100、50)

　つまり、古本ショップＳ店は、Ｆ店がどう出店しようと、Ａ駅に出店することを選ぶであろう。

233

次に、古本ショップＳ店がＡ駅、またはＢ駅に出店した場合、**Ｆ店の立場で考えよう。**

　Ｓ店がＡ駅を選んだ場合、図表６－２９から、２５０千円（＝２５万円）と１５０千円（＝１５万円）を比べて、Ｆ店はＡ駅を選ぶであろう。

〈図表６－２９〉

単位：千円

古本 ショップ：Ｓ店 ／ 古本ショップ： Ｆ店	Ａ駅	Ｂ駅
➡ Ａ駅	（500、250）	（750、150）
Ｂ駅	（150、750）	（100、50）

　また、古本ショップＳ店がＢ駅を選んだ場合、図表６－３０から、７５０千円（＝７５万円）と５０千円（＝５万円）を比べて、Ｆ店は７５０千円（＝７５万円）であるＡ駅を選ぶであろう。

〈図表６－３０〉

単位：千円

古本 ショップ：Ｓ店 ／ 古本ショップ： Ｆ店	Ａ駅	Ｂ駅
Ａ駅	（500、250）	（750、150）
➡ Ｂ駅	（150、750）	（100、50）

　つまり、古本ショップＦ店は、Ｓ店がＡ駅、Ｂ駅どちらに出店しようと、Ａ駅に出店することを選ぶであろう。

〈ケーススタディ３〉不確実な時の「定量分析」による意思決定

　この事例では、古本ショップＳ店とＦ店ともにＡ駅に出店することが合理的な選択で、ゲーム理論での解ということができる。

　さて、次に数値を変更してみよう。

　当初、Ｂ駅で３００人の利用客が見込まれていたが、やや過小評価であったことが判明したので６００人と変更しよう。この場合のペイオフ表は、図表６－３１のようになる。

〈図表６－３１〉

単位：千円

古本 ショップ：Ｓ店 ＼ 古本ショップ：Ｆ店	Ａ駅	Ｂ駅
Ａ駅	（500、250）	（750、300）
Ｂ駅	（300、750）	（200、100）

　今までと同様の考え方で調べてみると、古本ショップＳ店は、Ｆ店がどう出店しようと、Ａ駅に出店することを選ぶ。これは変わらない。ところが、古本ショップＦ店の選択が変わってくる。

　つまり、古本ショップＳ店がＡ駅を選ぶと、Ｆ店はＢ駅（利得：３００千円）を選ぶ。また、古本ショップＳ店がＢ駅を選ぶと、Ｆ店はＡ駅（利得：７５０千円）を選ぶ。

　つまり、Ｆ店は競合相手であるＳ店の出方で、自分の選択を変えてくる、いや変えざるをえない状況になってくる。

　それでは、古本ショップＳ店とＦ店で合理的な意思決定はないのか。

　いや、実は存在する。この場合、古本ショップＳ店がＡ駅に出店するので、Ｆ店はＢ駅を選ぶことに落ち着く。すなわち、古本ショップＳ店はＡ駅、Ｆ店はＢ駅に出店するのがこの場合の合理的選択、ゲームの解となる。

235

さて、事例からゲームの解なるものを求めてきたが、いちいち図表6－27から図表6－30のようなアプローチをしていては、時間がかかって仕方がない。

そこで、**前ページの図表6－31を用いて、解を機械的・自動的に求める方法を紹介する。**

図表6－32で、太い実線内の数値で、（○、□）の○箇所の５００千円（＝50万円）と３００千円（＝30万円）の大きいほう、すなわち、５００千円（＝50万円）に下線を引く。

〈図表6－32〉

単位：千円

古本ショップ：S店 ＼ 古本ショップ：F店	A駅	B駅
A駅	(<u>500</u>、250)	(750、300)
B駅	(300、750)	(200、100)

次に、図表6－33で、同様に７５０千円（＝75万円）に下線を引く。

〈図表6－33〉

単位：千円

古本ショップ：S店 ＼ 古本ショップ：F店	A駅	B駅
A駅	(<u>500</u>、250)	(<u>750</u>、300)
B駅	(300、750)	(200、100)

〈ケーススタディ３〉不確実な時の「定量分析」による意思決定

　さらに、図表６－３４の太い実線内の数値で、（○、□）の□箇所を比較し、２５０千円（＝２５万円）と３００千円（＝３０万円）のうち、大きい３００千円（＝３０万円）に下線を引く。

〈図表６－３４〉

単位：千円

古本ショップ：S店 ＼ 古本ショップ：F店	A駅	B駅
A駅	(500、250)	(750、300)
B駅	(300、750)	(200、100)

　同様に、図表６－３５の太い実線内（○、□）の□箇所を比較し、大きいほうである７５０千円（＝７５万円）に下線を引く。

〈図表６－３５〉

単位：千円

古本ショップ：S店 ＼ 古本ショップ：F店	A駅	B駅
A駅	(500、250)	(750、300)
B駅	(300、750)	(200、100)

　以上の流れで処理した最終的な図表６－３６（→次ページ）では、**下線が２本引かれた太い実線内、すなわち古本ショップS店がA駅、F店がB駅に出店する選択が合理的な意思決定となる。**

237

〈図表6－36〉

単位：千円

古本 ショップ：S店 ＼ 古本ショップ：F店	A駅	B駅
A駅	(500、250)	(750、300)
B駅	(300、750)	(200、100)

　なお、上記のような方法で求めた合理的な意思決定、すなわちゲームの解は、ゲーム理論では、「**ナッシュ均衡**」と呼ばれる。

　最後に、次の例はどうなるかを考えてみよう。
　A駅、B駅ともに古本ショップがすでに何店舗が出店しているとする。特にA駅では後1店舗出店するならまだ売上は出るが、2店舗が同時に出店すると、いわゆる"共食い（カニバリゼーション）"が起きて2店とも厳しい店舗運営になると予想されるとしよう。この例は**囚人のジレンマ**といわれるが、ペイオフ表を図表6－37に示す。

〈図表6－37〉

単位：千円

古本 ショップ：S店 ＼ 古本ショップ：F店	A駅	B駅
A駅	(－50、－50)	(80、－100)
B駅	(－100、80)	(0、0)

　図表6－37から、合理的な意思決定、ゲーム理論でいう「ナッシュ均衡」を求めてみると、古本ショップS店、F店ともに、A駅に出店するという結果が得られる。すなわち、（－50、－50）が好ましいと

いう結果である。何か腑に落ちないと感じないだろうか。

　共食い現象を起こしている（－５０、－５０）は、合理的な意思決定といえるのか。実際には、Ｓ店、Ｆ店ともにＢ駅に出店する（０、０）のほうが両店舗にとっては利得が高く、合理的な選択である。

　すなわち、この例のように古本ショップＳ店、Ｆ店のそれぞれの立場からは、ともにＡ駅に出店したほうがよいが、Ｓ店とＦ店の２店舗全体からは、ともにＢ駅を選んだほうが利得が高いのである。

　参考までにゲーム理論の専門用語を用いると、図表６－３７で、ゲームの解であるナッシュ均衡は、ともにＡ駅出店の（－５０、－５０）であるが、パレート最適ではない。パレート最適は、ともにＢ駅を選んだ（０、０）である。「**パレート最適**」とは、**ゲーム理論を行なうメンバー全体で、これ以上有利にならない状態**のことである。

　本事例では、古本ショップＳ店とＦ店は同時に意思決定を行なう**戦略形ゲーム**であったが、例えば、Ｓ店のほうが先にＡ駅に出店した後に、Ｆ店がどう出店するかを考える**展開形ゲーム**もある。その場合は、解の求め方が異なってくる。

　今まで述べてきた戦略形ゲームでは、ペイオフ表からアプローチするが、展開形ゲームでは、事例１４で述べたデシジョン・ツリーに似た「**ゲーム・ツリー**」（ゲームの木）で表現する。詳細は、参考文献の渡辺隆裕著『ゼミナール　ゲーム理論入門』を参照いただきたい。

💡 この事例で分かったこと

▶相手の行動を読んで自分の行動を決定する際に活用される「ゲーム理論」は意思決定において重要かつ不可欠な手法である。

▶ゲーム理論の解を求めると、意思決定を行なう主体が複数（２つ以上）でも、相手の出方を見て自分の意思決定を行なう合理的判断が可能になる。

シナリオプランニングとは

　現在はまさに不確実性、今こうだから未来はこうなるはずである、という短絡的スタンスでは対応し切れない不透明な時代である。

　このような状況下での意思決定で、不確実性を持つ事象の現れ方毎に、それぞれ異なった未来を複数予測しておき、それぞれの未来に合わせた対応策を検討しておくのが得策とされる。シナリオプランニングとは、想定される未来環境を『シナリオ』と呼ばれる複数のストーリーに落とし込み、将来どのシナリオが実現しても対応できうる手法のことである。

　シナリオプランニングの活用の実例としては、1970年代のオイルショックの危機の際に、石油会社ロイヤル・ダッチ・シェルが競合他社よりも早い段階で軌道修正を行ない、まさに危機をチャンスに変えて、業界一人勝ち状態を作り出したのがよく引き合いに出される。

　常套手段として、実際のシナリオ作成では、むやみに多くのシナリオを描いても実践的ではなく、3つ程度が適当とされる。まず、出発点として、現在のトレンドが大きな変化がないまま将来まで維持される「平穏シナリオ」を作成する。さらに、この「平穏シナリオ」から、両極端にぶれた「代替シナリオ」を2つほど作成する。

　時点が遠い将来になるほど不確実性は増大するから「平穏シナリオ」は現実味を欠いて、「代替シナリオ」の可能性が増してくる。さらに、当初3つ程度から始まったシナリオから派生して、いろいろなシナリオの数が増加してくる可能性が出てくる。そこで、これら複数のシナリオに対して、最適性や合理性が損なわれない意思決定が求められる。

　変化が激しく、企業を取り巻く外部環境が激しく変化している現代社会において、企業が予想外の方向に向かっていることが分かった場合には、即座に方向転換できるよう、不測の事態に備えたシナリオを作成しておくことは今や必要不可欠である。これはリスクマネジメント（危機対策）でもあり、早期警戒への処方箋でもあり、はたまたリスクを好機に変えるまたとないチャンスでもある。

第7章

3種類の「定性分析」の使い分けは、問題解決に効果的！

定性分析は「3種類の思考法」を利用しよう！

　この章以降では**定性分析**にフォーカスし、以下の3つの思考法を利用することを提唱する。

　①論理思考（ロジカル・シンキング）
　②創造的思考（クリエイティブ・シンキング）
　③システム思考（システム・シンキング）

　実際には、これら3種類の思考法を問題や状況に応じて組み合わせたり、使い分けたりして定性分析で最大の効果を得るように工夫することが非常に重要になってくる。これが本書のテーマでもある。

　ひとつではなく3種類の思考法を提唱したのはそれなりの理由や根拠があるわけだが、本項では3種類の思考法の概要をそれぞれ述べ、これらの相違点を浮き出させることにする。

　このことによって、どんな状況下で3種類の思考法による分析を使い分けるか、または組み合わせるかがみえてくる。そして、様々なタイプの問題に遭遇しても適切な定性分析を行なうことができて、問題の発見や究明、問題解決へと至る筋道が効率よく得られるようになることを強調したい。

1. 論理思考（ロジカル・シンキング）

　論理思考は最近にわかに有名になった思考法で、企業の研修セミナー

でも積極的に取り入れられている。

　**論理思考とは、ある根拠（前提）から、客観的結論を導き出す思考の
プロセスである。**この思考プロセスが脆弱であると、根拠（前提）から
結論を導き出す際にいわゆる論理的な飛躍やギャップが生じて、怪しげ
な結論に至ることになりかねない。

　ビジネスでの商談やプレゼンの際に、提案する側で論理的な飛躍が生
じては相手に伝えたいはずの主張が不可解な内容になって、相手に与え
る信用が崩れる状況に陥ってしまう。また、相手を説得するときには、
例えば「Aという根拠がある。だからBとなる」という論理的飛躍や矛
盾のない、いわゆる理詰めで話すことで、説得力も増すだろう。

　こういう事情や背景があるからこそ、論理思考のプロセスを強化した
いという願望を持つビジネスパーソンが多いし、研修セミナーが盛んな
のは納得がいく。

　さて、論理思考を本格的に解説しようとすると相当のページ数を割く
ことになる。本項の解説は論理思考だけに特定する訳ではないので、こ
こでは以下の論理思考の2つの基本的プロセス、「演繹法」と「帰納法」
に触れる程度に留める。ロジックツリーやフレームワークなど具体的な
ツールについては第8章をご覧いただきたい。
「演繹法」と「帰納法」ともに、言葉の響きが専門的で敷居が高いよう
に思われるが、論理思考の基本的概念なので、ぜひ覚えておこう。

❶演繹法

　**演繹法は、一般的原理から論理的推論により結論として個々の事象を
導く思考プロセスである。**例えば、「A社は企業である」「企業は社会的
責任がある」とあれば、「A社は社会的責任がある」と結論付けるので
ある。このため、演繹法は三段論法でもある（→次ページの図表7−1）。
　上の例で、「企業は社会的責任がある」は大前提で、ここでは一般的

原理である。「A社は企業である」は小前提で、ある事実である。これら2つの前提から、「A社は社会的責任がある」という個々の事象を導くのである。簡単な記号で示せば、「A社」をA、「企業」をB、「社会的責任」をCとすれば、大前提は「B➡C」、小前提は「A➡B」で、これらから、「A➡C」という、結論が得られる。

〈図表7−1〉

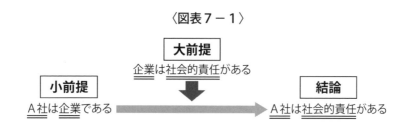

❷帰納法

帰納法は、演繹法とまったく正反対のアプローチである。すなわち、**個々の事象から一般的原理を導く思考プロセス**である。例えば、「A社の売上げが減少した」「B社の売上げが減少した」「C社の売上げが減少した」という3つの個々の事象（事実）から、「企業の売上げが減少した」という一般的原理を導くのである（→図表7−2）。個々の事実の数が多ければ多いほど、導く一般的原理の精度や信頼性は高まってくる。

〈図表7−2〉

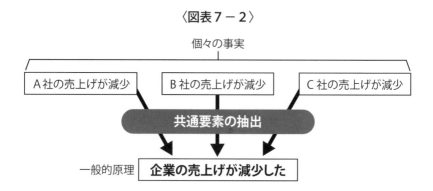

さて、この例で、A社、B社、C社3社の個々の事実関係だけから果たして「企業の売上げが減少した」と一般的に結論付けられるのかと疑問を感じる読者もいるのではないだろうか。

帰納法で注意しなければならないのは、個々の事実の数、すなわちサンプリングの数が少なければ、一般的原理を導く際に飛躍や矛盾が生じる危険性があるということだ。そこで、サンプリング数はできるだけ多いのが望ましい。

さらに、図表7－2にもあるように、個々の事実から共通した要素を抽出しなければならない。今の例では、A社、B社、C社の個々の事実だけから、「企業は売上げが減少した」と企業全体にまで拡大した。これでは無理があろう。せめてA社、B社、C社の3社が、例えば自動車製造メーカーなど同じ業界内の企業であれば、飛躍や矛盾は軽減される。すなわち、「企業の売上げが減少した」ではなく、「自動車業界の売上げが減少した」のほうが、一般的原理として説得力が増すであろう。

論理思考を使った定性分析では、懸案となっている問題を論理的飛躍や矛盾がないようにどんどん分解していく。そして分解した要素間の構造や因果関係を調べながら、問題を引き起こしている原因を絞り込んで、問題を解決していくという分析のイメージである。

論理思考を適用できる問題は、通常、静的（スタティック）で複雑な因果関係を含まない問題である。**短期間で解決できる、またはしなければならない問題に対しては、おおよそ論理思考が適用できる**と考えてよい。

2. 創造的思考(クリエイティブ・シンキング)

創造的思考は水平思考（ラテラル・シンキング）ともいう。論理思考とはまったく対照的な思考法である。すなわち、**論理的飛躍も気にしない、飛躍や矛盾も大いに結構という大胆な思考法である**。矛盾も論理的

飛躍も構わない思考法など、ビジネスで果たして受け入れられるのだろうか。

　ビジネスでは会議が頻繁に行なわれる。単なる報告もあろうが、大方は今起こっている問題の原因究明や解決策を検討することが多い。その際、いくつかの案（選択肢）を絞り込んで、できるだけ論点に矛盾がないように慎重にかつ合理的に決める。

　しかし、新商品を開発する時などアイデアをどんどん生み出すことが必要な会議もあろう。この場合は、意見やアイデアの飛躍・矛盾はお構いなしである、突拍子のないアイデアが、時には社運を決定する商品を生み出すきっかけになるかもしれない。こんな状況こそ、創造的思考が活躍できる場面である。

　また、論理思考による定性分析を行なう前に、創造的思考を組み合わせてはいかがであろうか。**創造的思考で斬新なアイデアが次々に生み出されてもう出尽くしたかなと思われてから、今度は論理思考によって一気に絞り込んでいくアプローチである。**最初に創造的思考で可能性や自由度を思い切り広げておいて、次に該当する要素を絞り込んでいくので、最終的にベストチョイスが得られる可能性が高いだろう。

3. システム思考（システム・シンキング）

　システムという言葉が入ってくると非常に難解な思考法との印象を受ける方が多いのではないだろうか。最初から拒否反応を起こしてしまう方もいるかもしれない。「システマティック」「システムエンジニア」「システム制御」など、システムがつく用語は多いが、非常に高度なイメージが先行して、敷居が高く近寄りがたいと感じる人も多いだろう。

　変化のスピードが一層加速している現代において、ビジネスは、様々

3種類の「定性分析」の使い分けは、問題解決に効果的！

な社会現象や環境問題などいろいろな要素から構成された集合体、すなわちシステムとして動いている。システムを構成している各要素は動的（ダイナミック）に変化している。そこには複雑に絡み合った因果関係が内在している。

前に述べた論理思考では一般的に時間的変化の概念はない。比較的シンプルで、静的（スタティック）な問題の構造を扱うことを得意とする。

システム思考は、現象や問題を構成する要素間が複雑な因果関係を持つ問題を解明するのに最適な思考法である。この要素間の複雑な因果関係を便利な「**因果ループ図**」というツールを使って示すことができる。「因果ループ図」に関しては、第10章（→ 328ページ）で説明するが、「因果ループ図」を描いたり、読みこなすことができれば、システム思考マスターへの近道となる。

247

3種類の思考法の強みと弱み

　本項では、定性分析に活用することを提唱した3思考法の特徴（強み
と弱み）に関してまとめてみる。

1. 論理思考（ロジカル・シンキング）

①収束的思考である

　論理思考を使った定性分析では、論理的に様々な要素に分解し、要素
間の構造を調べながら、最終的に**正しい答えを絞り込む収束的なイメー
ジ**である（→図表7-3）。

　そこで、論理思考を使う場合は、最初にできるだけ多くのデータや情
報を集めておいたほうがよい。これはむしろ、論理思考ではなく、創造
的思考の得意とするところである。

②短期間で成果を出す短期決戦的思考法である

　解決法（ソリューション）を短時間・短期間で見つけなければならな
い状況で使用される。それだけ、問題もある程度シンプルでパターン化
されたものに限定されるが、ほとんどの問題は論理思考である程度の成
果が得られる。

　ところが、問題が動的（ダイナミック）で、要素間の因果関係が複雑
に絡み合う場合は、論理思考では手に負えないケースも出てくる。

　このケースに対して論理思考は弱いところがあり、システム思考が強
みを発揮する。

248

〈図表7-3〉

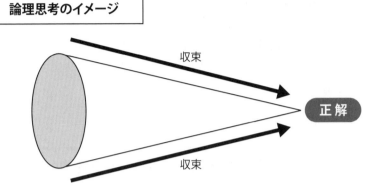

2. 創造的思考（クリエイティブ・シンキング）

①拡散的思考法である

　論理思考が収束的思考であるなら、創造的思考は逆に**拡散的思考である**。**自由奔放なアイデアをどんどん生み出してしていくイメージである**（→図表7-4）。創造的思考は固定観念や既成概念を捨てた、何事にもとらわれない自由な発想を得るために利用される思考法である。

〈図表7-4〉

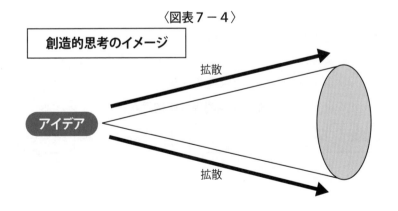

②検討開始前や途中でアイデアに行き詰まった時など、思考モードを切り替えるための思考法である

　論理思考やシステム思考で検討する前のアイデア増量や、論理思考やシステム思考で検討を進めている途中でアイデアが枯渇して、行き詰まった場合、創造的思考をギヤチェンジして思考を活性化させるのに効果的である。

3. システム思考（システム・シンキング）

①複雑な因果関係で動的（ダイナミック）な変化に対処できる思考法である

　複数要素の**因果関係が複雑に絡み合う場合**や時間的に**動的（ダイナミック）に変化する場合**、もはや論理思考による分析は困難になる。すなわちシステム思考に頼らざるを得なくなる。

　因果関係という概念に関しては第１０章で説明するが、論理思考の場合では基本的には**直線的な因果関係**である（→図表７－５）。すなわち、要素Aが起こるなら、結果として要素Bが起こり、要素Bが起こるなら、結果的に要素Cを引き起こす、つまり要素Aが起これば要素Cも起こる、といった直線的な因果関係で示される。

〈図表７－５〉
直線的因果関係【論理思考】

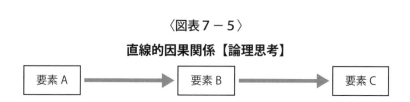

ところが、現実はこれほど単純ではない。いろいろな要素が複雑に絡み合ってくる場合がある。直線的因果関係では、各要素から１本だけの矢印が出る。図表７−５では最終的に要素Ｃが最終的な結果で終わっている。だが、図表７−６の場合をみてほしい。図表７−６で示す図をシステム思考では**因果ループ図**ともいうが、要素Ｂからは要素Ｃと要素Ｄへ２本の因果関係を示す矢印が出ており、また要素Ｄから要素Ａへ、さらには最終的な事象と思われた要素Ｃか要素Ａに戻っている。これを**フィードバック**というが、結果が原因にも影響するといった複雑な因果関係になっている。このような状況下で、システム思考は威力を発揮する。

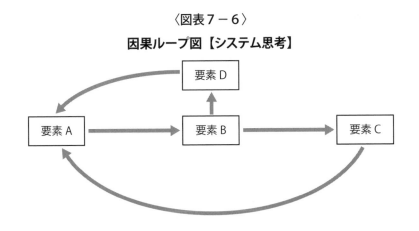

〈図表７−６〉
因果ループ図【システム思考】

　これら３種類の思考法は、あるケースでは論理思考、他のケースではシステム思考、さらに他のケースでは創造的思考が適用できるというように、それぞれのケースに応じてきちんと思考法を使い分けられるほど物事は単純ではない。ケースに応じて３種類の思考法をいかに有機的に組み合わせ、最大限の効果を引き出すかが重要になってくる。
　次項では、３種類の思考法のポジショニング・マップを示し、これらの思考法を組み合わせることのメリットについて触れることにする。

3種類の思考法の
ポジショニング・マップ

　前項では、3種類の思考法の特徴を述べた。ここでは、これらの3種類の思考法を「ポジショニング・マップ」を使って表示してみる。

　図表7-7では、横軸には「使う思考法」の水平的広がりを示す。左側ほど狭まっていく収束的イメージに対応し、逆に右側にいくほど、拡散的で広がっていくイメージである。すなわち、左側では論理思考、右側では創造的思考が位置すると考えられる。

　一方、縦軸は時間的変化を示し、上側ほど動的（ダイナミック）で変化が激しい状況を、下側ほど静的（スタティック）で変化が緩やかな状況を示す。すなわち、上側にはシステム思考が、下側では論理思考が位置づけられる。

　論理思考は、一般的には比較的シンプルで時間的変化もあまり早くない問題に対して解決法を収束させていく思考法である。一方、システム思考は、時間的変化を伴ったダイナミックな動きのある複雑な問題に強みを発揮すると考えられる。また、創造的思考は、論理思考とは正反対に解決法を拡散させていく思考法である。

　論理思考、創造的思考、システム思考の3つの位置は、図表7-7のとおりである。

　この図表からも3つの思考単独ではカバーできるエリアが限られていることがわかる。しかし、「論理思考＋創造的思考」「創造的思考＋システム思考」「論理思考＋システム思考」など、2つの思考を組み合わせると、カバーできるエリアがかなり増えてくる。

252

3種類の「定性分析」の使い分けは、問題解決に効果的！

　3思考を単独で適用する場合に、2つの思考を組み合わせる場合を加えると、図表7-7のほとんどのエリアをカバーできるようになる。2つの思考を組み合わせることによって得られるメリットはまさにこの点である。

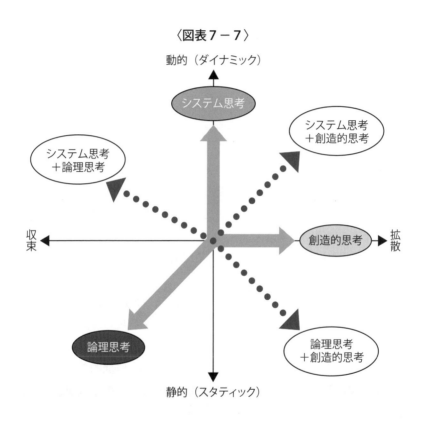

〈図表7-7〉

　本書では、活用できる思考法を3種類提唱するが、単に活用できる思考のレパートリーを増やすだけではない。図表7-7からもわかるように、2つの思考法を組み合わせることでカバーできる問題領域を拡大できるだけでなく、対象となる問題の背後にある真の実態をより精度良く把握できる可能性を持てる。

論理思考だけでは
なぜ答えが出ないのか

　本項では、ビジネスで基本となる**論理思考だけではなぜ答えが得られないのか、**について述べることにする。

　すでに触れたように、論理思考はポピュラーであり、企業研修セミナーでも引っ張りだこである。しかしながら、これだけの人気や評判を博しても論理思考は万能とはいい切れない側面がある。

　ビジネスでは様々なタイプの問題に遭遇する。比較的容易な日常業務や定型的業務内の問題から高度な意思決定を求められる問題まで多岐に及ぶ。しかし、複雑で高度な問題は頻繁に起こる確率は低いだろう。このような問題は経営者層に近いところで対処せざるを得ない問題である。

　しかし大部分のビジネスパーソンにとって、扱う問題は社内や顧客、一部競合とに限定され、せいぜい数ヶ月や1年先程度の時間スパンであろう。すなわち、空間的・時間的スケールが比較的矮小な問題に対して頻繁に遭遇することが多い。このような、**空間的・時間的スケールが比較的小規模な問題に対して、手堅く確実に対応できるのが論理思考である。**

　換言すれば、論理思考は、ロジックツリーに分解でき、フレームワークに収まる比較的素直な問題に対して、確実な成果が期待できる思考法といってもよい。詳しくは第8章で説明する。

　論理思考では、論理的飛躍がない、矛盾がない、その結果説得力があることが要求される。まさに、ビジネスの基本であるがゆえに、論理思考をビジネスパーソンになった早い時期に取得すべきである。これが、

3種類の「定性分析」の使い分けは、問題解決に効果的！

企業の研修セミナーで積極的に取り入れられている理由であろう。さらに、空間的・時間的スケールが比較的小規模な多くの問題に適用できるため、非常に実践的である。論理思考を実際に使用することで、論理思考に一層の磨きをかけることが可能になってくる。

しかし日常業務や定型的業務の中で、新商品の開発、QC会議やカイゼンなどにおいて論理思考は適用できるだろうか。

論理思考は空間的・時間的スケールが小さい問題に対して確実な成果が期待できるとすでに述べたが、新商品のアイデア出しの際、絞り込んでいくイメージでは論理思考はミスキャストである。この場面では、論理はそれほど必要としない。

論理思考では画期的な答えが期待できない。むしろ、既成概念からの脱却、飛躍や矛盾の歓迎、閃きが大いに望まれる。

QC会議やカイゼンでもしかりである。この場合も、論理や理屈はあまり必要がない。思いがけない発言から、企業の体質や生産現場が大きく変わることもあり得る。

アイデアの空間的スケールが大いに拡大した結果、創造的思考へと活躍の舞台が移る。

論理思考では思考の空間的スケールを狭めていくことで解決を図ることを得意にしていたが、創造的思考では思考の空間的スケールが拡散するイメージである。すなわち、思考の自由度が大いに増大する。

次の例を考えてみよう。ある企業で新商品を開発し、新事業として市場に参入すべきかを検討するとしよう。業界はどんな状況下で、競合他社はどう出てくるだろうか、市場は十分採算が取れるか、目標利益を達成できるかなどを検討しなければならない。

この例では、新商品を開発する場合、創造的思考が活躍することはすでに触れた。また、業界や競合の動向や市場の分析では、論理思考、特にフレームワーク（→ 265ページ）による分析が活躍する。

さらに、新事業を展開した後、最初は売上げが好調であったが、1年、2年と時間が経過するにしたがって、次第に売上げの伸びが減少してきたとしよう。こんな状況では、論理思考や創造的思考では分析が困難を極めてくる。

　世界も含めた政治・経済のマクロな環境変化、業界の動きや競合・顧客の出方、さらに社内の生産体制や営業部員の人数や推進体制に問題はないかなど、時間的スパンが長くなって動的（ダイナミック）で複雑な因果関係を含んだ問題解決に耐えうる思考法が必要になってくる。この思考こそがシステム思考である。

　システム思考により、新事業展開後の売上高成長率の減少といった**問題がどのような原因・結果から構成され、これらがどんな因果関係で複雑に影響を及ぼしているのかを分析**できれば、どの原因が問題のボトルネックとなっているか、ボトルネックを解消するにはどうすればよいか、また今後問題がどう展開していくかといった予測ができるようになる。

　繰り返すが、論理思考は万能ではない。ビジネスの多くの場面で使用される頻度は多いが、時には創造的思考やシステム思考で解決を図らなければならない問題もある、ということを覚えておいてほしい。

3つの思考法を使い分ける視点

　3つの思考法の相違を意識したポジショニング・マップをすでに示したが、本項で改めて3つの思考法を使い分ける視点に触れる。

　ポジショニング・マップ同様、横軸に思考の空間的広がりや自由度を取ってみる。縦軸は、思考対象の時間的スケールや時間的変化の大きさを取る。いわゆる、**思考の時空間座標**を考えてみる（→次ページの図表7-8）。

　論理思考は図表7-8で左下に位置する。すなわち、**論理思考**は、空間的スケールも時間的スケールも比較的小さい問題に対して、確実な成果が期待できる。例えば、ある部署内の日常業務、部門会議などの定型的会議、短期経営計画などが論理思考の得意とするところであろう。この領域は、一般企業においては避けては通れないものであり、企業活動の基本となるところである。このことからも、論理思考は必要不可欠なスキルといえよう。

　しかし、思考の空間的スケールすなわち自由度が増大する領域では、**創造的思考**の独壇場となる。新商品開発などのアイデア会議や企画会議、QC、カイゼンなど自由闊達な雰囲気の中でアイデア創出を求められる状況では、創造的思考にスイッチを切り替える必要が出てくる。

　また、思考対象の時間的スケールが大きくなると、今まで短時間では凍結していた様々な要素が解凍されて、お互いに影響を及ぼし、いわゆる複雑な因果関係を持つようになる。この状況下では論理思考による分

析では困難を極めるようになり、図表7-8のように、システム思考へ移行せざるを得なくなる。

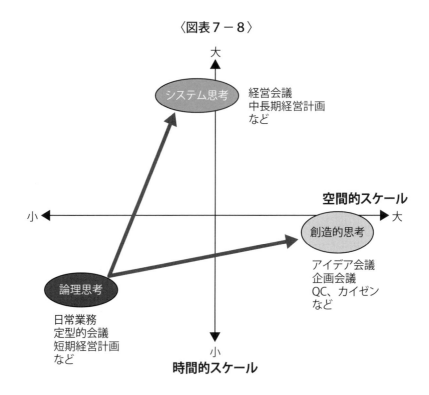

〈図表7-8〉

システム思考を適用する場面では、経営会議や中長期経営計画など、企業内の各部門間の相互関係、そして企業を取り巻くマクロ・ミクロな外部環境との相互関係といった複雑な因果関係が含まれるようになる。その結果、不確実性のもとでの経営戦略思考が得られる。不確実性な状況下では、**システム思考**はまさに打ってつけの思考法といえよう。

目的に向かって結論を絞り込む「論理思考」

ロジカル・シンキング

論理思考の大前提となる
MECE

　論理思考の大前提として、**問題や論点をモレもなくダブリもない要素に分解する**という重要な考え方がある。このモレもなくダブリもない状態を **MECE** という。「Mutually Exclusive、Collectively Exhausive」から頭文字を４つとったものである。日本語では「ミーシー」とか「ミッシー」とか呼んで、論理思考を語るには避けては通れない重要な概念である。

　MECE であるというのは、ジグソーパズルのピースのような状態で、重なってもいないし、すきまもない状態である（→図表８−１）。

〈図表８−１〉

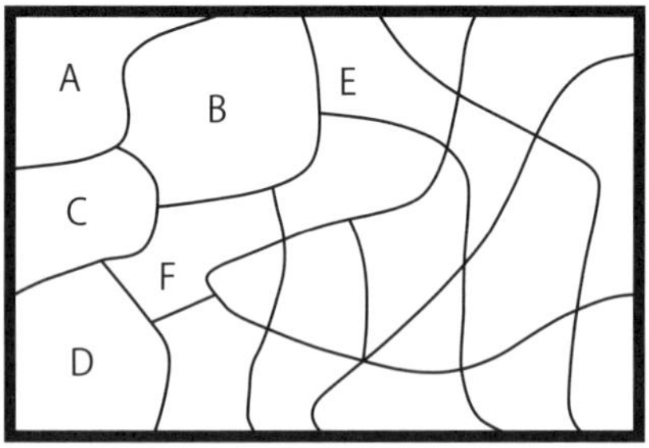

```
┌─────────────────────┐
│   A      E          │
│      B              │
│   C                 │
│      F              │
│   D                 │
└─────────────────────┘
```

　例えば、ある企業の営業部に営業１課と営業２課の２つの課があるとしよう。この営業部を要素に分解するのに、以下の３通りを考えた。

①男性社員、女性社員
②20歳未満、20歳以上40歳未満、40歳以上60歳未満、60歳以上

③営業1課、営業2課

このうち、MECEでない分解はどれであろうか。

一見すべてMECEと考えられる。①②は説明するまでもなくMECEであろう。しかし③はよく考えると、営業1課や営業2課でもない共通の業務を行なう総務的な社員も考えられなくもない。③は△といったところだろう。では、

④好きなスポーツとして、野球、テニス

はどうであろうか。これはすぐ、MECEでないとわかるだろう。図表8－2のように、営業部内には、野球とテニスが両方とも好きという欲張りな人もいるだろう。これはダブリである。また、サッカーやゴルフなど、野球やテニス以外のスポーツが好きな人もいるだろう。すなわち、野球とテニスだけではモレもダブリもあって、MECEになり得ない。

〈図表8－2〉

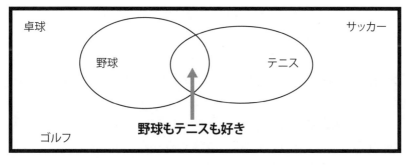

このMECEは、次項で述べるロジックツリーやフレームワークの基本概念となっている。

ロジックツリーによる分析

　ロジックツリーでは、問題や論点を MECE に沿って、要素を分解して掘り下げていく。ロジックツリーの切り口に、もしダブリがあると分析する際の効率が悪くなり、モレがあると大切なポイントを逃がしてしまう危険性がある。

　切り口が MECE であるためには、次項で説明するフレームワークで登場する **4P 分析**や **3C 分析**などを利用してもよい。すなわち、4P であれば、製品、価格、流通、販売促進、また 3C であれば、競合、顧客、自社といった切り口である。フレームワークを構成する切り口の多くは、MECE と考えてよい。

　仮に、利益が出ない原因をロジックツリーで究明する場合に、利益＝売上高－コスト、の関係式から、利益を売上高とコストに分解してみるのも手である。同様に、売上高＝商品価格×販売数量、から売上高を商品価格（単価）と販売数量に分解することも考えられる。
　このようにロジックツリーで分解できるのは、お互いに MECE で、**かつ直線的因果関係**（→ 250 ページ）があることが必要である。

　さて、現在起こっている問題を分析する場合、問題を引き起こす原因が必ずあって、まずはこの原因を突き止める必要がある（①）。原因がわかったら、具体的な対策を打つ必要がある（②）。この流れは図表8－3のように示される。

〈図表8－3〉

　現在起こっている問題から原因を突き止めたり、原因から具体的な解決策を得るために、ロジックツリーは非常に有用なツールである。
例えば、図表8－4のように、問題から原因を追究する際に、一番左側に問題を書き、右側に向かって階層的に原因をMECEに沿って、どんどん掘り下げていく。

　しかし、第12章（→394ページ）でも触れるが、複雑な因果関係を持つような問題は、もはや論理思考のロジックツリーでは手に負えなくなってくることに注意してほしい。

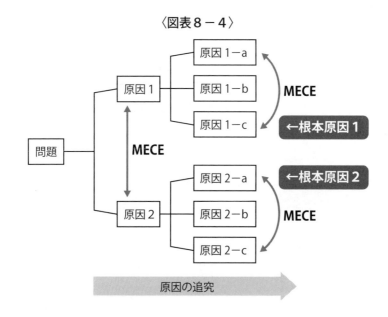

　図表8－4のように、現在問題となっている原因として特に根本的と

考えられる原因を1つか2つくらいに絞ることができたら、今後はこれらの原因から問題をどう解決に導くか具体策を探るフェーズに入る。これも図表8-5のように、例えば根本原因1に対する具体的な解決案を探って、結果として具体策1が得られるだろう。根本原因が2つある場合、今度は根本原因2に対しても同様な分析を行なえばよい。

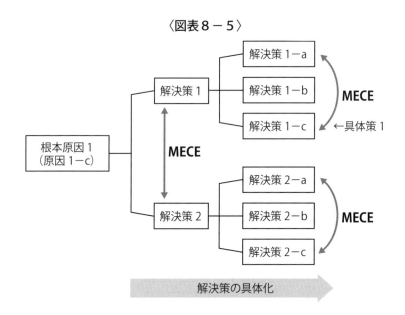

フレームワークの分類

　ビジネスで論理思考を展開していく際、ロジックツリー同様、フレームワークも重要な役目を持つ。**フレークワークとは文字通り思考の枠組みである。**フレームワークも基本的には MECE で構成され、大きく2つのタイプに分類される。図表8－6aのような「1次元的タイプ」と、図表8－7のような「2次元的（マトリックス）タイプ」がある。1次元的なタイプの中には、図表8－6bのようなプロセスの流れも含まれる。

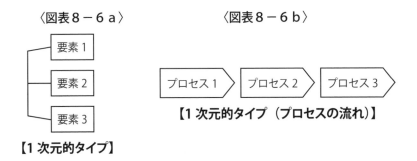

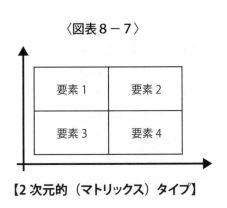

一見、無秩序な情報を分析するには、フレームワークの中に取り込んで整理・分類する。フレームワークは既成のロジックツリーといえる。**すなわちフレームワークは分類する項目がすでに MECE であるため、分析対象に対して、どのフレームワークを適用したほうがよいかという注意を払うことに専念すればよい。**

ただ、フレームワークに整理・分類するだけで安心してはいけない。整理・分類した項目から問題全体の構造を解明し、どのような価値ある情報を抽出できるか、適切な戦略をいかに策定するか、これらの情報を関係者にどう伝えていくかが重要になってくる。

フレームワークにはいろいろな種類がある。どんな目的で分析するかによって適用すべきフレームワークが絞られてくる。必ずしも１種類だけとは限らない。数種類のフレームワークを組み合わせることで、分析は多面的でより精度を増してくることもある。

本項では各種フレームワークの分類を行なう。ビジネスで頻繁に使用されるポピュラーなものから、個人や企業独自に考案されたフレームワークまである。しかし本書では世の中にあるフレームワークを博物館的に展示する考えはない。ここでは**ビジネスに頻繁に活用される基本的フレームワークだけに絞って体系的に分類すると同時に、どんな場面で適用されるかをできるだけ事例とリンクさせながら紹介していく。**

まず、ビジネスにおいては企業を取り巻く環境を把握・分析することが重要である。**環境は企業から見て外側にある「外部環境」と企業の「内部環境」に２分される。**企業を取り巻く外部環境は、企業に対し好機である場合もあるが脅威となる場合も多い。そこで、本書ではフレームワークを次の３つの観点から分類を試みる。

1. ビジネス外部環境を大局的につかむフレームワーク

2. ビジネス外部環境と企業内部環境を併せてつかむフレームワーク
3. 企業内部環境をつかむフレームワーク

これらを図にすると下記のようになる（→図表8−8）。

〈図表8−8〉

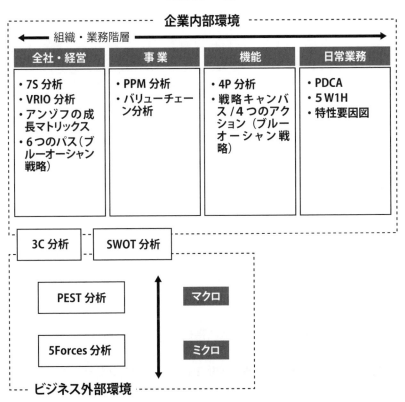

1. ビジネス外部環境を大局的につかむフレームワーク

　図表8−8から企業のビジネス外部環境を大局的につかむフレームワークとして、次の2つが挙げられている。

- PEST 分析（→ 272 ページ）
- 5Forces 分析（→ 274 ページ）

　企業を取り巻く外部環境は急激に変化する場合がある。ビジネスを展開する上で、企業は外部環境から多大な影響を受けるため、企業は外部環境を監視する意味で、常に精度の高い情報アンテナを設置しなければならない。

　外部環境には、企業から直接コントロール（制御）できない**マクロ環境**と、コントロールがある程度は可能な**ミクロ環境**に２分できる。

　昨今の金融危機や円高などのマクロ環境は企業からはコントロールができず、企業の戦略策定に大きな影響を及ぼす。「PEST 分析」はマクロ環境を分析するのに威力を発揮するフレームワークである。政治的、経済的など４つの視点からマクロ環境をきっちりと分析することが可能になる。

　一方、ミクロ環境は顧客や市場、競合など企業周辺の環境で、企業は競合としのぎを削りながら顧客や市場を開拓し、ビジネス戦略を展開していく。このようなミクロ環境、すなわち企業が置かれた特定業界を分析するのに有用なフレームワークとして「5Forces」分析が挙げられる。

2. ビジネス外部環境と企業内部環境の両方つかむフレームワーク

　ビジネス外部環境と企業内部環境を併せてつかむフレームワークとして、次の２つが挙げられる。

- 3C 分析（→ 277 ページ）
- SWOT 分析（→ 279 ページ）

　これらのフレームワークは、外部環境でもマクロ寄りの環境と企業の

内部環境を総合的に把握し、企業の向かうべき戦略シナリオを具体化するのに有用である。

3. 企業内部環境をつかむフレームワーク

主に企業の内部環境をつかむフレームワークを、組織・業務の階層から分類する。

まず**全社・経営レベル**では次の4つが挙げられる。

- 7S 分析（→ 282 ページ）
- VRIO 分析（→ 285 ページ）
- アンゾフの成長マトリックス（→ 287 ページ）
- 6つのパス（ブルーオーシャン戦略）（→ 289 ページ）

「7S 分析」と「VRIO 分析」は企業内部の経営資源を分析し、競争に耐えうる強い組織を作るためのフレームワークである。

「アンゾフの成長マトリックス」と「6つのパス」とは、新製品と新市場をどのように展開していくかを分析する戦略的フレームワークである。

6つのパスは、業界の競争を避けて新市場を創造する"ブルーオーシャン戦略"を特に意識している。一方、アンゾフの成長マトリックスは、ブルーオーシャン戦略が提唱される以前からあったフレームワークである。いわばブルーオーシャンならぬ、既存の市場で限られたパイを奪い合う"レッドオーシャン戦略"を想定している。

企業の内部環境をつかむフレームワークは、**事業レベル**では次ページの2つが挙げられる。

● PPM 分析（→ 293 ページ）

●バリューチェーン分析（→ 296 ページ）

「PPM 分析」では、4つの事業パターンに分類し、企業内の事業がどこにマッピングされるか、経営資源をどう分配すべきかを分析する。

「バリューチェーン分析」では、企業活動を価値のチェーン（鎖）と考え、どのプロセスが成功要因（KSF：Key Success Factor）を生み出しているかを分析する。

　機能別レベルでは、次の2つのフレームワークが考えられ、これらは主にマーケティングに焦点を当てている。

● 4P 分析（→ 299 ページ）

●戦略キャンバス／4つのアクション（ブルーオーシャン戦略）

　（→ 300 ページ参照）

「4P」とは、製品、価格、流通（チャネル）、販売促進の4つのマーケティングプロセスである。

「戦略キャンバス／4つのアクション」は、ブルーオーシャン戦略での新製品の価値を構築していくうえでの基本フレームである。

　ブルーオーシャン戦略が提唱される以前からあった4P分析のひとつに製品（Product）に関する項目があるが、ブルーオーシャン戦略での戦略キャンバス／4つのアクションは、新製品の価値を創造するわかりやすくかつ実践的なフレームワークである。

　日常業務レベルでは、次の3つのフレームワークを押さえておきたい。いずれもよく耳にする用語であろう。

● PDCA（→ 303 ページ）

● 5W1H（→ 304 ページ）

●特性要因図（→ 305 ページ）

さて、265 ページの図表 8 − 6 a、8 − 6 b や図表 8 − 7 において、フレームワークのタイプ分類を試みたが、今まで述べてきたフレームワークをそれらの分類で行なうと、図表 8 − 9 のような関係になる。参考にしてもらいたい。

〈図表 8 − 9〉

図表 8-6a	1次元	PEST分析、5Forces分析、4P分析、3C分析、7S分析、VRIO分析、6つのパス（ブルーオーシャン戦略）、戦略キャンバス（ブルーオーシャン戦略）、5W1H、特性要因図
図表 8-6b	1次元（プロセスの流れ）	バリューチェーン、PDCA
図表 8-7	2次元（マトリックス）	SWOT分析、アンゾフの成長マトリックス、PPM分析、4つのアクション（ブルーオーシャン戦略）

次項からはフレームワークごとに概要・特長と適用事例を示していく。

ビジネス外部環境の大局をつかむフレームワーク

　本項では、ビジネスの外部環境を分析するための2つのフレームワークを説明する。

❶PEST 分析

　「PEST 分析」は企業が直接コントロールできない**マクロな環境**を分析するのに用いられるフレームワークである。マクロ環境は、企業からコントロールできないため成り行きに任せるしかないが、PEST 分析は、マクロ環境の情報を積極的に分析して今後どのような動きになるかを予測し、企業にとって合理的な戦略を打つときに役に立つ。

　Pは政治的要因（Political）、Eは経済的要因（Economic）、Sは社会的要因（Social）、Tは技術的要因（Technological）の頭文字からとっている。これら**4つの要因**のキーワード例を図表8－10に示す。

　これらのキーワードを参考に、マクロな外部環境の4つの要因を洗い出して、企業はそれらの影響に対して機会や脅威を予測してどのような戦略を打つべきかを決定する。

　PEST 分析を実際に行なうときは、実践的な図表8－11（→ 274 ページ）のように、**ある企業を想定し、4つの要因に対して自社にとって「機会」（チャンス）か「脅威」（危機）になるかを基準にして4要因の総括を行なって、自社のとるべき対策・戦略を策定してもいい**。図表8－11では特に医薬品メーカーを想定しているので参考にしてほしい。

272

目的に向かって結論を絞り込む「論理思考」(ロジカル・シンキング)

〈図表8−10〉

4つの要因	キーワード例
政治的要因 (Political)	◎法規制——規制緩和、金融緩和、規制強化、金融安定化法(米国) ◎税制——税制改革 ◎貿易——貿易不均衡、貿易黒字、保護貿易防止、WTO、FTA、EPA ◎公共投資——地域配分 ◎改正労働者派遣法——正規社員、非正規社員、人材派遣 ◎裁判——裁判員制度
経済的要因 (Economic)	◎景気(景況)——景気後退、景気の急速な悪化、世界金融危機、 　　　　　　　　厳しい経営環境 ◎企業——雇用調整(削減)、雇用創出、設備・人員の余剰感 ◎物価——デフレ、インフレ、消費者物価指数 ◎金利——金利政策、ゼロ金利、量的緩和 ◎為替——為替レート、円高(ドル安)、円安(ドル高) ◎株価——日経平均株価の続落、NYダウ、株価下落(暴落) ◎マクロ経済、ミクロ経済
社会的要因 (Social)	◎社会——格差社会 ◎労働——就業形態の多様化、ワークライフバランス、 　　　　　ワークシェアリング ◎教育——プログラミング教育、学力調査、学力の2極化(教育格差) ◎健康——健康志向食品、長寿国日本、WHO ◎流行——ヒット商品、トレンド、携帯電話、スマートフォン ◎環境——地球温暖化、環境問題、水素カー、排出量取引
技術的要因 (Technological)	◎技術革新(イノベーション)——人工知能(AI) ◎インターネット——ネット通販、IoT ◎コンピュータ——クラウド・コンピューティング、ブロックチェーン ◎半導体・液晶——大型液晶テレビ、有機EL ◎医療・生化学——iPS細胞、ES細胞、DNAチップ ◎資源——次世代資源(メタンハイドレート)、レアアース

〈図表8－11〉

4要因	機会	脅威
政治的要因 （P）	・生活習慣病（メタボ）検診 　の義務化	・医療費抑制策の推進 ・後発薬（ジェネリック）の使用促進
経済的要因 （E）	・医薬品の経済評価の必要性	・円高 ・為替レート変動
社会的要因 （S）	・健康志向 ・生活習慣病の回避	・企業経営の悪化 ・従業員の所得水準の低下
技術的要因 （T）	・iPS細胞など、日本発の 　バイオテクノロジーの発展	・技術革新の壁に直面 ・新薬の研究開発に莫大な 　コストがかかる
4要因の総括	世界・日本の経済危機に加え、新薬を研究開発する様々な困難が脅威となる	
対策・戦略	◎新薬の研究開発体制の強化──開発のスピードの効率アップ、 　　　　　　　　　　　　　　　　自社商品の着実な成長 ◎グローバルな販売体制──海外シフトを念頭に入れた販路・売上げ 　　　　　　　　　　　　　　拡大を狙う	

─ 適用事例 ─

　具体的なPEST分析例は、第2章の企業事例の定性分析（→46ページ）で紹介している。

❷5Forces分析

　PEST分析はマクロな外部環境、すなわち目に見えない環境を分析するフレームワークであった。しかし「5Forces分析」では**ミクロ環境**を相手にするため、分析対象が目に見えるようになってくる。

　米国の著名な経営学者であるマイケル・E・ポーターは、業界内の競争に影響を与える**5つの要因**を指摘した。5Forces分析はその5つの要因に基づき業界構造を分析して、事業戦略を策定する非常に有用なフ

レームワークである。

5つの要因とは、以下のとおりである。

①新規参入業者の脅威

新規参入業者が多ければ、業界の市場は魅力的であっても次第に熾烈なシェアの食い合い現象が起こり、結果的に市場のうまみは薄れてくる。

新規参入業者が市場に入り込む困難性は「参入障壁」といわれ、当初から製品の大量生産をしないと競争力が得られないため、多額のコストが要求される。さらに製品の差別化、仕入先の乗換えコストなど多額のコストが必要になる。

そのため、つまみ食い的に新規参入するというわけにはいかないのが現実である。

②競争業者の脅威

同じ業界内で競合するライバル会社の脅威である。競争が激しさを増せば、①と同様に業界としては魅力が低くなってくる。「昨日の敵は今日の友」といったように、過去に競合関係にあった企業同士がM&Aなど企業再編の結果、仲間に変わるなど、競争業者も変化が早い。

③代替品の脅威

代替品の脅威も無視できない。従来のフィルムカメラはデジタルカメラ（デジカメ）という代替品に市場を席巻された。これにより、いわゆる銀塩カメラ業界は急速に衰退していった。このデジカメも、スマートフォン（スマホ）に市場を食われている。

④顧客（買い手）の交渉力

顧客との交渉力も挙げられる。企業の言い値で買ってもらえる時代はとっくに過ぎた。もし商品が供給者過剰の業界であれば、顧客は販売価格に影響力を持つようになり、企業にとっては業界の魅力は薄れてしまう。

⑤供給業者(仕入先)の交渉力

もし、メーカーから超ヒット商品を仕入れて販売する場合は、仕入値がメーカー主導で決められるなど、供給業者が強い交渉力を持つようになる。これは販売する企業によっては厳しい立場に置かれ、業界の魅力は薄れてくる。

普通、企業にとっての競争要因というと、②の競争業者だけかと思ってしまう。しかし②だけではない。実に5つの脅威があることを、5Forces分析は認識させてくれる。これら5つの脅威は、いずれも軽視すると足元をすくわれかねないものばかりである。この5つの要因が企業を取り巻くイメージを図表8－12にまとめてみる。

〈図表8－12〉

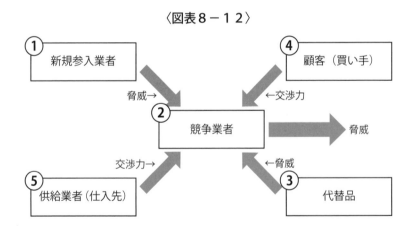

図表8－12は、5つの要因のうち、新規参入業者、供給業者(仕入先)、顧客(買い手)、代替品の4つが競争業者へ影響を与える要因として作用することを示す。

5Forces分析は、5つの力の個々または総合的な強さを分析することで、業界における競争関係の構造を明らかにし、自社が競争構造の中でどのような戦略をすべきかがみえるようになるフレームワークである。

目的に向かって結論を絞り込む「論理思考」(ロジカル・シンキング)

ビジネス外部環境と企業内部環境の両方つかむフレームワーク

　本項では、ビジネスの外部環境だけでなく企業の内部環境も加えて多面的に分析する2種類のフレームワークを紹介する。

❶3C分析

　「3C分析」とは、**顧客、競合、自社の3つの視点**から分析するフレームワークである。3Cは、「顧客（Customer）」「競合（Competitor）」「自社（Company）」の3つの頭文字からとっている。3C分析を通じて、**KSF**（成功要因：Key Success Factor）を抽出し、自社のとるべき戦略の方向性を見つけ出す。

　なお、「顧客」と「競合」は、5Forces分析の中にも含まれるミクロな外部環境である。

　次に3C分析の3つの視点に関するキーワードを示しておく。

①顧客（Customer）

　以下の観点から自社商品に対する市場や潜在顧客の動向を把握する。
- ●市場規模はどの程度か？
- ●市場の成長性はどうなっているか？
- ●市場ニーズはあるか？
- ●購買行動、購買決定プロセスはどうか？
- ●顧客セグメントごとの動向はどうなっているか？

②競合（Competitor）

　次ページで紹介する観点から業界で競合する相手と比較することで、

277

自社が相対的に強いか弱いかを明確にする。

- 競合社数（寡占度）はどの程度か？
- 競合の戦略や実績（売上高、利益、市場シェアなど）はどうか？
- 競合の経営資源はどうなっているか？

③自社（Company）

競合を知ると同時に、自社の経営資源に関して以下の観点から強みや弱みを明確にすることは重要である。

- 自社の業績や戦略はどうか？
- 自社の経営資源と強み・弱みはどうなっているか？

まさに、「孫子の兵法」で有名な「敵を知り、己を知らば、百戦危うからず」である。このような3つの観点で3C分析を進めた結果、業界内で勝ち組みになるためのKSFが見つかる。これらのKSFを自社が持っているか、持っていなければどのような方法で獲得すべきか、同時に自社が進むべき方向性を検討する。

─ 適用事例 ─

ビール業界で売上トップクラスの企業B社を対象に3C分析を適用してみよう。ビール業界の最新動向として、高齢化に伴う市場規模の縮小で酒類の国内消費量が年々縮小傾向にあることがいえる。しかも、焼酎やワイン、低アルコール飲料などが成長する一方で、ビール類の比重は下がり続けている。

3C分析の結果は、次ページの図表8-13に示す。

目的に向かって結論を絞り込む「論理思考」(ロジカル・シンキング)

〈図表8－13〉

	内　容
顧客 (Customer)	・酒類嗜好の多様化、高齢化や若年層を中心とする飲酒離れやビール離れが起こっている ・発泡酒や第3のビールへ需要がシフトする傾向がある
競合 (Competitor)	・国内競合は4社ほど ・健康志向の清涼飲料水、低アルコール飲料などを含めた多角化を図る ・M&Aにより相乗効果を狙う ・アジア（中国）など海外市場の開拓を図る
自社 (Company)	・資本力を活かし、M&Aや多角化を促進する 　具体的には、医療品メーカーや乳製品など食品メーカーとのM&Aを図る ・ビール依存型の収益構造から脱却する

ビール業界内で勝ち組みになるためのKSFとして以下が考えられる。

①M&Aを促進する

②日本国内から海外へ生産拠点をシフトする

③ビール依存型経営からの脱却を図る

④低アルコール飲料など女性層や高齢者層をターゲットにする

⑤総合飲料メーカーとして多角化を図り、相乗効果を狙う

これらのKSFをベースに、将来自社のとるべき戦略の具体的方向性を決定する。

❷SWOT分析

SWOT分析のSWOTとは、「**強み** S(Strength)」「**弱み** W(Weakness)」「**機会** O（Opportunity）」「**脅威** T（Threat）」の4つの頭文字からとっている。

279

機会と脅威は外部環境に関するもの、強みと弱みは企業の内部環境（内部資源）に関するもので、2×2マトリックスから構成され、すなわち計4つの要素のフレームワークである。なお、外部環境は特にマクロ環境やミクロ環境には限定していない。

── 適用事例 ──

　SPA（製造小売）型アパレル小売業を営む企業Y社にSWOT分析を適用してみよう。

　昨今のアパレル業界は、少子高齢化の影響で市場は縮小傾向である。企業間でもパイの争奪戦が繰り広げられているが、SPA型企業の中にはこの事例のように業績を伸ばしている元気印の企業もある。

　次ページの図表8－14では、SWOT分析を発展させたクロスSWOT分析を行なっている。

　SWOT分析では、外部環境を機会と脅威に、また内部環境を強みと弱みに2分した2×2マトリックスである。一方、クロスSWOT分析は、SWOT分析の「機会O」と「脅威T」の2項目と、「強みS」と「弱みW」の2項目をクロスさせて、それぞれ4つの項目ごとの戦略まで分析する。それぞれ4つの戦略は、図表8－14では戦略A、戦略B、戦略C、戦略Dとしている。

　戦略Aでは自社の強みをいかして機会を最大限に活用する戦略、戦略Bでは外部の脅威を回避しながらも自社の強みをいかす戦略、を意味している。また、戦略Cでは自社の弱みが原因で機会を逸失しないようにするにはどうすればよいか、戦略Dでは自社の弱みが原因で脅威が増長して最悪のシナリオにならないようにするにはどうすればよいか、といった戦略を示す。

目的に向かって結論を絞り込む「論理思考」（ロジカル・シンキング）

〈図表8－14〉

		外部環境	
		【機会：Opportunity】 ・規制緩和 ・海外展開が容易 ・マスコミ受けしやすい	【脅威：Threat】 ・世界経済危機 ・天候不順 ・市場の縮小化に伴い、同業他社との競争環境の激化 ・少子高齢化が進展
内部環境	【強み：Strength】 ・企業認知度やブランド力は強い ・機能性に富んだカジュアル衣料品の商品力が強い ・トップダウンによる意思決定が早い ・M&Aが活発	【戦略A】 ・海外企業も視野に入れたM&Aや事業提携 ・海外での生産シフト ・不採算事業の早期撤退	【戦略B】 ・若年層、女性層をターゲットにして、ファッションビルや駅ビルに出店 ・高齢者層をターゲットにした商品開発 ・全天候型商品の開発
	【弱み：Weakness】 ・組織の意思決定がトップダウン ・組織が硬直化、階層的 ・ノウハウ／情報／人材の相互交流が不十分	【戦略C】 ・権限や責任の委譲・分散化 ・組織に柔軟性を持たせる ・グローバル人材、次世代経営者の育成	【戦略D】 ・経営者や幹部クラスの育成 ・一般従業員の人材育成

企業内部環境をつかむ
フレームワーク

　本項では、企業の内部環境の分析に重点を置いたフレームワークを紹介する。企業においては、組織や業務は基本的には階層構造になっているため、フレームワークも**全社・経営レベル、事業レベル、機能レベル、日常業務レベルに応じた階層的分類**を行ないながら説明していく。

1. 全社・経営レベル

❶ 7 S分析

「7S分析」は米国コンサルティング会社、マッキンゼーによって開発され、企業戦略における**7つの要素**を表わしたものである。7つの要素は以下のとおりで、7つの頭文字をとって7Sとしている。最初の3要素は、「**ハードのS**」、後半の4要素は「**ソフトのS**」としている。

　①戦略（Strategy）：事業の優位性や方向性
　②組織（Structure）：企業の組織構成
　③システム（System）：各種システム（会計制度、人事評価・採用制度など）
　④価値観（Shared Value）：従業員の共通・共有した価値観
　⑤スタイル（Style）：社風、企業文化
　⑥人材（Staff）：人材、また各人材の能力
　⑦スキル（Skill）：組織全体のスキル（技術力、販売力、国際力など）

７Ｓ全体のイメージは、図表８−１５に示す。正六角形のそれぞれの頂点と中心に７つのＳが配置されて、それぞれ対角線で結ばれて相互に関連性があることを意味している。

　中心には、価値観（Shared Value）が配置され、図の上部には、「戦略」「システム」「組織」のハードのＳが配置され、中心の「価値観」を含めた下部にはソフトのＳが配置されている。

〈図表８−１５〉

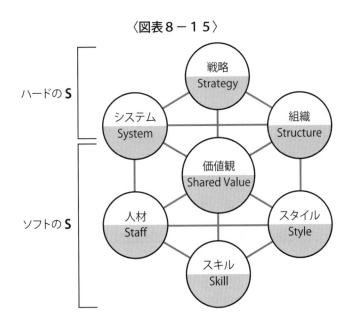

　７Ｓ分析は、外部環境が変化したときに、企業は７Ｓのどの部分から変化させなければならないかの指針を与えてくれる。一般的に、「ソフトのＳ」のほうが「ハードのＳ」よりも変化させるのに時間を要し、**変化に困難を伴う**。企業が外部環境の急変によって舵を切る際には、企業全体をハードとソフトともバランスよく切り替えていく必要がある。

　ただし、７Ｓ分析は戦略展開や問題分析などの実践的なフレームワークではない。企業理念の全体像を把握するための青写真程度にとらえておけばよい。

> ― **適用事例** ―

　総合電機・半導体メーカーの大手企業Ｌ社に７Ｓ分析を適用してみよう。

【ハードのＳ】

● 戦略（Strategy）

　①部門連携を通じて、イノベーションによる競争力を強化する

　②市場に新しい価値を創造するバリュー・イノベーションを実現する

　③グローバル展開を加速する

● 組織（Structure）

　①社内カンパニー制により、起業家として独立精神を醸成する

　②開発・製造・販売の各部門が密接に連携して乗数効果を発揮できる
　　組織づくりを実現する

● システム（System）

　①グローバル人材の育成と海外拠点の拡充など体制のシステムを強化
　　する

　②買収防衛システムを強化する

【ソフトのＳ】

● 価値観（Shared Value）

　①国際優良企業としての地位を確立する

　②地球環境を重視し、「アースカンパニー」という共通コンセプトを
　　持つ

　③固定観念を打破して、常に新たな挑戦を続ける

● スタイル（Style）

　①社会貢献やコンプライアンスなどＣＳＲ（企業の社会的責任）の取
　　り組みを重視する

　②未来のイノベーションにつなげる発想を生み出すためにワークスタ

イルを重視する

● 人材（Staff）

①先端で高度な専門知識（エレクトロニクス、半導体など）を有する

②グローバルな視野を有する

● スキル（Skill）

①イノベーションを常に創出する

②状況変化に迅速に対応し、かつ状況を見極めたうえで俊敏性ある行
動をする

　このように、７Ｓ分析では企業理念、経営理念を含めたやや抽象的な
表現や分析になっていることが理解できよう。

❷VRIO 分析

　VRIO 分析は、経営学者であるＪ・Ｂ・バーニーが提唱した分析手法で、
競争優位性の源泉は企業の内部資源としている。したがって、企業が持
つ内部資源こそが、業界における持続的優位性を決定する要因であると
して、その特質を4つ挙げている。

①経済価値（Value）：

　この価値を持つことで、企業が競合に対して優位に立てるか

②希少性（Rarity）：

　企業が持つこの価値を、同じように持っている競合は少数か

③模倣困難性（Inimitability）：

　企業が持つこの価値を、他の競合が真似することは困難か

④組織（Organization）：

　この価値を有効的に活用するに際して、組織的に行なっているか

　4つのうち、②と③の観点は、企業が持つ経営資源が他の競合が持て

ない、模倣できないほど独自の経営資源を保有しているかいなかに焦点を当てている。VRIO分析は4つに絞った切れ味鋭い分析であるといえよう。

　企業が将来業界で生き残っていくには、上記4つの観点からのコア・コンピタンスを有し、「オンリーワン」としての経営資源を持ち続けることが重要であろう。

― 適用事例 ―

　無線通信機器を主製品としたエレクトロニクス中堅企業J社に、VRIO分析を適用してみよう。結果は図表8－16に示す。

〈図表8－16〉

経営資源	特徴	V（経済価値）	R（希少性）	I（模倣困難性）	O（組織）
人材力	・高度な専門技術を持つ人材が多い ・外部環境に敏感に対応できる人材が多い	○	○	◎	△
製品力	・レーダーや無線通信器、システム機器には、他社に追随を許さない強みがある	○	◎	◎	△
資本力	・遊休資産が多い ・福利厚生や保養施設が充実している	△	△	△	△
情報・ノウハウ	・海外展開やグローバル化を推進するノウハウが豊富である ・軍事に関する情報ノウハウが豊富である ・特許出願が多い	△	◎	○	△

この図表8-16から、企業Jは、製品や人材に関しては他社が模倣できないほどの高いレベルの技術力を持っている。また、軍事的な情報ノウハウもかなり持ち合わせている。

　反面、VRIOの中でO（組織）が全体的に弱く、組織的な機能の面でやや足並みが揃っていない感がある。全社組織のベクトルを集約させて、高度な技術力や製品力を外部に向かって発信していく必要があろう。

　また、資本力についても、やや競争優位性に欠ける。製品や人材の面で優位性があるので、ビジネス効率をあげて資本力への増強に直結したいところである。

❸アンゾフの成長マトリックス

　経営学者で戦略経営論の創始者でもあるH・I・アンゾフは、企業の成長戦略の方向性を分析するために、**製品と市場をそれぞれ2つに分類**し、計4つの戦略を含んだ有名なフレームワークを提唱した（→図表8-17）。

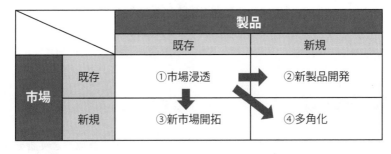

〈図表8-17〉

①市場浸透戦略

　現在の市場において、現在の製品で頑張る戦略である。ただ、決して手をこまねいて見ているだけではない。値引きやプロモーションを適宜

行なって、売上げや利益が出るようにする戦略である。

②新製品開発戦略

　新製品を既存の市場や顧客に販売していく戦略である。今までにない初めての新製品なら新市場も考えられるが、従来シリーズの高機能化製品、新コンセプトを製品に絡ませるパターンが挙げられる。

③新市場開拓戦略

　新規に市場や顧客を開拓して、現在の製品で販売を伸ばす戦略である。男性向けの化粧品や国内向けの製品を海外向けにも販売するなどが例である。

④多角化戦略

　製品・市場ともに現在とは関連しない、新規の分野として進出して成長を図る戦略である。もっともリスキーな成長戦略ともいえる。多角化戦略では、製品・市場ごとに事業戦略をとることが多い。

　企業としては、当初は①の市場浸透戦略で事業を展開するであろう。しかし、次第に市場や成長の飽和感から、②や③の戦略に転じざるをえないだろう。さらにリスクは高いが、④の戦略も視野に入れる必要が出てくる。

― 適用事例 ―

　個人学習塾Ｐは、小学生・中学生を対象に、数学（算数）と英語を教えている。学校での授業のフォローやテスト対策を主に指導しているが、塾長や講師による指導ぶりはとても評判が良く、経営状況も順調である。学習塾Ｐに、アンゾフの成長マトリックスを適用してみよう。

①市場浸透戦略

　現状の市場である小学生・中学生を対象に、算数（数学）や英語の指導を継続する戦略である。継続するにしても、児童や生徒個人の目線に合わせた、よりきめの細かい指導が要求される。

②新製品開発戦略

　現状の市場である小学生・中学生を対象に、新メニューの学習指導を供給する戦略である。例えば、次のようなものが挙げられる。

- ●国語や理科などの指導科目を増やす
- ●数学検定や漢字検定の対策講座を行なう
- ●中学受験や高校受験対策講座を新設する

③新市場開拓戦略

　現状の学習メニューである算数（数学）や英語について、新しい市場を開拓する戦略である。例えば、次のようなものが挙げられる。

- ●就学前の子どもに主に英語を指導する
- ●主婦層や中高年層に対して、生活に密着した実用的観点から数学や英語を指導する

④多角化戦略

　例えば、次のようなものが挙げられる。

- ●高校生まで指導対象を広げ、大学入試対策講座を始める
- ●社会人、とくにビジネスマンを対象に実用的な英会話、経済や金融工学といった専門数学を指導する
- ●家庭教師事業も手がけ、登録した講師を各家庭に派遣する

❹6つのパス（ブルーオーシャン戦略）

　アンゾフの成長マトリックスのように新製品や新規市場での戦略を意

識したフレームワークはあったが、具体的に新製品をどう開発し、新規市場をどう創造していくかという実践的作業レベルまでのフレームワークはなかった。業界での血みどろの競争を避けて新市場を創造する戦略であるブルーオーシャン戦略において、特に**市場の境界を引き直して新市場の方向性を見出す**フレームワークが、「6つのパス」である。

なお、ブルーオーシャン戦略とは、ビジネススクール教授、キム氏＆モボルニュ氏によって提唱された競争のない新しい市場を創造する戦略である。利益の成長や無限の可能性という意味で、広大で深く力強い自然の「青い」海のイメージが広がる。これに対して、既存の狭い市場で多数の競合がしのぎを削っている状態が「レッドオーシャン」である。企業や企業戦士が戦いによって赤く血に染まっているというイメージである。

以下に挙げるのが6つのパスである。

①オルタナティブ（alternative）となる産業を見渡す

オルタナティブ（alternative）と代替品（substitute）とは若干意味が異なる。例えば、新幹線と飛行機では形態が異なるが、移動するという機能は同じであるため、これらは**代替品**という。一方、喫茶店とパチンコでは一見まったく関連性がない。形態はもちろん、前者はお茶を飲む、後者は多少なりともギャンブル性を期待しながらパチンコをするといった機能も違う。しかし、約束など街で時間を調整しなければならない場面では、時間調整という同じ目的で使用されることもあるので、**オルタナティブ**という。代替品としての見渡し方よりもオルタナティブな見渡し方を持つほうが、新商品としてより一層、意外性が得られるだろう。

②業界内の他の戦略グループから学ぶ

同じ業界内でも他の戦略グループから学ぶと、2つのメリットが考えられる。ひとつは、同じ業界でもあるので比較的実行に移しやすいこと、

目的に向かって結論を絞り込む「論理思考」(ロジカル・シンキング)

また「とらぬ狸の皮算用」かもしれないが、他の戦略グループの顧客も得られる可能性もある。例えば、「数学」に関する検定を実施している団体が、「英語」や「パソコン」に関する検定団体から戦略を学ぶイメージである。

③購買者の連鎖に目を向ける

購買者と一括りにいっても、実際に購入する者と、それとは別に最終的に利用する者(エンドユーザー)がいるかもしれない。また、購入に際して、支持したり影響を与える者もいたりと**連鎖**がある。例えば、家庭用ゲーム機を購入する場合、母親が購入しても最終利用者は大方、子供であろう。また高価格なゲーム機ならば父親の決裁が必要かもしれない。このような場合は、母親の財布のヒモがゆるみやすい価格設定、母親や父親自身もやってみたいと思わせる商品ニーズに目を向けるべきであろう。

④補完材やサービスに目を向ける

ひとつの製品が売れるとき、単独に売れるだけでなく、その補完材やサービスもいろいろ関係してくる。パソコンのサプライ用品コーナーだけでもかなりの商品がある。またコンビニやショッピングセンターには駐車場というサービスが今や必須である。このような製品の補完材やサービスに目を向け、自社製品の価値を高めることができる。

⑤機能志向と感性志向をスイッチする

いわゆる技術志向である中小企業は、機能を前面に出した機能志向の製品を顧客に訴求する傾向が強いが、デザインやブランドイメージといった感性に訴えるスイッチに切り替えるのも手であろう。逆のパターンもしかりで、**機能志向と感性志向のスイッチを切り替える**ことは、市場の定義を見直すよいチャンスになりうる。

⑥将来を洞察する

　単に未来予測やトレンド予測を評論家的に行なうのではない。自社のビジネスや製品が将来、主体的にどのように動いていくかを見据えることである。

．．．．． 適用事例 ．．．．．

　パソコンは現在、仕事でも生活する上でも欠かせない存在になってきている。このパソコンに6つのパスを適用し、新市場への可能性を探ってみよう。

①オルタナティブ（alternative）となる産業を見渡す
- 娯楽用として、書籍、ゲーム、テレビ、映画など
- 学習用として、参考書、一般書籍、イーラーニングなど
- ビジネス用として、電卓、付箋紙、ボールペンなど

②業界内の他の戦略グループから学ぶ
- 完成品ではない組み立て型パソコンを扱うグループ
- 機能限定 / 低価格パソコンを重視しているグループ

③購買者の連鎖に目を向ける
- 人気アニメが描かれた低価格、機能限定したキッズ用小型パソコンを開発することで、子供が利用者で両親が購入者になる
- 文字表示やキーボードが大きく、機能を絞った軽量パソコンを開発することで、高齢者が利用者でかつ購入者になる

④補完材やサービスに目を向ける
- 収納ケースやキャリーバッグ
- キーボード、マウス、液晶モニターなど各種入出力装置

- 出張メンテナンスサービス

⑤機能志向と感性志向をスイッチする

- 高機能から機能限定し、簡易・低価格を実現する。例えば、ネットブックのようにネット閲覧専門端末やメモ帳に特化したパソコンなど
- マッキントッシュのように、筐体を斬新なデザインやカラーにする

⑥将来を洞察する

- 高齢化の面で大画面ディスプレイの高齢者用パソコンが普及
- 国際化の面で日本語化が普及、海外のサイトでも日本語変換が必須

2. 事業レベル

❶PPM（プロダクト・ポートフォリオ・マネジメント）分析

　アンゾフの成長マトリックス（→ 287 ページ）の中のひとつに多角化戦略があったが、多角化した製品・市場ごとに、事業部別に展開を図ることが多い。多角化した複数の事業間で、企業の経営資源をいかに適正に配分するかという事業ポートフォリオは経営者の頭を悩ませるところである。この悩める経営者の一助となる PPM 分析は、ボストン・コンサルティング・グループが開発した事業ポートフォリオを検討するフレームワークとして有名である。

　縦軸に「市場成長率」、横軸に「相対的市場シェア」をとって、2×2のマトリックスで、次ページの図表8－18のように4つの象限に事業をマッピングさせる。横軸の相対的市場シェアは左側ほど大きく、右にいくほど小さくなることに注目してほしい。

　2×2のマトリックスのそれぞれの日本語ネーミングがユニークであ

る。「花形」はともかく、「金のなる木」「問題児」はインパクトが大きい。「負け犬」となると、もはやダメージ感そのものである。

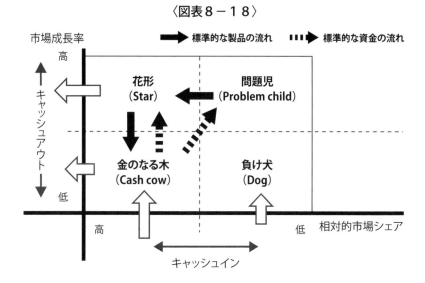

〈図表8−18〉

さて、PPM分析では、横軸の相対的市場シェアは事業にお金が入ってくる（キャッシュイン）イメージ、縦軸の市場成長率は、反対に事業にお金が費やされて出て行く（キャッシアウト）イメージと捉えてほしい。

①花形

高い市場成長率と高い相対的市場シェアの事業で、お金も入るが高い市場成長率をキープするためのお金も要する事業である。この事業からは利益もまだ不十分である。お金がかかる花形（スター）で、まだ一人前ではない。「花形」は、「金のなる木」へ育ててやる必要がある。

②金のなる木

高い相対的市場シェアは「花形」と変わらないが、市場成長率が低く

なるため、成長のためのお金もそれほど必要なくなる。いわば枯れた市場であるが、この事業からは十分な利益を期待でき、獲得した利益は、「花形」や「問題児」へ投入して育ててやる必要がある。

③問題児

ネーミングからもいかにも問題がありそうな事業である。低い相対的市場シェアでキャッシュインも少なく、高い市場成長率のためお金もどんどん出て行くといったまさに放蕩息子である。この事業を早い段階で集中投資などによって「花形」にしてやる必要がある。さもなくば「負け犬」に転落する危険性がある。

④負け犬

相対的市場シェアも市場成長率も低い事業である。ネーミングからも末期的な市場であり、撤退も十分あり得る。

図表8−18には、標準的な製品の動き、並びに標準的な資金の動きも同時に示している。**製品は、「問題児」から「花形」、そして「金のなる木」への動きが望ましい。**一方、**資金は、「金のなる木」で得られたお金を、「花形」や「問題児」に配分して行く構図が望ましい。**

─ 適用事例 ─

大手鉄鋼会社Nは、巨額な資金力を背景に6つの新規事業部を組織化して事業を展開した。PPMを適用した結果は次ページの図表8−19の下図に示す。

それぞれの円についていうと、**円の中心座標は「相対的市場シェア」と「市場成長率」を示し、円の面積の大きさは「売上高」を表わす。**

図表8−19から、化学事業部と電子機器事業部は「花形」、ソリュー

ション事業部は「金のなる木」、半導体事業部は「問題児」、SI事業部と不動産事業部は「負け犬」に分類できる。

〈図表8－19〉

	相対的市場シェア（％）	市場成長率（％）	年間売上高（億円）
電子機器	23	31	28
ソリューション	25	11	56
半導体	12	28	12
SI（システムインテグレーション）	9	7	9
不動産	5	9	5
化学	26	32	26

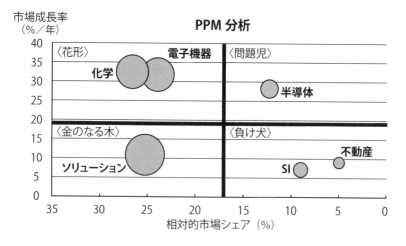

❷バリューチェーン分析

5Forces分析でも登場したマイケル・E・ポーターが提唱した。「バリューチェーン」（価値連鎖：Value chain）とは、自社の事業プロセス

が顧客に対してどのような価値を創造するかを把握する分析手法である。**各事業プロセスの特徴を正確に把握したうえで、これらの活動の連鎖を分析するためのフレームワークとして利用される。**さらに、このフレームワークは、**競争優位をもたらすには、どのプロセスでどのような戦略をとればいいかを導き出すことを目的としている。**

それでは、続けて、製造業系（→図表8－20）と小売業系（→次ページの図表8－21）のバリューチェーンを示して説明していこう。

■製造業系のバリューチェーン

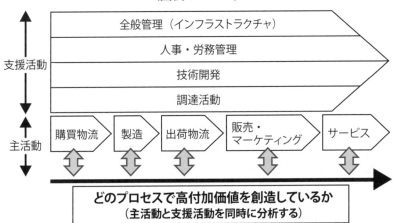

〈図表8－20〉

まず、主活動とそれを支える支援活動に二分する。主活動は、以下の5プロセスに分かれる。

①購買物流：原材料を仕入れて保管
②製造：製品（半製品）へ加工
③出荷物流：製品を最終顧客（中間業者）へ輸送
④販売・マーケティング：最終顧客（中間業者）へ販売
⑤サービス：販売後のメンテナンス、アフターサービス

5つのプロセスにおいて、主活動はもちろん、支援活動のどのプロセスで高い付加価値を創造して、顧客へ最終的な価値を提供できるかを検討する。すべてのプロセスで高付加価値を創出できれば問題はないが、コストがネックになってくる。

　そこで、定量的には各プロセスに分解した付加価値とコストの関係を把握し、各プロセスでの最適性（部分最適）と全体としての最適性（全体最適）を同時に分析しながら、バリューチェーンを再設計する。

■小売業系のバリューチェーン

　小売業系では製造系のような製造プロセスは含まない。一般的に商品を他業者から仕入れる。ただし、プライベートブランド（PB）のように自主企画商品として自社で開発するケースもある。その場合、図表8－21のように、大きく7プロセスから構成される。

〈図表8－21〉

店舗開発 ＞ 商品開発 ＞ 仕入れ ＞ 物流 ＞ 広告宣伝 ＞ 店頭プロモーション ＞ 販売

　①店舗開発：出店計画を立案し実際に出店
　②商品開発：PB（自主企画商品）を企画・開発
　③仕入れ：商品を仕入れて保管
　④物流：中間業者へ輸送
　⑤広告宣伝：広告などのプロモーション
　⑥店頭プロモーション：特に店頭でのプロモーション
　⑦販売：セールス活動

　以上の7つのプロセスを、前述した製造業系のバリューチェーンの時のように再設計する。

目的に向かって結論を絞り込む「論理思考」（ロジカル・シンキング）

3. 機能レベル

❶ 4 P分析

　マーケティングの世界では、この「4 P分析」は非常に有名である。4 Pは、**製品**（Product）、**価格**（Price）、**流通**（Place）、**販売促進**（Promotion）の4つの頭文字をとったものである。これら4つの観点で分析する。ぜひ使いこなせるようにしたい。

①製品（Product）

　まずはマーケットに出す製品・サービスそのものである。製品やサービス自体の他に、機能やデザイン、パッケージ、ブランドも含まれる。

②価格（Price）

　価格とは、製品やサービスが市場で取り引きされる際に支払われる金額である。価格は利益の源泉であって適正に設定する必要がある。卸売価格、小売価格などがあり、関連して支払い条件や契約期間も含まれる。

③流通（Place）

　工場直販（ファクトリーアウトレット）という販売形態もあるが、製品を作ると通常、卸や小売、消費者へ運ぶ必要がある。流通とは、生産者などから商品やサービスが消費者へ販売されるまでのモノ・貨幣・情報の流れである。

④販売促進（Promotion）

　モノは作った、価格も決めた、そして販売できるところまで運んだ。これで製品がどんどん売れれば問題ないが、顧客はその製品の存在を知

299

らないこともある。そこで、製品の存在や購入メリットなどを顧客に対して訴求するため、販売促進という情報発信をする必要がある。

❷戦略キャンバス/4つのアクション（ブルーオーシャン戦略）

ブルーオーシャン戦略に関してはすでに説明済みであるが、ビジネスに関わる誰しもが、「ブルーオーシャン戦略」が展開できるなら一人勝ちを決め込みたいところであろう。これを一歩でも実現に近づけるツールとして、「戦略キャンバス／4つのアクション」が挙げられる。

■戦略キャンバス

「ブルーオーシャン」市場に投入する製品が果たして既存製品と価値の差別化がされているかを「見える化」したフレームワークを、戦略キャンバスと呼ぶ。**横軸には製品の機能などの各要素、縦軸には価値のレベルをプロットしたものを、「価値曲線」という。**

全社・経営レベルの「6つのパス」（→289ページ）で、機能志向製品と感性志向製品に触れたが、これらを戦略キャンバスにおいて「価値曲線」としてプロットしたものが図表8-22である。

機能志向製品は、まさに機能重視でそれに伴い価格も高くなるであろう。一方、感性志向製品は、機能よりもデザインやブランドイメージに訴えるため価格は機能志考製品よりは安くなるであろう。価値曲線からこれらが見事にすみ分けができていることがわかる。

戦略キャンバスにおいては、既存市場での既存製品と、新市場「ブルーオーシャン」を自由に泳ぎまわろうとする製品の価値曲線をプロットしてみると、明確な分離、すなわちすみ分けがなされていることが、「第12章　論理思考と創造的思考の組み合わせ事例」（→399ページ）か

らも理解できるだろう。

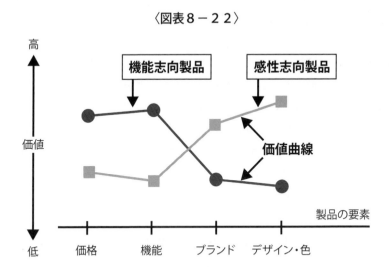

〈図表8-22〉

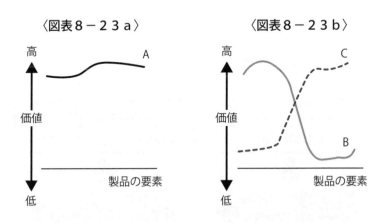

戦略キャンバス上の価値曲線で、図表8-23aのような、製品の全要素にわたって一様な価値を持つ**八方美人的な製品A**は、「ブルーオー

シャン」戦略にはふさわしくない。また、図表8－23b（前ページ）の製品B、Cのように、**製品の要素でメリハリがきっちりついた製品は**、「**ブルーオーシャン**」**で主役になりうる製品**である。

■ 4つのアクション

　新市場「ブルーオーシャン」戦略での基本構想は、製品コストを押し下げながら、顧客に対するバリュー（価値）を押し上げることである。こんな夢みたいことが実現できるか疑問であろう。最近の製品はデジタルカメラやパソコンにしても機能が多すぎる。現実的にはすべての機能を使いこなす必要はないだろう。そこで、「機能を絞る→コストを押し下げる」や「他機能を増やす→顧客に対するバリューを高める」、という方式を実現するためのフレームワークが、「4つのアクション」、すなわちERRCグリッドである（→図表8－24）。

　ERRCグリッドにおいて、Eliminate（除去）とReduce（減少）により製品コストを押し下げ、Raise（増加）とCreate（創造）により顧客に対するバリューを高める。

〈図表8－24〉

Eliminate（除去）	Raise（増加）
製品の要素を取り除く	製品の要素を増やす
Reduce（減少）	**Create（創造）**
製品の要素を減らす	製品の要素を新たに創造する

　　コストの低減　　　　　顧客のバリュー向上

目的に向かって結論を絞り込む「論理思考」(ロジカル・シンキング)

4. 日常業務レベル

日常の業務で基本中の基本といわれるフレームワークを３つ挙げる。

❶ PDCA

「PDCA サイクル」ともいい、製造業などの事業活動において生産管理や品質管理などの管理業務をきっちりと計画に沿って進めるための管理フレームワークのひとつである。次のように**４つのサイクル**から構成される。

① Plan(計画)➡② Do(実行)➡③ Check(評価)➡④ Act(改善)

それぞれの内容は容易であるので説明しないが、② Do と④ Act の違いを明確に意識してほしい。② Do は計画に沿って実行することで、④ Act は実行が計画通りかどうかを評価して、改善が必要ならば行なうことである。

この４サイクルは、④ Act で１周したら、これにて一件落着ではない。**最後の④ Act を次の PDCA サイクルにつなげ、螺旋(らせん)を描くように一周ごとにサイクルを向上させて、螺旋階段を昇るように継続的な業務改善**をしていくのが理想である。

─ 適用事例 ─

ここでは、企業における営業系業務と製造・開発系業務とで、PDCAを適用してみよう。

303

〈営業系業務〉
- P（計画）：営業要員計画、受注計画、販売計画、利益計画
- D（実行）：見積り、プレゼン・交渉、受注（発注）、納入、納入後のフォロー・アフターサービス
- C（評価）：受注、利益、納入、検収、入金などチェック、失注時のフォロー
- A（改善）：納入見直し、利益見直し（翌年度繰越し）

　注文を仮に失注しても、なぜ受注できなかったのか原因を究明し、次の商談へ反映するように心がける。

〈製造・開発系業務〉
- P（計画）：製品計画、ソフト開発計画、バージョンアップ計画
- D（実行）：部材購入、設計、製造、納品前試験、ソフトバージョンアップ、ハード改造
- C（評価）：開発進捗チェック
- A（改善）：製造・開発見直し、市場リリース見直し

　製品に不具合が発見されて、製造やリリースの見直しが必要になった場合、営業担当と共同で顧客対応を行なうと同時に、次期製品の製造・開発に際しての再発防止を徹底する。

❷5W1H

　これも基本中の基本のフレームワークである。ビジネスでも万策尽きたと思われた時は原点に帰ったほうがよい時がある。このようなケースで利用される心強いフレームワークである。

　次の①〜⑥までが「5W1H」、①から⑦までが「5W2H」となる。ある案件の営業担当の場合、次のようになる。

① Who（誰が）：誰が営業担当か、顧客は誰か
② What（何を）：何を開発し、何を納入するのか
③ When（いつ）：納期はいつか
④ Where（どこで）：納入先はどこか、何階か
⑤ Why（どうして）：なぜ受注できたか
⑥ How（どのように）：どのように納入するのか
⑦ How much（いくらで）：受注金額はいくらか

上司に報告する際は、ビジネスの初歩として5W1Hに沿って行なうと間違いは少ない。

❸ 特性要因図

特性（結果や解決すべき問題）とそれに影響を与えうる要因の関係について、図表8－25にある魚の骨のような形にしたものを、「**特性要因図**」という。魚の骨の格好に似ていることから、「**魚の骨図：fishbone diagram**」ともいう。

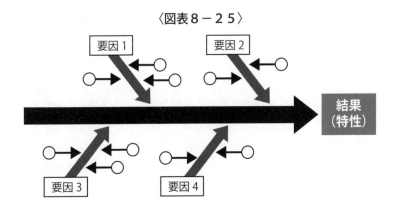

〈図表8－25〉

なお、特性要因図は、すでに説明したロジックツリーと同じ構造を持つ。

フェルミ推定とは

　もし、「富士山を動かすのには何年くらいかかるか」「東京都内に電柱は何本あるか」「日本全国の温泉の数はどのくらいあるだろうか」など聞かれたらどう答えるか。ましてや、自分の将来を決めかねない入社試験や面接時にこんな質問が出たら、頭がまっ白になってパニックに陥るだろう。

　本書では意思決定の定量分析ではまず常套手段として、情報収集を始めることを説いている。確かに、ネット検索などができる環境があって、問題を解決する時間が充分あれば情報収集をきっちりと試みれるが、このような問題が出たらどんな情報を収集してよいのか悩む。

　このような緊急時に、少ない情報で結論を想定するフェルミ推定が非常に有効になる。フェルミ推定のフェルミとは「原子力の父」ともいわれる物理学者のエンリコ・フェルミのことである。1901年にイタリアで生まれて、1938年にノーベル物理学賞を受賞した。フェルミは学生や友人に話しかけて悩ましい質問をしていたようで、その中でも有名な問題に「シカゴにいるピアノの調律師の数を数える」というものがある。

　フェルミ推定が最近脚光を浴びるようになってきたのは、マイクロソフトやコンサルティング会社が入社試験にフェルミ推定の問題を出すようになってきたからといわれている。

　フェルミ推定は、①アプローチ設定（仮定設定）、②問題のモデル分解（いわゆる因数分解）、③計算実行、④現実性検証から成り立っていて、これにより、最近にわかに脚光を浴びてきた、いわゆる『地頭力』を鍛える数理的思考ベースとなる。

　問題はフェルミ推定で得られた結果を意思決定の場面でどの程度の信頼性で活用するかである。②のモデル分解での各因数の推測が現実から乖離していた場合、それぞれの因数をかけた最終結果はかなり現実離れした結果になるかもしれない。しかし、フェルミ推定で重要なのは答えを得ることより、少ない情報を前提に途中で設定する仮定やモデル化のプロセスである。情報が少ない問題に対して定量分析を行なわなければならない状況下では、フェルミ推定は意思決定への有用なツールとなるだろう。

イメージを抜本的に広げる
「創造的思考」

クリエイティブ・シンキング

創造的思考の実践ポイント

　第7章で創造的思考（クリエイティブ・シンキング）の特長をいくつか述べた。創造的思考は拡散的思考で、アイデアに行き詰まった際に思考モードを切り替えるのに有用な思考法であった。創造的思考は、アイデアの広がりや実現可能性を期待させる思考法といえる。本項では、創造的思考の4つの実践ポイントを述べることにする。

1. ゼロベース思考でとらえる

「ゼロベース思考」とは、固定観念や既存の枠組みにとらわれず、まっさらの状態、すなわちゼロベースからものごとを考えようとする思考のことを指す。既存の枠組みによる思考では、過去の事例や様々な規制などが思考にバイアスをかけるために思考幅を狭くしてしまう。その結果、最適な方法への到達を困難にする。つまり、状況によっては「ゼロベース思考」で考えようとする姿勢が重要であると考えられる。

　特に過去において成功体験があった場合、この甘美な体験にどうしても引きずられがちだ。成功した時はもうすでに過去のこと、今とは状況は異なると、きっちりと割り切るべきであろう。

　有名なスポーツ選手でも、スランプに陥ることがある。「俺の実力からいってこんなはずではない」と思い続けていたら、スランプ脱出のタイミングを遅らせることになるだろう。ゼロベースというある意味での開き直りによって、スランプ脱出が容易にできるかもしれない。

　セロベース思考は、**過去との訣別**である。そこで**リセット思考**とも呼

308

イメージを抜本的に広げる「創造的思考」(クリエイティブ・シンキング)

ばれる。一般的に人は年齢を重ねるほど、年齢に比例した過去（しがらみ）に引きずられる傾向にある。すなわち中高年の人は経験が豊富といわれる反面、経験による思考の自由度を失っているとも考えられる。一方、若い人は、逆に過去へのしがらみが少ない分、必然的に未来志向になる。このイメージを、図表9－1に示す。

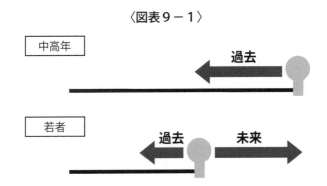

〈図表9－1〉

　ビジネスの世界でも、ゼロベース思考は重要である。唐突かもしれないが、おでんは冬の食品であると決めつけるのは固定観念である。確かに、冬の寒い時期、湯気立ったおでんはいかにもおいしいイメージがただよう。しかしこのイメージが固定化してしまってはそこからなんの発展もない。

　ゼロベース思考で考えれば、夏の暑い時期におでんを冷やして食べてもなんら問題がないだろう。紀文食品では、実際冷たいおでんを商品化している。お茶漬けもしかりである。冷たいお茶漬けも実際に永谷園から商品化されている。

　冬の寒い時期にふうふういって食べるホットな食品イメージが、クールなイメージに一変する。まさに固定観念の打破である。

　日常生活やビジネスの世界でも状況に応じて大いに思考をリセットすべきであろう。ゼロベース思考を大いに活用し、思考を自由な空間で羽

ばたかせてみよう。無限の発想が泉のごとく、こんこんと湧き出してくるだろう。

―― 適用事例 ――

　任天堂のDS、Wiiは一時代をつくったゲームだ。これらは従来のゲーム機の固定イメージをリセットした。過去においてゲーム機というと、どうしてもゲームマニアやゲームオタクのような人たちが、部屋の中で黙々と行なっている暗く不健康なイメージがつきまとう。ゲーム内容もかなり過激なものも含まれる。このイメージが固定化すると、ゲーム業界もいずれ市場が飽和して先が見えてくるという事態が懸念されていた。

　しかし、ニンテンドーDSは、脳のトレーニングや学習用素材などインテリジェントなイメージを含ませた。これにより、子どもや親にも安心できる商品として受け入れられるようになった。

　さらに、Wiiでは、音楽やフィットネスなど体を動かした健康志向を狙った。こうなると、家族で少なくとも1セットは欲しいということになるだろう。ゲーム機には従来暗い不健康なイメージがつきまとっていたが、家庭・家族という大きな新市場で認知されるようになった。まさに、ゼロベース思考によって従来イメージからの脱却に成功した事例であろう。

2. 思考や視点をワープさせる

　論理思考では、以下のように、AならばB、BならばC、というように因果関係や前提・結論に基づき、いわゆる理詰めで展開していく。

A ➡ B ➡ C ➡ D ➡ E ➡ F ……

論理思考での理詰めはステップバイステップで行ない、飛躍はしない。すなわち、論理の飛躍があってはいけないのである。

しかし、**創造的思考ではこの制約を排除する**。思考の時空間を自由に積極的にワープしてみよう、大いに飛躍してみよう。

物の見方で「木を見て森を見ず」ということわざがある。木という細部にばかり気をとられ、森全体を見ないという意味である。ぜひとも、木を見るというミクロな視点から、森全体を見るマクロな視点にワープしてみよう。これは鳥の鳥瞰や魚の魚眼に似ていて全体が見渡せるようになる。

そうすると、細部が気にならなくなって、全体の「このあたり」というアバウトな見方になる。「このあたり」と突き止めたら、今後は「このあたり」をズームしてみる。今度は細部が見えてくる。まさにカメラのズームレンズによる見え方である。

例えば、最新の世界地図や地球儀を時々眺めてみよう。過去においては、世界は広大であった。米国で起きたニュースは、日本にとってはまさに対岸の火事であった。しかし現在はグローバル化が進み、地球は狭くなった。グローバルな視点にワープして眺めてみることが大切である。

ビジネスの世界でも、思考や視点のワープは重要である。企業側だけの一方的な見方による商品は限界がある。やはり消費者からの目線にワープして商品開発する必要があるだろう。

例えば、子ども服を商品として開発する場合、おとなでも子どもの頃の気持ちに立ち返るとか、本人に子どもがいれば試着させてみることまではできるだろう。ここでさらに、自分がしゃがんで、身長が130～140cmくらいになれば、子ども目線で見える。この身長で、この服を着ればどんな気持ちになるだろうか、周囲はどう見てくれるだろうかなど、子どもになるシミュレーションをしてみよう。

障害者の寝具などの介護製品にしても、自分がベッドに寝て天井を眺めてみよう。介護人なしでは寝返りが困難な身体障害者の視点にワープして、この製品は安全か、身を任せられるかどうか判断できるはずだ。**空間のワープだけではない。時間もワープさせてみよう**。ビジネスの戦略では過去の歴史・教訓から学ぶことも多い。日本での戦国時代の武将、そして中国の古典文学や孫子などへ視点をワープさせてみよう。古典・歴史から学ぶものに得るものが大いにあるだろう。まさに「温故知新」である。

　未来予測もお勧めする。10年後くらいまでは現在の延長であるため予測はそれほど困難ではないだろう。しかし20年後はどうか？　**思考を大いにワープさせて予測してみよう**。その頃の未来は現在の延長線上にはないかもしれない。創造的思考を結集させて予測してみよう。

― 適用事例 ―

　最近、独身者が増えているせいなのか、スーパーで魚の切り身パックや鍋セットの1人前のものが定着し、さらに一人鍋用の鍋までも売られるようになった。

　企業（生産者）側からみれば、3人前などまとめて大量購入してくれるほうが売上げで大きいし、パックなどの部材コストがかからなくて済む。しかし、独身者にとっては、いくら冷蔵庫で保存できるからといっても、刺身など生鮮食品はできるだけ当日に食べてしまいたい。

　そこで、**独身者の多い消費者側に視点をワープさせてみよう**。新市場の展開が期待できるかもしれない。

　最近、「おひとりさま」という言葉が流行っている。「30代以上で未婚、子どものいない女性」を呼ぶらしいが、女性に限らず独身で一生を過ごす男性も増えるだろう。この「おひとりさま」を対象とする商品として、「おひとりさま旅行（ツアー）」「おひとりさま温泉」など、独身者という新市場で新たなアイデアが浮かぶかもしれない。

イメージを抜本的に広げる「創造的思考」(クリエイティブ・シンキング)

3. 前提を疑うことから始める

「前提」とは、広辞苑第6版では、

①ある物事をなす土台となるもの 「前提条件」
②推理において、結論を導き出す根拠となる命題
　三段論法の場合には、大前提・小前提を区別

との記載がある。前提は物事の土台であるので、簡単に揺らぐものではないし、また揺らいではいけない。

とかく、過去の成功事例や前例を引き合いに出して、これはすでに行なった実績があるとか、社長が常に言っているとか、会社理念であるなどと思い込んでしまえば気は楽ではある。しかし、これではことなかれ的風潮が蔓延して飛躍はないし、成功へのステップは踏めないだろう。

思い込みや常識を捨てよう。物事が何遍繰り返してもうまくいかないとき継続すべきかそれとも断念すべきか、**前提を疑ってみる試みが大切である**。たとえスタート時に戻ることになっても構わない。このまま継続し無駄な機会損失を積み重ねてしまっては元も子もない。

前提を疑った科学事例として、天動説から地動説への転換はあまりにも有名な史実である。地球は宇宙の中心にあり、まわりの天体が動いているという「天動説」が信じられてきた時代が過去にはあった。これが当時の前提や常識になっていた。しかし、ガリレオ・ガリレイは「天動説」に真っ向から異を唱え、「地動説」への転換の先駆けとなった。当時にしては命懸けの行動であったに違いない。果敢にも前提を疑ったのである。

また、19世紀までは物体が動く物理理論として、ニュートンによる理論体系いわゆる「古典力学」ですべてが解明できるとされていた。「古典力学」はまさに大前提であった。「古典力学」で天体を含めた森羅万

313

象の動きが決定できると考えられていた。ところが、ドイツの物理学者マックス・プランクなどによって、「古典力学」では解明できない物理現象がいくつか発見されたのだ。

「古典力学」という大前提が疑われ、特に物質を構成する原子核や電子の微視的な運動を論ずるには、もはや「古典力学」ではない新しい理論体系が必要になった。これが物理学で後に大きく発展した「量子力学」として体系化される。

　数理系が弱いと自認しているビジネスパーソンが多い。本人の勝手な思い込みも多いと思うが、学生時代に数学の試験結果が思わしくなかったため、単に「トラウマ」になっているのではないだろうか。しかし、ビジネスの世界では営業にせよ経理にせよ、数字を表計算ソフト Excel などで扱う機会が出てくるだろう。ましてや管理職ではこの作業は避けることができない。

　学生時代に数学が得意でなくても、ビジネスの世界で数字の見方は相当研ぎ澄まされているはずだ。今改めて数学を見直してはいかがであろうか。数学はだめという前提や思い込みを疑ってみてはいかがであろうか。自分自身大いに変化しているのである。昔は数学はだめだったが、今は違うのではないかと自覚できればしめたものである。

　前提・思い込みを疑ってみよう。そしてできれば思い切り捨ててみよう。重い服やコートを脱ぐと身軽になる。思考もまったく同様である。**前提や思い込みがなくなった思考は自由闊達に飛び回り、創造性が大いに活性化されるであろう。**

─ 適用事例 ─

「男前豆腐」「風に吹かれて豆腐屋ジョニー」という商品はご存知だろうか。豆腐というネーミングが入っているので想像はつくだろう。男前

イメージを抜本的に広げる「創造的思考」(クリエイティブ・シンキング)

豆腐店が製造する豆腐の商品名である。それにしてもなんと奇抜なネーミングだろうか。

豆腐という食品は、老若男女誰でも食べたことがある食品であろうが、比較的年齢層が高い顧客に好まれる。豆腐は柔らかいため、歯が弱い高齢者にはやさしい食材であろう。また豆腐自体、価格が安く健康的で自己主張の少ない、そして変化を好まない保守的なイメージがある。要は地味な目立たない食品イメージであった。

しかし、男前豆腐店はそんな常識を覆した。豆腐自体に「俺は豆腐だ!」と自己主張をさせ、存在感を強調した。20代から30代の男性をターゲットに男くささを前面に出した。商品のパッケージも奇抜で、会社のホームページもユニークである。

豆腐のブランド名は目立たなかった。スーパーに行ってもブランド名で豆腐を購入した人は少ないだろう。しかし、豆腐業界の保守色強い前提や常識を一掃し、斬新なブランド名で男前豆腐店は豆腐業界の風雲児となるかもしれない。

4. 偶然や失敗を逃さない

物事で偶然うまくいった場合や時たまうまくいった場合、単にラッキーとだけ思って一過性に済ませてはいないだろうか。偶然ながら、なぜうまくいったのか考えてみてはどうだろうか。偶然は努力の賜物である。努力した結果、偶然の女神が微笑んでくれたのである。

例えば、難関な資格試験にチャレンジし、結果はだめと思っていたが、なんと合格していたとする。幸運ではあるが、これは努力した結果である。大いに胸を張ってよい。

物事に失敗した場合は、後で振り返りたくないものである。他人にも知られたくないし、一刻も早く忘却のかなたに追いやりたいのが人情であろう。しかし、失敗から学ぶ教訓も多い。また、失敗したと思っても

成功に転ずる逆転劇があることも少なくない。

　2008年度ノーベル化学賞「緑色蛍光タンパク質（GFP）の発見とその応用」を受賞した下村脩氏のエピソードが興味深い。
　下村氏は、オワンクラゲが「なぜ発光するのか」の研究に取り組み、失敗に失敗を重ねながらも研究していたある日、実験に使用したクラゲのカスを流しに捨てたところ、偶然にも光った。**この思いがけなく捨てた行為が、ノーベル賞への偶然の発見となったのである。**
　また、戦後間もなく（1949年）ノーベル物理学賞を受賞した湯川秀樹氏は、天井の模様をキャッチボール中に思い出して中間子論を発見したといわれている。その頃、湯川氏は毎日不眠症に悩まされていたのだが、ある晩、天井板の年輪模様を見つめていたことが中間子論のヒントとなったのだ。凡人では、単なる節目にしか見えないだろうが、それにしてもなぜかノーベル賞受賞者のエピソードは本当にわくわくさせてくれる。
　これらのエピソードは単なる偶然ではない。受賞者ご本人による「失敗に失敗を重ね、考えに考え、極度に張り詰めるまで張り詰めた思考結果のブレークスルー」の結果である。**通常であれば見逃してしまう偶然を、きっちりと結実させた結果である。**
これらの事例は、**偶然・失敗から大きな成果を生む「セレンディピティ（偶察力）」**として知られている。

　ひるがえって比較的短期間で成果が求められるビジネスの世界ではどうか。失敗すればすぐ担当者の責任追及、顧客への緊急対応などに終始してしまう傾向があるのではないだろうか。その結果、当人は失敗を恐れて、危ない橋を渡らないようになってしまう。失敗に目を逸らしたままでは、失敗からは何も学べないし、失敗の教訓は何も得られない。

「失敗学」で著名な畑村洋太郎氏の考えが役に立つので紹介したい。

イメージを抜本的に広げる「創造的思考」(クリエイティブ・シンキング)

　起こってしまった失敗に対して、失敗を引き起こした原因やその背景を究明する。その上で、その失敗から謙虚に学んで、同じ過ちを繰り返さないようにするにはどうすればいいかを考える。さらにこうして得られた失敗によるノウハウを情報共有化し、他の人でも似たような失敗を事前に起こさないようにする考え方やシステム化が重要となる。

　偶然や失敗を大切にしよう。そこには、成功への大いなる逆転劇が潜んでいる。

── 適用事例 ──

　スリーエム社の製品「ポスト・イット®」は今や、学校や企業で、また家庭でも広く浸透して、なくてはならない存在になっている。実は、この付箋紙のノリであるが、おもしろいエピソードが知られている。

　スリーエムの研究員は強力な接着剤を開発しようとしていたが、たまたま非常に弱い接着剤を作り出してしまった。「くっつくことはくっつくが、簡単にはがれてしまう」接着剤は、目標とする成果と違うため失敗とされた。この研究員も本来ならば挫折感や恥辱を味わいながら、ひたすら隠してしまうかもしれない。ところが隠さずに同僚にいろいろふれ回った。

　この結果、本のしおりに使えないかというアイデアが出た。しおりに使用するノリは強過ぎてもだめで、弱ければ容易にはがれてしまうし、適度な接着力が必要だった。

　しおりに使用するノリという商品から、今日では、机や壁に容易に貼れる伝言メモという商品として爆発的なヒット商品となる。

　この、失敗と思われたはがれやすい接着剤は、まさに偶然や失敗を逃がさずに大ヒット商品につなげた好例である。

317

アイデア増量メソッド

　前項では創造的思考の実践的な４つのポイントを述べた。創造的思考の基本はいかにアイデアを創出するかについて、**まずは質よりも量を重視**する。

　空気中の水蒸気が冷えて雨粒になるとき、核となる小さな物質が必要であることが知られている。アイデアもそうである。アイデアとして結実するには、きっかけとなる種が必要である。この種が多ければ多いほどアイデアの量も増加する。そこで、**アイデアの種を常にたくさん持ち合わせているかが大切**になってくる。

　そのためには、普段から新聞・雑誌などを読み、情報取得のアンテナを張っていることである。また、アイデアを必要とする状況・立場に自分を追い込み、探し求めているものを具体的に設定し、常に考え続ける姿勢も大切である。

　本項では、アイデア量を増加させる手法を２つほど紹介する。

❶ブレーンストーミング

　「ブレーンストーミング」は、複数のメンバーが集まって、アイデアを出し合うポピュラーな方法である。略してブレストともいう。テーマを設定して、すぐにでも始められる利点がある。この手法についてはご存知の方も多いので、進め方のポイントをざっと触れる程度にする。

●ブレーンストーミングする内容を明確にする。単なる談笑に終わって

イメージを抜本的に広げる「創造的思考」（クリエイティブ・シンキング）

は時間の無駄である。なかには、ブレーンストーミングにはふさわし
くない内容もあるので注意する。

● 自由に発言できる場や雰囲気で行なう。司会進行役はもちろん、各メ
ンバーも雰囲気や空気を大切にしなければならない。必ずしも会社の
会議室である必要はない。公園など戸外でもよい。

● 各メンバーはできるだけ、いろいろな関係部署やいろいろな専門を持
つ人たちから構成されているのが望ましい。ひとつの問題について多
面的な角度からの発言やアイデアが期待できる。同じ所属部署の上司・
部下の関係にある人たちは自由な発言ができない可能性があるので、
同席は避けたほうがよいかもしれない。

● ブレーンストーミングの基本中の基本であるが、他人の意見を批判し
ないことである。突拍子もない意見も大歓迎である。そこから大きな
発見が生まれるかもしれない。

❷ SCAMPER

　ブレーンストーミングは複数のメンバーで行なうが、「SCAMPER」
は、個人ベースでも行なえるツールである。SCAMPER はアレックス・
オズボーンによって提唱され、以下の7つの頭文字を集約している。新
商品やサービスを創出する際、**既存の商品・サービスからいろいろな方
向性を誘発する有用なツール（チェックリスト）**である。

- ● Substitute（別のものに換える）
- ● Combine（結び付ける、組み合わせる）
- ● Adapt（応用・適用させる）
- ● Modify（修正する）
- ● Put to other purposes（他の目的に使用する）
- ● Eliminate（取り除く）
- ● Rearrange、Reverse（並べ替え、または逆にする）

319

商品やサービスの様々な属性の中で SCAMPER の対象となるか、ならないかの例を次ページの図表 9 - 2 にまとめた。

　例えば、1,000 円カットの QB ハウスは理容業界で画期的なビジネスモデルを展開している。SCAMPER の観点から内容を確認してみよう。

- Substitute（別のものに換える）
  ・散髪した毛の除去は、洗髪（シャンプー）からエアーウォッシャーへ換えた。
- Combine（結び付ける、組み合わせる）
  ・従来の理容サービスに機能性、効率性を結び付けた。
- Adapt（応用・適用させる）
  ・作業場所にシステムユニット化を適用した。
- Modify（修正する）
・散髪時間を、従来の 1 時間程度から 10 分へ短縮した。
・価格は業界平均で 4,000 円程度のものを 1,000 円という低価格にした。
- Put to other purposes（他の目的に使用する）
・交通信号機を QB シグナル（混雑度、待ち時間度合い）として使用した。
- Eliminate（取り除く）
  ・洗髪（シャンプー）、ドライヤー、ひげ剃り、会話サービスは除去した（その結果、散髪時間の短縮が実現できた）。
- Rearrange、Reverse（並べ替え、または逆にする）
  ・従来の理容サービスは時間とお金がかかり過ぎる。これに逆転の発想を適用してみた。

イメージを抜本的に広げる「創造的思考」(クリエイティブ・シンキング)

〈図表 9 − 2〉

		S 置換	C 組合せ	A 応用適用	M 修正	P 他の目的	E 除去	R 並べ替え
商品属性	商品	○	○	○	○	○	○	○
	価格	−	−	○	○	−	−	−
	部品（パーツ）	○	○	○	○	−	○	−
	デザイン・色など	○	○	−	○	○	○	−
	ブランド	−	−	−	○	−	○	−
	機能	○	○	○	○	○	○	−
	使用目的	−	○	○	○	○	−	−
	購入者（顧客）	○	○	○	○	−	−	−
	市場	−	○	○	○	−	−	−
サービス属性	サービス	○	○	○	○	○	○	○
	価格	−	−	○	○	−	−	−
	プロセス	○	○	○	○	−	○	○
	手順	○	○	−	○	−	−	○
	ブランド	−	−	−	○	−	○	−
	適用目的	−	○	○	○	○	−	−
	購入者（顧客）	○	○	−	○	−	−	−
	市場	−	○	−	○	−	−	−

思考プロセスを「見える化」する

前項ではアイデアを増量する重要な手法を2つ述べた。増量させたアイデアは頭にしまっておくだけではもったいない。**画期的ですばらしいアイデアは、「見える化」、すなわち出力（露出）させることが大切**である。

ここで、創造的思考と入力・出力の関係をざっと概観してみよう。通常、本や情報の入力を基に思考することも多いが、思考の結果は、

入力 → 思考（頭脳）

のように頭に入ったままにしておくことが多い。これでは忘れてしまうこともあるが、せいぜい、本に線を引くか、ポスト・イットを貼るか、新聞なら必要箇所を切り抜いてスクラップにするかなどで忘却を食い止める程度であろう。

思考の結果、特に重要であればあるほどメモなどを出力することが重要になってくる。すなわち、以下のパターンである。

入力 → 思考（頭脳）→ 出力

まさに、思考のたびに「ちょっとメモをとる」のである。

さらに、図表9-3のように、出力させた後、さらに入力を連続的に行なうことで、思考の創造性が加速してくる。

〈図表9－3〉

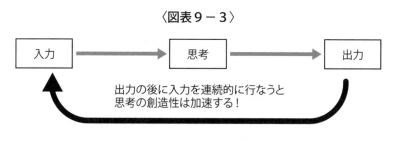

思考の創造性をさらに加速させるには、図表9－4のようにしてはいかがだろうか。

〈図表9－4〉

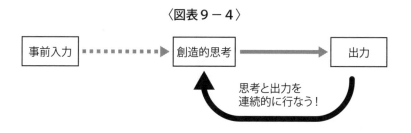

すなわち、事前に必要な情報は頭に入力しておくが、**思考と出力を連続的に行なうようにするのだ。**その都度、**入力する必要がないため、創造思考と出力が連続的、効率的に循環するようになる。**この現象は第10章のシステム思考で触れるが（→334ページ）、**拡張フィードバックループ**を形成することを意味している。

図表9－4のようなパターンが形成できれは、出力をしながら創造的思考を深めていくパターンになる。創造的思考の出力の重要性を認識していただきたい。

❶アイデア手書き・メモ

まずは、**思考のたびに「ちょっとメモ」する**ことを勧めたい。まだ言

葉にならない混沌（こんとん）としたイメージ状態であっても、紙の上に自由に手書きしてもよい。書き出しているうちに、次第にイメージを言葉として表現できるようになる。

言葉に表現できるようになったら、今度はパソコンを使用してもよい。最初はキーワードの羅列でもいい。羅列したキーワードの点在したものが次第に線で関連付けられるようになり、思考が点から線へ、そして面へ、最終的には3次元的構造へと進化していく。

いうまでもなく、パソコンによるメモ書きのメリットは、その場でアイデアが尽きたらファイルを保存しておき、後で自由に追加や編集が可能な点である。

具体的にはテキスト入力ができるメモ帳やWordなどテキストエディタを使用する。書くスペースが制約を受けたくないのであれば、Excelが適当である。Excelは、表計算だけに使わずに広い作業領域を取れるテキストエディタとして活用してみよう。

パソコンを使ってメモする場合のノウハウはいろいろあるが、基本は各自で使いやすい手法で行なえばよい。しかし、あくまでもアイデアをメモするのがメインであって、パソコンは道具であることに注意いただきたい。パソコンを使用することで、アイデア創出に支障をきたすようでは本末転倒である。

❷マインドマップ®

トニー・ブザンが提唱したマインドマップ®は、メインテーマを設定し、**放射状にイメージを拡散・展開させていくツール**である。心の地図、思考の地図といえる。まさに創造的思考の拡散的イメージを実現するには適当なツールである。その知名度は着実に広がっている。

マインドマップ®は脳細胞をイメージさせる。脳細胞は全方位にニューロンといわれる神経細胞を伸ばし、シナプスといわれる接合部でつながっている。情報はシナプスを通じて脳細胞間で伝達していくが、

イメージを抜本的に広げる「創造的思考」(クリエイティブ・シンキング)

このイメージはまさにマインドマップ®と類似している。

マインドマップ®を展開する際のポイントとして、以下が考えられる。

● 図(紙)の中心に設定したメインテーマを描く。
● メインテーマから連想するアイデアのキーワードを放射状に、階層的に描き、関連するアイデア同士は線で結ぶ。ここで重要なのは論理思考とは異なり、アイデア同士は MECE である必要はない点だ。まさに思考のおもむくまま自由奔放に描いてほしい。
● アイデアが出尽くしたと思ったら、マインドマップ®は完了である。
● マインドマップはテキストだけでなく、図やイラストなどを入れることが大切である。これにより創造的思考は活性化してアイデアが一層増量する可能性がある。

マインドマップ®は本来、ペンで紙の上に描くものであるが、パソコンツールで描くことも可能である。例えば、MindManager® や FreeMind が知られている。FreeMind はフリーソフトである。

データサイエンティストとは

　本書では、データに関する様々な定量分析や定性分析の手法を述べた。最近は、データを分析する手法はデータサイエンスなる言葉で脚光を浴びるようになった。

　そのデータサイエンスを研究したり、ビジネスとして生業する専門（プロフェショナル）集団こそ、「データサイエンティスト」と呼ばれる。

　一般社団法人データサイエンス協会によるとこの「データデータサイエンティスト」に要求されるスキルは、次のように3分類されるという。

①ビジネス力：課題背景を理解した上で、ビジネス課題を整理し、解決する力

②データサイエンス力：情報処理、人工知能、統計学などの情報科学系の知恵を理解し、使う力

③データエンジニアリング力：データサイエンスを意味する形に使えるようにし、実装、運用できる力

　本書では、主に②に関して述べてきた。これらの手法は、伝統的な統計手法に基づいている。

　しかし、「データサイエンティスト」と認定されるには、機械学習や深層学習（ディープラーニング）など人工知能の分野で開発された手法についても理解・活用し、さらに、①のビジネス力や　③のデータエンジニアリング力も要求される。つまり、与えられたビジネス課題を整理・理解し、様々な分析手法のうちどの手法が最適な効果を生むかを判断する。そのためには、単に様々な分析手法を理論的に通じているだけではなく、実際に言語などを使って実際のデータを分析して効果を確認し、この手法がベストと判断すればシステムに実装・運用してビジネスとして価値を創造できるか否かの局面へシフトする。

　この「データデータサイエンティスト」と呼ばれる専門集団、この域に達するにはハードルが高いものになるかもしれない。しかし得られたデータが何を物語っているのかを真摯に分析・解明しようと取り組む姿に、魅力ややりがいを感じる人も少なくないだろう。

複雑な因果関係を解明する「システム思考」

システム・シンキング

「因果ループ図」を理解しよう

　本項では、システム思考で定性分析を行なうのに不可欠なツールとされる「**因果ループ図**」を説明する。因果ループ図のルールを理解し、因果ループ図を読んだり書いたりすることで、システム思考は身近なものになるだろう。その結果、高度な定性分析を自分のものにできるだろう。

1. 因果関係とは

　システム思考は**因果関係**の認識から始まる。2つの要素であるAとBの間に「因果関係がある」とはどういう意味であろうか。Aが原因となってその結果Bが起こることである。

　この関係を、因果ループ図では、

A（原因）➡ B（結果）

と表わす。何も難しい表現ではない。

　因果関係があるということは、正確には**3つの条件**を満たす必要がある。その1つめは次の通りである。

【因果関係の1つめの条件】
AとBの間には時間的な隔たりがあって、AはBより時間的に前に生起する。

　具体的に、いくつかの例で示そう。

■「残業➡疲労」という因果関係

　これは、残業した結果、疲労感がたまる、という因果関係を示す。原因が残業で、結果として疲労という意味である。これを時間的経過で示すと、図表１０－１のようになる。これは残業の後に時間的な経過が経ってから疲労が生起していることを示す。

〈図表１０－１〉

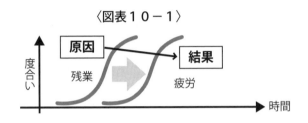

　図表１０－１では、因果関係がある残業と疲労を時間的経過のグラフで示したが、見方を変えて残業と疲労の２つの関係を表わしてみよう。残業と疲労の相関関係がどうなるかを考えてみる。

　例えば、従業員を１０人ほど選んで、残業時間と疲労の度合いを調査し、プロットしていくと、図表１０－２のような結果が得られる。これは残業が多くなれば疲労も増すという右上がりの傾向、すなわち正の相関を示している。

〈図表１０－２〉

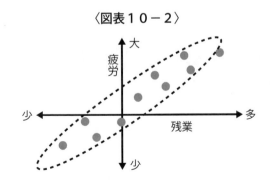

図表１０−３では、取得休暇数と疲労の場合では、休暇数が多くなれば疲労も減ってくるので負の相関を示す。

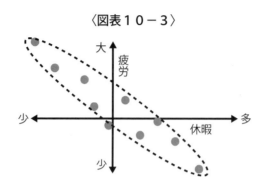

〈図表１０−３〉

このことから次のことがわかる。

【因果関係の２つめの条件】
２つの要素に因果関係があれば、正か負はともかく、なんらかの相関関係がある。

　２つめの条件は、２つの要素間に時間的経過は問わなかったが、１つめの条件では厳密な条件として課している。

　また、３つめとして次の条件を満たす必要がある。

【因果関係の３つめの条件】
Ｂの原因は、Ａ以外にない。

　具体的に、いくつかの例で示そう。

■「店のサービスが良い➡店の評判が良くなる➡顧客が増加➡売上が増加」という因果関係

ある店のサービスが良いとする。口コミやブログなどで、その店の評判が良くなり、結果として客がどんどん増えて、店の売上高がアップするという因果関係である。これは複数の要素による直線的な因果関係を示している。これも時間的経過を図表10－4で示す。

〈図表10－4〉

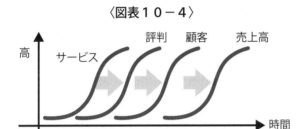

■「勉強する➡成績が向上する➡先生や親からほめられる➡やる気が出る➡勉強する」という因果関係

一般的に学生が勉強すると成績がアップし、先生や親からほめられる。その結果、やる気が高まり、ますます勉強に励むといった好循環を意味している。やる気が出た結果、勉強することを加速するというループを形成している（→図表10－5）。

社会人のケースだと、仕事の成果が出ると上司からほめられて、ますます仕事に精を出す、というループと同じである。

〈図表10－5〉

2. 因果ループ図

ここでは「因果ループ図」を構成する3つの基本概念を説明する。この意味を理解すれば、因果ループ図はほとんど制覇できたと考えてよいだろう。

❶因果関係の矢印（リンク）

因果関係を説明した際に、「残業➡疲労」の場合では、残業を多くすればするほど疲労の度合いも増すという正の相関関係があることを述べたが、この場合は図表10－6のように、**矢印（リンク）**の横に「＋」を入れる。これは残業が少なくなれば疲労度も減ることも意味しており、すなわち2要素の増減が同じ傾向であることを意味する。

〈図表10－6〉

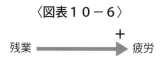

一方、「取得休暇→疲労」の因果関係を考えてみると、有給休暇などを十分に取れば疲労の度合いも減って、逆に、休暇の取得が少なくなれば疲労度も増すことも意味する。すなわち2要素間に負の相関関係があることを示し、図表10－7のように「－」を矢印の横に入れる。2要素の増減傾向が互いに逆向きであることに注意してほしい。

〈図表10－7〉

因果関係の矢印に「＋」や「−」をつける際、その意味を混乱しないようにしてもらいたい。繰り返すが「＋」は原因が増加（減少）すれば、**結果が増加（減少）**することを意味する。すなわち、**原因と結果の増減傾向が同じ**である。

一方、「−」は原因が増加（減少）すれば、結果が減少（増加）する、すなわち**原因と結果の増減傾向が逆になる**ことを意味する。

また、因果関係の原因と結果の名前づけであるが、図表１０−７では、原因が残業で、結果が疲労であったが、**因果ループ図に慣れないうちは図表１０−８のように、残業の増加や疲労の増加など、要素の名前に増加や減少までつけてしまいがちである**。意味を混乱してしまう可能性もあるので、名前にはなるべく付けないほうが望ましい。

〈図表１０−８〉

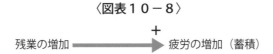

例えば、図表１０−８では、残業の増加が増加傾向であれば、疲労増加が増加傾向になる。また、残業の増加が減少傾向であれば、疲労増加も減少傾向になる、と理解はできても冗長であろう。注意したい。

❷時間遅れ

因果関係では、原因が結果に対して時間的に後に影響を与えるが、このタイミングが瞬時か、または明らかな時間の遅れを伴うかをきちんと区別する場合、**「時間遅れ」があることを因果ループ図で明示する必要がある**。

図表１０−６（前ページ）では、残業した結果、ほぼ瞬時に疲労の増加が起こる場合であった。ところが、残業しても時間遅れがあって数日

後に疲労増加が起こる場合には、それを強調して示すため、図表１０－９のように示す。

〈図表１０－９〉

　時間遅れが何時間以上になったら因果ループ図に明示するというような明確な基準はない。あくまで、時間遅れがあることを明示することが分析の重要なポイントと判断した場合は、「因果ループ図」で時間遅れを記号で示すことにする。

❸ループ

　332ページの図表１０－６のような因果関係を示す矢印が閉じて、ループを形成している場合がある。これを**フィードバックループ**と呼ぶが、以下のように２種類ある。

①拡張フィードバックループ
　次ページの図表１０－１０のように、仕事を多くすることで業績が上がり、これが評価されてますます仕事を頑張るといったループは、仕事をますます増大していく性質を示すため、「**拡張フィードバックループ**」と呼ぶ。
　拡張する（増強する）という英単語「Reinforce」から、ループ内に太字「**R**」で示すこともある。

〈図表10-10〉

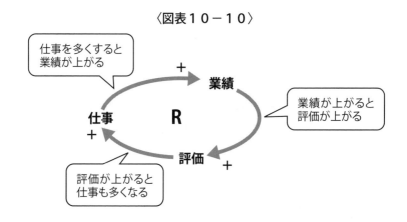

②バランスフィードバックループ

　一方、図表10-11では仕事をやり過ぎると疲労がたまってきて、仕事の効率を低下させる。その結果、仕事を減らさざるを得ない状況になる。一方で、仕事が減ると疲労も減って効率が上がり、今度は仕事が増える。

　この場合、仕事量は一方的に増加や減少するのではなく、疲労や効率を調節しながら増減し、ある平衡状態に向かう性質を示す。このことを**バランスフィードバックループ**と呼び、平衡という英単語「Balance」からループ内に太字「B」で示す。

〈図表10-11〉

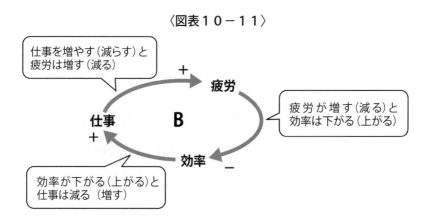

さて、前ページの図表10－10と図表10－11で、矢印（リンク）についている「－」の数に注目してほしい。図表10－11では1個、図表10－10では0個である。

実は、「－」の数が奇数個であれば、バランスフィードバックループを表わし、0個（ない）か偶数個であれば、拡張フィードバックループを表わす。数学的には、「－1」を奇数回かければ「－1」になり、「－1」を偶数回かければ「＋1」になることからもイメージできるだろう。

例えば、図表10－11に、休憩・休暇という要素を入れてみよう。仕事が増えれば、多くの休憩・休暇の取得が必要になって、これは疲労を軽減する。その結果、仕事の効率は回復して仕事量も回復してくるというように、今後は拡張フィードバックループに変化する。図で表わすと、図表10－12のように、「－」の数は2個、すなわち偶数個になる。

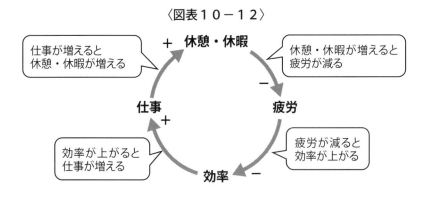

〈図表10－12〉

3. 直線的矢印（リンク）とループの違い

さて、ここまでくると、因果ループ図の理解がだいぶ進んだことであろう。改めて直線的な矢印（リンク）とループとの違いを、ここでは事例を用いてイメージしてもらおう。

複雑な因果関係を解明する「システム思考」(システム・シンキング)

　金利の単利と複利はご存知であろう。実は、単利は直線的矢印（リンク）のイメージで、一方、複利はループのイメージと考えてもらうとわかりやすい。

　例えば、ある金融機関に元金100万円を預金したとする。今時考えられないが、イメージの違いを強調するために1年間の金利（年利）を20％とする。それぞれ単利と複利での、利息と元利合計（元金＋利息）はどうなるかをみてみよう。
　単利では、図表10－13のように表わせる。利息は元金のみにかかり、1年後（という時間遅れで）、利息が得られる。

〈図表10－13〉

　単利で、利息と元利合計を10年後まで計算した結果を図表10－14に示す。

〈図表10－14〉

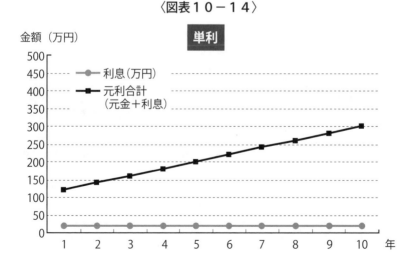

337

一方、複利では、図表１０－１５のように表わせる。単利では元金からのみ利息を生み出すが、複利では元利合計（＝元金＋利息）から利息を生み出す。つまり、複利では、利息が元金と加算されて元利合計としてさらに利息を生み出すループを形成する。

〈図表１０－１５〉

　複利の場合も、利息と元利合計を10年後まで計算した結果を図表１０－１６に示す。

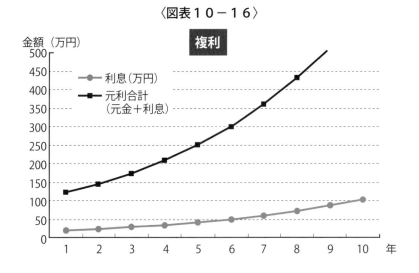

〈図表１０－１６〉

複雑な因果関係を解明する「システム思考」（システム・シンキング）

　これらの結果から、337ページの図表１０−１３の単利では、利息は元金に加算されずに、一方で、図表１０−１５（前ページ）の複利では、利息は元金に加算される拡張フィードバックループのイメージである、ということが理解できたであろう。

　単利では、利息は元本の一定レート（年利）であるため、当然一定値である。元利合計も一定値（利息）が毎年加算されるので、直線的に増加していく。数学的には「線形である」という。上流から下流に向かって一定の割合で流れていくイメージだ。当然上流での流れる量が多ければ下流へも多く流れるが、あくまで一定の割合である。

　一方、複利の場合は、利息は徐々に鎌首（かまくび）をもたげているイメージである。10年以上のグラフを示すとさらに増加する割合が高まっていく。

　増加する割合は、数学的には微分係数で定義する。この微分係数がどんどん大きくなってグラフでは指数関数的な増加を示す。これを非線形ともいう。非線形は一般的に複雑な動きをする。直線的矢印（リンク）では線形であったが、ループは非線形となることを理解していただきたい。

　因果関係が複雑に絡み合って時間的変化が早い経済や社会現象は、実は非線形の動きを多く含む事象である。システム思考は非線形の動きを理解するのにとても役立つ。つまり、経済や社会現象にシステム思考を適用することにより、高精度な定性分析を行なうメリットを見出すことができるのである。システム思考の強さの源泉はまさにこのメリットから発するのである。

システム思考の
「定型3パターン」を押さえよう

　第7章で、システム思考は因果関係が複雑に絡み合って時間的にも動的（ダイナミック）に変化する問題分析に適していることを述べた。このような問題を表現するには「因果ループ図」が適しており、因果ループ図の読み方や書き方もすでに説明した。

　因果ループ図をマスターして、頭の中で混乱状態になっている問題があればぜひ因果ループ図で表現し、「見える化」できるようにしてほしい。これによって問題の元凶が見えたり、絡み合った糸のどこから手繰っていけば解決策へうまくたどりつけるか、がわかってくる。

　本章では、まずは**「システム思考の5原型」**（システム5原型）を紹介する。このシステム5原型にはどのような特徴があるのか、どんな因果ループ図に表わされるのかを述べる。**実際の問題解決にシステム思考を適用する場合、システム5原型の中のどれにもっとも近いかを考え、そこから問題解決に向けた第1歩としていただきたい。**

　システム5原型とは、①応急処置の失敗、②問題の先送り、③エスカレーション、④成功が成功を加速、⑤成功の限界、である。これらシステム5原型は、バランスフィードバックループと拡張フィードバックループの特徴から、「3つの定型パターン」（定型3パターン）に分類できる。

　システム5原型と定型3パターンとの関係は後で触れることにする（→353ページ）。まずは、システム5原型の概要を述べる。

複雑な因果関係を解明する「システム思考」（システム・シンキング）

1. システム 5 原型

❶ 応急処置の失敗

　虫歯で歯痛を起こして、応急処置を施した経験をお持ちの方は多いだろう。仕事で忙しくて歯医者に行けない場合は痛みどめを服用して応急処置で済ませてしまうことも多い。しかしこの対処では、虫歯の痛みは一時的には止められるが、根本的な治療ではない。いずれは歯医者でしっかりと治療する必要があるだろう。

　このような問題では、まずは一時的にせよ問題の進行を止める処置をする。そして応急処置や対症療法を施しながら原因を究明し、根本的な是正処置を行なって問題を終結させるのが一般的である。ところが、この応急処置で問題が沈静化してしまったと錯覚し、「これ幸い」と気が緩んで根本的な治療をサボってしまうと、思わぬ副作用、しっぺ返しを食ってしまう。事例を考えながら、原因を探っていきたい。

─ 適用事例 ─

　システム開発企業 K 社が顧客へあるシステムソフトを納入したとする。受注価格が良かったため、短納期であったがかなり無理して受注した案件である。しかし開発期間が短いため、K 社は十分に出荷前テストしないまま、顧客へ開発したソフトを納入してしまった。

　顧客もシステム導入を急いでいたため、納品後すぐにシステムを稼動させたが、すぐに不具合が検出された。しかしこの顧客は、今回納入したソフトを組み込んだシステムを停止するわけにはいかないため、K 社の SE（システムエンジニア）は、不十分と思われる部分のソフトだけを暫定的に入れ替えた。すなわち応急処置を行なった。

341

不具合は一旦解消され、システムは問題なく動き出したかのように見えた。ところが、間もなくシステムが次第に仕様通り機能しなくなり、以前にも増して致命的なエラーを起こすようになった。ついにシステムダウンを起こし、システムが全面停止に至った。

システム開発企業K社のSEが応急処置で入れ替えたソフト部分が、他へ悪影響を及ぼしたため、システム全体に波及して最悪の事態になったと考えられる。

この「**応急処置の失敗**」を因果ループ図で表わしてみよう。
まず応急処置を行なうと、問題が一時的にせよ沈静化する。この状態を図表１０－１７で示す。

問題が起こって応急処置を施すことで、一旦は問題を沈静化できる。沈静化した問題に対して応急処置も減ってくるがその結果、問題がまた起こるといった、２つの要素がお互いの動きをけん制しあう動きとなって、結局は平衡が保たれ、**バランスフィードバックループ（Ｂ）** を形成している。

〈図表１０－１７〉

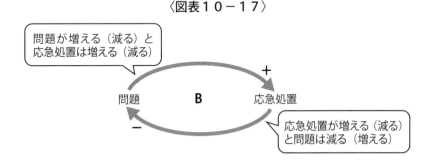

図表１０－１７のままで続くのであれば問題はないのだが、応急処置に甘んじていると、応急処置から副作用（side-effect）、すなわち悪影響が及ぶようになる。実は、起こった問題を増長させる**拡張フィード**

バックループ（R）が形成されるようになったのである（→図表１０−１８）。

その結果、沈静化するかに見えた問題が、逆に刺激されて活火山に転ずるようになる。応急処置は、あくまで応急処置に過ぎないことを肝に銘じて欲しい。

〈図表１０−１８〉

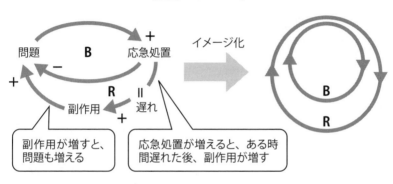

❷問題の先送り

先ほど、応急処置の後には根本から治す治療が必要であることに触れた。「応急処置の失敗」では、応急処置によって予想外の結果がもたらされ、問題を悪化させた。応急処置では一時的にせよ、うまくいけば応急処置だけで済まそうとする怠慢な気持ちに甘んじてしまう危険性があり、結局は応急処置だけに時間を費やし、根本的な対策を行なう時間が取れない事態になってしまう。これが、**「問題の先送り」**である。

この状況を因果ループ図で表わそう。図表１０−１９（次ページ）では、応急処置を施した後に、根本的対策が併用されて問題は沈静化され、結局は落ち着いた状態になることを表わしている。

〈図表１０−１９〉

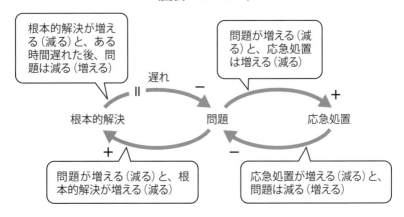

　図表１０−１９では、バランスフィードバックループ（Ｂ）が左右２つあって、応急処置の短期的対策（右側）と根本的解決の中長期的対策（左側）が双方併せて、問題を押さえている格好である。

　図表１０−１９の状態は理想形であるが、やはり応急処置には危ない罠が潜んでいる。応急処置に頼ってばかりいると、応急処置からまた副作用が出て、今度は根本的対策へ悪影響を及ぼすようになる（→図表１０−２０）。

〈図表１０−２０〉

図表１０－２０では、左右のバランスフィードバックループ（Ｂ）の下に、拡張フィードバックループ（Ｒ）が生成されるようになる。このループは、**応急処置によって生じた副作用が問題の根本的解決に悪影響を及ぼすことを意味する**。そのため、根本的解決へのウエイトが下がり、問題が解決しないまま応急処置に走ってしまうといった悪循環に陥いるのである。

「応急処置の失敗」「問題の先送り」ともに、応急処置から副作用が発して、結局は問題全体を悪化させているというパターンである。
「応急処置の失敗」「問題の先送り」両パターンからの教訓は何であるか、もうおわかりであろう。**「応急処置に甘んずるな！　早急に根本的解決策に切り替えよ！」** である。応急処置という、付け焼刃的療法は本当に毒となる。

❸ エスカレーション

物事がエスカレートするとは次のような状態をいう。例えば、Ａ、Ｂがいて、２人とも比較的、熱くなりやすい性格の人とする。ＡがＢの悪口を言ったら、まさに「売り言葉に買い言葉」、頭に血が上ったＢは、Ａにお返しに悪い言葉を投げかける。これを受けたＡもさらにエスカレートさせていく、というような状態である。

ビジネスにおいては、例えば、駅をはさんで隣同士の家電量販店の値引き合戦が考えられる。同機種のデジタルカメラをＡ店が 39,800 円の値段をつけたら、これを知ったＢ店は 36,800 円に下げる。これを聞いたＡ店はさらに値引いて、35,800 円……と際限なく値引きが繰り広げられるのである。

この「**エスカレーション**」という現象を、Ａ、Ｂという人の例で整理してみる。Ａは自分の行動によって実績を上げることで、Ｂへの脅威を増加させる。脅威を感じたＢはＡへの対抗策として、ある行動に走るだ

ろう。Bのこの示威行動がAへ脅威を刺激して、AがBへの示威行動をさらにエスカレートさせていく。これがエスカレーションの実態である。

このエスカレーションの現象を因果ループ図で表わしてみよう。結果は図表１０－２１の通りである。

〈図表１０－２１〉

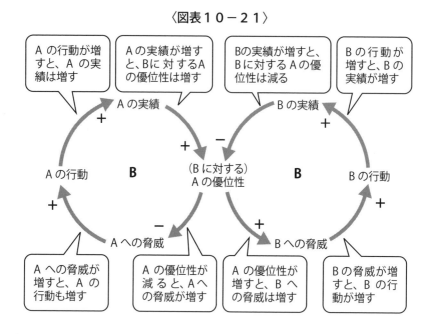

図表１０－２１は、実は次ページの図表１０－２２のような８の字を描くような流れになる（①→②→③→④→①→……）。

〈図表10-22〉

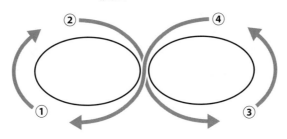

　図表10-21と図表10-22を対応させると、Aは行動によってある実績を得ると、Bに対する相対的な優位性が増す。これがBを刺激し、Bへの脅威が増す。そこでBはAへの対抗策としてある実績を得るように行動を起こす。この結果、Bに対するAの優位性が減じ、今度はAへの脅威が強まる。AはBに負けじとさらに行動を起こす。もはや際限のないループに陥ることになる。

　図表10-21からは、エスカレーションを示す因果ループ図では、左右それぞれ「-」の数が1個の奇数個であるため、2つのバランスフィードバックループがあることがわかる。
　バランスフィードバックループからは、平衡で落ち着くことをイメージするが、なぜエスカレーションという現象に転じるのか疑問であろう。ところが、図表10-22で示したように、**バランスフィードバックループが、②や④のようにクロスするような流れであるため、「-」の数が2個の偶数個になってしまう。すなわち、拡張フィードバックループが形成されて、結局はエスカレーションいう現象を引き起こすのである**（→次ページの図表10-23）。

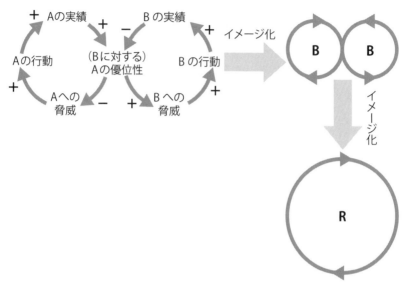

〈図表10−23〉

❹成功が成功を加速

「成功が成功を加速」というと、万事がうまくいきそうな感じも与えるが、実はそうでもない。

例えば、N氏がAプロジェクトとBプロジェクトをほとんど同時に担当することになったとしよう。N氏はできれば両プロジェクトを成功に導きたいが、現実的には資金や時間など資源が限られている。そこで、N氏は過去に実績があるAプロジェクトに自然に注力してしまう。その結果、Aプロジェクトは成功に至り、追加資金などを付与される。N氏はますますAプロジェクトに注力せざるを得ない状況になる。

一方、手薄になったBプロジェクトは成功から遠ざかり、追加資金からも見放され、ますます成功から遠ざかってしまう結果になる。

結局は両方のプロジェクトの成功は実現できずに、Aプロジェクトは勝ち組、Bプロジェクトは負け組とはっきりとメリハリがついてしまう結果になる。この状態を因果ループ図で示すと、図表10−24のよう

複雑な因果関係を解明する「システム思考」(システム・シンキング)

になる。

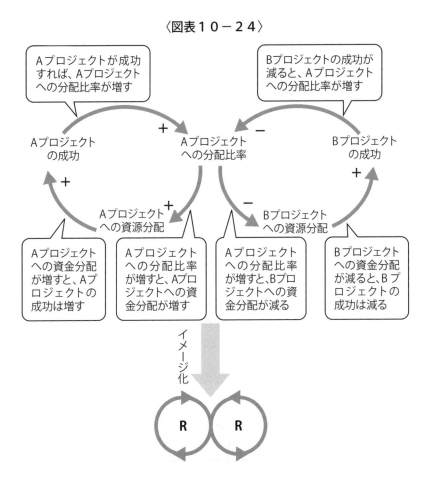

〈図表10-24〉

　図表10-24は、左右2つの拡張フィードバックループがあって、左側がAプロジェクトにおける「成功が成功を加速」している拡張ループで、一方、右側がBプロジェクトにおける「失敗が失敗を加速」している拡張ループを示す。真ん中にある、全体の資源をAプロジェクトとBプロジェクトに分配する比率が不均衡であるため、結果的に両プロジェクトの成果に格差やひずみが生じたのである。

❺成功の限界

今で説明してきた4つの原型は、成功するかしないかどちらか一方へ拡大していく状況を示していた。「**成功の限界**」では成功か失敗いずれにせよ、時系列では、拡大が止まってしまう状態になる。

図で理解すると次のようになる。まずは「応急処置の失敗」「問題の先送り」「エスカレーション」は図表10−25aのようになる。次に「成功が成功を加速する」は図表10−25bのようになる。そして「成功の限界」は図表10−25cのようなイメージとなる。

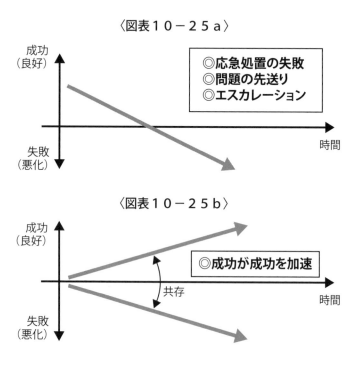

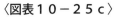

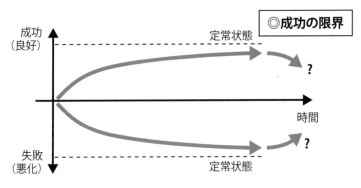

〈図表10−25c〉

「成功の限界」は当初、成功し拡大し続けると思われた事態が、あるタイミングでブレーキがかかる制約が生じるのが原因である。ブレーキがかかった結果、ある定常状態に落ち着く（停滞）こともあるが、ブレーキの状態いかんでは下降（上昇）に転じることもあり得る。

この状況を因果ループ図で表わすと、図表10−26のようになる。

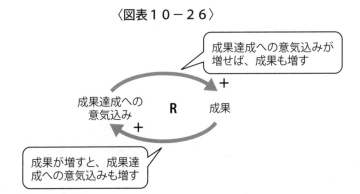

〈図表10−26〉

図表10−26は成果達成へのモチベーションがあって成果が上がり、この結果ますます成果達成への意気込みが盛り上がる拡張フィードバックループを示す。ところが、図表10−27（次ページ）では、あ

る制約によって今度はバランスフィードバックループが生じ、成果へブレーキがかかるようになる。すなわち、成果の上昇が鈍って、停滞へ転じるようになる。

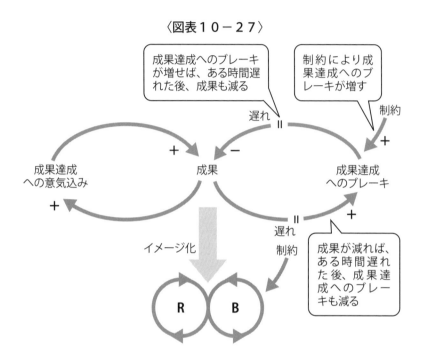

〈図表１０−２７〉

「成長の限界」では、制約が生じなければいつまでも成長を続けられるが、制約は必ず生じるものだろうか。人間の能力は鍛えれば20代、30代以降も伸びていくかもしれない。しかし加齢という過程で、体の面で徐々に老化という制約を受けてくる。その結果、個人差はあるにせよ、ある年齢に達するとトータルな能力面で停滞、さらにこれ以降、下降曲線を辿ることになる。

　企業も同じで、創立からある期間は成長を続け、組織は大きくなっていく。組織も若く成長過程にあるうちは意思決定もスピーディに行なわれフットワークもよいだろう。しかし、成長組織が肥大化するにつれて

外部環境が読めなくなって動きが悪くなる。成長が限界を迎え、次第に企業経営が行き詰まってくる可能性が出てくる。

このように、制約は成長過程からすでに兆しが出ていることもある。しかし成長過程にあって制約に気づくのはなかなか困難であろう。制約の問題をどう対処すべきか、次項で触れることにする（→ 355 ページ）。

2. システム 5 原型と定型 3 パターンの関係

今まで述べたシステム 5 原型は、バランスフィードバックループと拡張フィードバックループの特徴から、以下の 3 つの定型パターンに分類できる。

❶悪化パターン

因果ループ図では問題を解決するためバランスフィードバックループを作用させたが、結果的に拡張フィードバックループができてしまい、そのために問題を悪化させてしまうというパターンである。悪化パターンには、次の 3 つのシステム原型が該当する。

「応急処置の失敗」では、応急処置をして問題が沈静化したように見えたが、時間遅れの副作用が生じて、結果的に問題が悪化してしまう。

「問題の先送り」では、応急処置をしてさらに根本的な対策も併せて行なったが、応急処置ばかりする事態に陥って、根本的な対策が手薄になる影響が出てくる。結果として問題解決には至らず、状況は悪化の一途を辿ることになる。

「エスカレーション」は、バランスフィードバックループが 2 つ作用し合って問題なさそうに見える。しかし、A が行動を起こすと A は安心して行動は沈静化するが、一方 B にとっては A の行動は脅威に感じて B 自身行動を起こすことになる。これを察知した A も脅威を感じて行動を起

こすといった一連の拡張フィードバックループが作用する。

❷格差パターン

「**成功が成功を加速**」が該当する。成功を達成するため、拡張フィードバックループを作用させたが、別の拡張フィードバックループが生成してしまうことになる。これが「成功が成功を加速」とは逆の悪い影響を与えてしまうことになる。結局、「成功が成功を加速」とは別に「失敗が失敗を加速」を共存させる結果になって、格差が生じてしまうパターンである。

❸停止パターン

「**成功の限界**」が該当する。成功を勝ち得るため拡張フィードバックループを作用させたが、制約が生じてこれがバランスフィードバックループを作用させて、成功が停止してしまうパターンである。なぜ、制約が生じたか、制約が生じることを回避できなかったのかが、次の検討課題となる。本項で述べてきたことを、図表１０－２８にまとめる。

〈図表１０－２８〉

定型3パターン	5原型	因果ループ図の特徴
悪化パターン	応急処置の失敗 問題の先送り エスカレーション	まずＢが作用する。しかし、結果的にＲが作用し、結果を悪化させる。
格差パターン	成功が成功を加速	まずRが作用する。しかし、別のＲが作用し、格差（成功と不成功）が生じる。
停止パターン	成功の限界	まずＲが作用する。しかし、制約によるＢが作用し、成功が停止する

※Ｒは拡張フィードバックループ、Ｂはバランスフィードバックループを表わす。

複雑な因果関係を解明する「システム思考」(システム・シンキング)

システム思考を
活用するための３つの視点

　前項では、システム思考の５原型と定型３パターンとの関係づけを行なった。これにより、因果ループ図の特徴的なパターンの分類づけができるようになった。

　現実の世界は複雑な因果関係を持ち、時間的にもダイナミックに変化している。現実の問題をこれらのパターンへ分類する際、分類が該当しないときもあるしれないが、なるべく近いパターンに分類して、そこから分析を始めるべきであろう。

　ここでは、今までの因果ループ図の定型３パターン（５原型）に基づき、３つの視点からシステム思考の活用ノウハウを説明する。

1. 大局を押さえる

　問題を分析していて非常に複雑な因果ループ図に遭遇することがあるかもしれない。その際、定型３パターン（５原型）のどれに分類できるか、または似ているかを見極め、細部にとらわれずに問題全体のパターンや動きを捉えることが重要である。まさに問題の大局を押さえることであり、これは定性分析の第一の特徴でもあった（→ 19 ページ）。

　大局的な見方をするには、まずループが形成されているかどうかに注目し、これがバランスフィードバックループか拡張フィードバックループのどれなのか、また起きている現象として拡張方向か徐々に平衡（飽和）状態に向かっているのか、に注意する。

　さらに、現実の問題について、悪い（良い）方向にどんどん向かっているのか、また今まで良かった（悪かった）状態が次第にある状態に落

ち着きつつあるのか、というように実際の状況を対応させることが**重要である**。

　そういった意味で、前項で述べた因果ループ図の定型3パターンとそれらに対応する現象の動きや特徴（システム5原型）を捉えておくことが望ましい。

2. ボトルネックを突き止める

「ボトルネック」とは、システム全体に重大な影響を与えている制約である。良い影響ならば問題はないが、悪い影響であることが多い。そもそもシステム思考で定性分析を適用する問題とは、変化が早く、複雑に絡み合った問題を対象にすることが多いので、ボトルネックを見つけることが重要である。

　さて、因果ループ図でボトルネックを見つけるには、次のように行なえばよい（→図表10-29）。

〈図表10-29〉

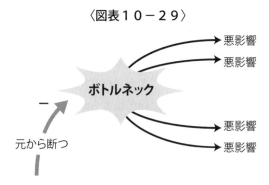

　図表10-29では、ボトルネックから悪い影響を及ぼしている因果関係の矢印（リンク）が数本示されている。矢印（リンク）は1本でもよい。ボトルネックから悪影響が放出しているイメージである。

　場合によっては、図表10-30のようなボトルネックがループを構成していることも考えられる。

複雑な因果関係を解明する「システム思考」(システム・シンキング)

〈図表10-30〉

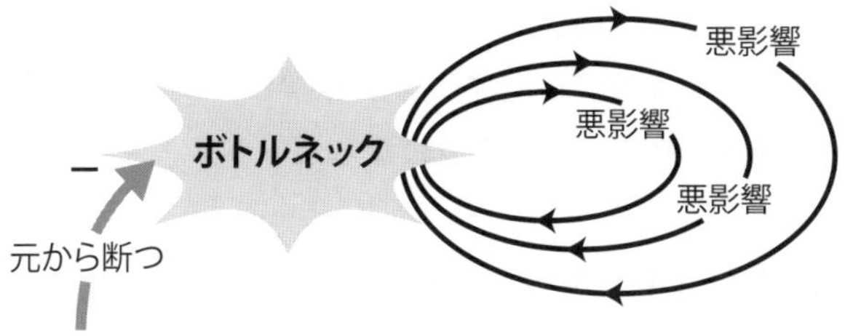

　見つけたボトルネックは放っておいてはいけない。できれば元から絶つとか、できなければボトルネックを沈静化させる何らかの対策を講ずるべきである。

　今まで述べたシステム5原型におけるボトルネックとその対策の要点を以下に述べる。

■「応急処置の失敗」のボトルネックとその対策

　ボトルネックは「応急処置」である。対策として、応急処置から根本的解決策への早期の切り替えをする。

■「問題の先送り」のボトルネックとその対策

　これもボトルネックは「応急処置」である。応急処置に頼った結果、根本的な対策を行なう時間が取れない事態になってしまう。意を決して一刻も早い、応急処置から根本的解決策への切り替えが必要であろう。

■「エスカレーション」のボトルネックとその対策

　ボトルネックは「他方への優位性」で、これが他方へ脅威を招く。双方の接触や干渉をなくすため、当事者同士の話し合い、また第3者の介入などが考えられる。

■「成功が成功を加速」のボトルネックとその対策

　ボトルネックは「資源分配比率の不均衡」である。資源は有限である

357

ため、偏った比率では、成功者（勝ち組）と不成功者（負け組）との格差が生じるため、格差適正な分配比率に設定する必要がある。しかし適正な分配比率をどのように設定すべきか非常にむずかしい問題である。政治や行政の領域まで含まれるようになるだろう。

■「成功の限界」のボトルネックとその対策

　ボトルネックは「制約」である。これが今までの成功にブレーキをかけてしまう。この制約を除去することが手っ取り早いが、困難であれば、制約の内容を弱めるなどの処置を行なう必要がある。

3. 好循環を加速させる

　ボトルネックへの対策を行なって、さらに好循環を形成している拡張フィードバックループを加速させることも重要である。図表１０－３１にそのイメージを示す。好循環要因の所在を突き止め、ここに好循環要因を強化するカンフル剤を投与することが必要である。

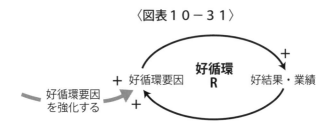

〈図表１０－３１〉

　このように因果グループ図からシステム思考を行なうには、まずは因果グループ図全体を見て大局を押さえること、次にどこがボトルネックで、どこが好循環を生み出しているかを突き止めることである。

　前者のボトルネックは沈静化させる対策を、後者は逆に好循環を強化させることが重要となってくる。

定性分析の「3つの思考」を
どう使い分けるか

論理思考を使う事例
〈みどり町商店街「豊年酒店」のケース〉

　この章では、いくつかの事例を紹介し、今まで述べてきた「論理思考」「創造的思考」「システム思考」のどれを適用するべきか、また思考法の具体的なツールとして何を使ったらよいかを考えてみる。紹介する事例の〈分析のアプローチ〉の思考プロセスを参考にしてほしい。その際、すぐに〈分析のアプローチ〉を読まずに、少しでも自分の頭で考えてから読むと効果的だ。ただし、解答を読み進めながら筆者の思考プロセスを追うだけでも十分にトレーニングになる。それでは事例に進もう。

　みどり町商店街にある老舗（現在の店主は4代目）「豊年酒店」の事例を考えてみよう。豊年酒店を取り巻く状況をいろいろ調査した結果、以下の情報が得られたので箇条書きにまとめてみる。

- みどり町商店街にある老舗「豊年酒店」は、酒類を専門に販売している小売店である。昔ながらのみどり町商店街も最近は空き店舗が目立つようになってきたが、近くには大きなマンションが立って若手の住民が増加している。
  豊年酒店の主な顧客は、商店街の固定客や地元の町内に住む一般客である。近くに大きな公園があり、公園内には桜の木が植えられ花見の時期には花見客で混み合って売上が一時的ながら増加する。また、公園では紙飛行機大会などイベントが時々行なわれ、豊年酒店の利用客も多い。
- 同じみどり町商店街には「万作屋酒店」があって、主に国産・輸入ワインや洋酒を扱っている。さらに公園の近くに最近できたスーパーマーケット、「スーパーG」がある。

〈ケーススタディ４〉定性分析の「３つの思考」をどう使い分けるか

- 万作屋酒店は、豊年酒店と酒類の商品アイテムがやや異なるため、特に競合関係にはない。
  一方、スーパーＧでは、食品・日常雑貨と同じ店内で酒類も買えるため、スーパーＧができてから、豊年酒店では一般客の売上は減少傾向にある。なお、スーパーＧでの酒類価格は豊年酒店とほぼ同じである。
- 豊年酒店は、初代店主の頃から付き合いのある造り酒屋からの直仕入れと大手酒卸からの仕入れを行なってきた。現４代目の店主もこれらの造り酒屋をできるだけ訪ねて親交を結び、仕入れの取引関係の優先・強化を図ってきた。造り酒屋の地酒やしぼりたてなど旬のスポット商品の仕入れも行なって販売してきた。
- 2003 年から酒類小売免許に関する規制緩和によって、スーパーマーケット、コンビニエンスストアで容易に酒を扱うことができるようになり、新規参入が容易になってきた。数ヵ月後にはこのみどり町商店街の近くに「ディスカウントストアＳ」ができ、駅前には「コンビニエンスストアＦ」もできる予定で、両店ともに酒類を扱うとの情報が入ってきている。特に、ディスカウントストアＳは、価格の面で豊年酒店より 10％ ほど安く、ビール１本からの無料宅配も行なっている。
- 最近インターネットで酒類を販売するいわゆるネットショップが増えている。
- 最近は健康・美容志向ブームで、生活習慣病予防など酒類よりもお茶やミネラルウオーターなど、健康ドリンクやスポーツドリンクにシフトする傾向が強まっている。特に若年者層や女性層を中心にこの傾向が強い。

上記の情報から、豊年酒店が今後どのような営業を展開すべきかを検討する際に、どの思考法、具体的にどのツールを使ったらよいだろうか。

分析のアプローチ

豊年酒店を取り巻く外部環境、この場合はいろいろな脅威や競争要因

を分析し、今後の対策や戦略を練るためには、「論理思考」で説明した5つの競争要因（5Forces）のフレームワークが適当であろう（→274ページ）。なぜなら、豊年酒店が置かれている状況が明確にわかり、競争力をどう高めるか、どのような戦略を打つべきかがみえるようになるからである。

　5つの競争要因（5Forces）とは、図表11－1で示すように新規参入業者、顧客（買い手）、競争業者（同業他社）、供給業者（仕入先）、代替品、の5つであった。まずはこれらの影響力（脅威度）を、現在の調査結果から、その概要を図表11－2に整理・分類してみる。

〈図表11－1〉

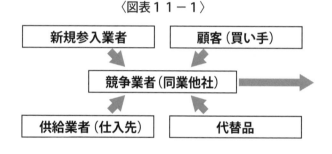

〈図表11－2〉

	調査結果（概要）
(1)新規参入業者	・ディスカウントストアS ・コンビニエンスストアF ・インターネット
(2)顧客（買い手）	・商店街の固定客や地元の町内に住む一般客 ・花見客（花見の時期） ・イベントでの利用客
(3)競合業者（同業他社）	・万作屋酒店 ・スーパーG
(4)供給業者（仕入先）	・大手酒卸 ・造り酒屋
(5)代替品	・健康ドリンクやスポーツドリンク 　（お茶、ミネラルウオーターなど）

〈ケーススタディ４〉定性分析の「３つの思考」をどう使い分けるか

　５つの競争要因（5Forces）を整理・分類するだけでは、単なる現状把握に過ぎない。これから一歩も二歩も詳細に分析し、5Forces それぞれの影響力（脅威度）のレベルやそれに応じた予測を立ててみる。なお、影響力（脅威度）は、特大、大、中、小、微小の５段階にランク付けすることにする。

■（1）新規参入業者

　①ディスカウントストアＳ
　②コンビニエンスストアＦ
　③インターネット

以上の３つが考えられる。

　2003 年９月から酒類小売免許に関する規制緩和が行なわれ、酒類を販売する小売店が増えてきている。実際には、数ヵ月後に酒類を扱う①、②ができる予定で、豊年酒店にとっては非常に脅威である。特に①は、価格の面で豊年酒店と比べて 10％ ほど安く、ビール１本からの無料宅配も行なうとの情報もあり要注意である。

　さらに、最近インターネットで酒類を販売するサイトが増えて、目に見えない新しい脅威も増加しつつある。

予測：2003 年９月から酒類小売免許に関する規制緩和が実施され、さ
　　　　らにみどり町商店街には近くに大型マンションも立って住民も増
　　　　加していることから、今後新規参入組が非常に多くなると予測さ
　　　　れる。
　　　　そして、インターネット販売も、目に見えないが、じわじわと豊
　　　　年酒店へ販売ダメージを与えると予測される。

脅威度：特大

■（2）顧客（買い手）

　①商店街の固定客や地元の町内に住む一般客

②花見客（花見の時期）

③イベントでの利用客

以上の３つが考えられる。

　①商店街の固定客は昔ながらの顧客で、販売には変化なく期待ができるだろう。しかし、地元の町内に住む一般客はいろいろな状況下で顧客になったり、他店へ流れたりと流動的であろう。

　②③に関しては近くの公園のおかげで、イベントや花見で一時的ながら売上げは上がるが、イベントに関しての積極的なPRは現時点では行なっていない。

予測：マンションの住民も含めた地元の町内に住む一般客に対して、競合業者や今後のいろいろな新規参入組が増えるにしたがいシェア争奪が行なわれ、現状のままでは顧客を奪い合うバトルの様相が高まる。

脅威度：大

■（3）競争業者（同業他社）

　①万作屋酒店

　②スーパーG

以上の２つが考えられる。

　①は酒類も扱っているが、商品アイテムは豊年酒店とやや異なるため、現時点では特に競合関係にはない。一方、②は食品と同じ店内で酒類も買えるいわゆるワンストップショッピングができるため、豊年酒店の一般客の売上げは減少傾向にある。

予測：価格競争を起こすような厳しい状況ではないが、スーパーGがどこまで豊年酒店に脅威を与えるか目が離せない。万作屋酒店も現時点では扱う酒類が豊年酒店と異なるが、豊年酒店と同じ商品を扱うような流れに変わってくるかもしれない。一方、新規参入業

者の出方次第では、現競争業者の動きもかなり変わってくると予
測され、予断は許さない。

脅威度：大

■（4）供給業者（仕入先）

①大手酒卸

②造り酒屋

以上の２つが考えられる。

①からの価格交渉は困難であるが、ビジネスライクで交渉を進められ、
特に脅威であることはない。②とは地元産地へ時々足を運ぶなど初代か
らの関係を大事にしており、仕入れの取引関係の優先・強化を図ったり、
造り酒屋の生酒やしぼりたてなど旬のスポット商品の仕入れも行なって
いることは、注目に値する。この関係は大切にしたいところである。

予測：①とは今後もビジネスライクな関係で、継続的な仕入れは難しく
　　　　はないだろう。②との良好な関係は今後も安定的に続くであろう。

脅威度：小～中

■（5）代替品

健康志向ブームである昨今では、お茶、ミネラルウォーターなどの健
康ドリンクやスポーツドリンクの需要が高まっている。

予測：健康志向ブームで健康ドリンクやスポーツドリンクなどの脅威は
　　　　高まるだろうが、酒類も適度に飲めば精神的なリラックスも得ら
　　　　れ、イベントや催事では欠かせない存在であるため、今後も一定
　　　　の需要は続くであろう。

脅威度：中

それでは、以上の５つの競争要因に対する分析がそろったところで、

365

最終的に豊年酒店が打つべき対策を検討してみよう。影響力（脅威度）を矢印の太さによって示すと、図表１１−３のようになる。

〈図表１１−３〉

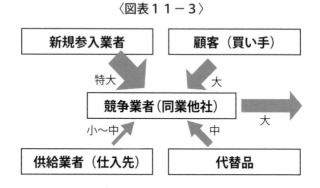

さらに、５つの競争要因（5Forces）分析に、論理思考のひとつであるSWOT分析（→279ページ）やPEST分析（→272ページ）も併せて適用してもよいだろう。

SWOT分析を使うと、豊年酒店自身の強みや弱みといったコア・コンピタンスも分析して、外部環境の脅威や機会（チャンス）をどのように迎え撃つか、逆にどう時流に乗っていくかといった重要なポイントも示唆してくれる。

また、PEST分析では、外部のマクロ環境を政治、経済、社会、技術の４つの切り口から分類できるので、より次元の高い視点からの分析が可能になる。

これらの分析から豊年酒店が生き残っていくには、特に新規参入業者の出方に注意を払い、それによって顧客がどう動くかに最大限のアンテナを張るべきであろう。

そして、新規参入業者、顧客（買い手）、代替品への脅威を敏感に察知しながらも、豊年酒店独自の特質・強みを十分いかし、同業他店との差別化を図って、これら外部の脅威への競争力を強めながら販売戦略を

〈ケーススタディ４〉定性分析の「３つの思考」をどう使い分けるか

展開していくことに尽きるだろう。

　なお、決して行なってはならないこととして、同業他店との差別化を忘れて、新規参入業者であるコンビニやディスカウントストアのように営業時間を延ばしたり、価格の値引きを行なうなど、他小売業態が得意とするスタイルを真似ることがある。相手の得意とする戦いにわざわざ飛び込むこともないだろう。

　改めて、豊年酒店の特質や強みを示すと、初代店主の頃から付き合いのある**造り酒屋との良好な関係**であろう。造り酒屋のある地方産地を訪ねて親交を結び、仕入れの取引関係の優先・強化を図ったり、その酒屋の生酒やしぼりたてなど旬のスポット商品の仕入れも行なっている。**この良好な関係を生かさない手はない。豊年酒店はここに活路を見出し、他との差別化のために積極的に活用すべきである。**
　造り酒屋から仕入れた銘柄を以下の方法で販売するのもおもしろい。

● 店頭 POP やアイキャッチャー（eye catcher）などを利用した積極的なプロモーションを図る
● ホームページでの PR やインターネットでの通信販売などを行なって、積極的に PR 活動をする

　また、今後造り酒屋とは適宜情報交換や近況報告を行なって、良好な関係を保つべきであろう。

　さらに、次ページのポイントを強化しながら、豊年酒店は営業を展開していくほうが得策と考えられる。

◆マンション住民をリピーター（固定客）化する
　近くにある公園でのイベントや花見はまたとない販売チャンスである。

マンションに越してきた住民は、いずれ地元住民との生活面での接触が始まる。例えば花見の季節に、「桜に優しい地酒銘柄」などの店頭PRや、もし許可が得られたら公園内での簡単な出店も検討し、マンション住民とのコンタクトを図り、マンション住民の固定客化を促進するのもよい。マンション住民はビッグで有望な顧客対象になりうる。

また、マンション住民だけでなく、地元住民との付き合いも忘れないようにしたい。なかでも元気な高齢者も今後増えると思われるので、元気な高齢者をターゲットに、例えば「長寿と健康ライフのための地酒コーナー」などと銘打って店頭でのプロモーションを行なうのもよいかもしれない。いろいろな世代やライフスタイルといった顧客セグメンテーションへ訴求をするのも手である。

◆みどり町商店街の店舗間の連携を強化する

昔ながらの商店街を取り巻く環境は厳しい。空き店舗が目立つ商店街が多いのが現状である。みどり町商店街も例外ではない。商店街の中で例えばポイントカード制度を運営して、一定のポイントがたまったら交換商品カタログから希望する商品を顧客へ発送するなどの制度を検討するのもよいだろう。

この事例のポイント

▶この事例では、老舗豊年酒店を取り巻く外部環境を分析するため、論理思考の中のフレームワーク、「５つの競争要因」（5Forces）を適用した。

▶豊年酒店を取り巻く５つの競争要因について、それぞれの影響力（脅威）としての強さを考え、５つの力の強さを分析することで、競争関係の特性や戦略への方向性を決定づけた。

〈ケーススタディ４〉定性分析の「３つの思考」をどう使い分けるか

創造的思考を使う事例
〈K中学校の教育現場のケース〉

● N市にある公立K中学校は、学力調査結果から最近、生徒の学力が著しく低下し、N市公立中学の平均よりも低いことが判明した。K中学校は10年前までは学力レベルは相当高く、偏差値の高い有名高校への進学に実績がある進学校であった。

● 現在はそれでも成績が優秀な生徒（高成績者）も一部おり、成績の良くない生徒（低成績者）との「２極化」という状況も併せ持っている。現場の教師も多人数の低成績者の面倒を否が応でもみなければならず、あまり構ってもらえない高成績者のモチベーションは下がる一方である。それでも高成績者は、塾に通って成績をなんとか保持している。

● このままでは、高成績者からも敬遠され、低成績者ばかりのいわゆる「教育困難校」になってしまうのでは、とK中学校のF校長は常日頃頭を抱えていた。

● ゆとり教育の弊害といってももはや言い訳にならない。K中学校の学力を10年前まで回復するのは至難の業であろうが、F校長は、学力をせめてN市公立中学の平均値まで到達する方法はないか、職員会議などで教師と真剣に議論したことがあった。平日の放課後とか土曜日の午前中に補習授業を行なうなどの案も出たが、生徒や教師は部活で忙しく、普段ですら多忙なのにさらに仕事を増やすのは勘弁してほしいなどの理由で賛同しないケースが多く、結局は話が何度も立ち消えになった。

この、閉塞感漂う局面を打開するには、F校長はどうすればよいだろうか。３種類の思考法を利用できるだろうか。利用できるなら、具体的

369

にどの思考法をどのように活用すればよいだろうか。

分析のアプローチ

F校長自身は、まず考えられる対策を羅列してみようと思い、教員研修で学んだ「5W1H」を適用することを考えた。「5W1H」は、第8章でも触れたが（→304ページ）、万策が尽きて原点に帰ったほうがよいと思われる時に利用される。この結果をベースに職員と協議しようと考えた。「5W1H」の結果を図表11－4のようにまとめた。

〈図表11－4〉

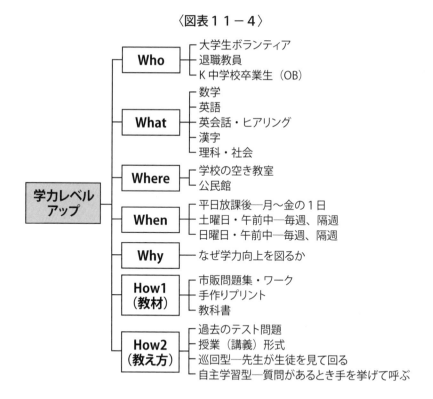

Howを2つの観点から分類したので、正確には「5W2H」である。

〈ケーススタディ４〉定性分析の「３つの思考」をどう使い分けるか

　Ｆ校長は図表１１－４をみて、愕然とした。当たり前の結果しか得られなかったからだ。これをもとに職員と協議してもおそらく建設的な解決策が出ないだろう、特に「5W1H」を用いる必要はなかったのかもしれない、とも思うようになった。

「5W1H」は論理思考のジャンルで用いられるフレームワークであった。フレームワークであるがゆえ枠内に収まる、堅実な結果が得られる。「5W1H」に基づいた手法で行なってもそれなりの成果は得られるかもしれない。しかしＦ校長はこれでは満足できなかった。閉塞感漂う現状を打開したいと考えた。しかし、論理思考のフレームワークでは「打開」という目標達成が期待できないのではないだろうか。

　Ｆ校長は企業に勤めている友人に相談したり、書店でビジネス書を読みあさった。その結果、創造的思考という思考法について書かれた書籍にめぐり合った。
　Ｆ校長はこの書籍を読んで、次の考え方に確信を持つようになった。「打開」というキーワードこそ創造的思考の「ゼロベース思考」に通じるのではないか。「ゼロベース思考」とは既存の枠組みや固定観念にとらわれず、目的に対して白紙の段階から考えようとする考え方の姿勢のことだ。既存の枠組み、すなわちフレームワークを使うと、過去の事例や様々な規制・しがらみなどが思考の幅を狭くし、打開への実現を難しくさせるのではないだろうか。図表１１－４では、まさに過去の事例や固定観念に縛られている。
　この事例では、創造的思考の範疇である「ゼロベース思考」で考えようとする姿勢が重要であろう。「ゼロベース思考」で過去と一度決別する。中途半端な成功体験や安全志向からでは「その先」は生まれない。思考モードを思い切り切り替えてみよう。今の頭を空っぽにしてみよう。

　Ｆ校長は、図表１１－４をもう一度みてみた。「Who（誰が教えるの

371

か）」では、以下の3項目がリストされていた。

● 大学生ボランティア
● 退職教員
● K中学校卒業生OB

はっきりいって、どれもまともすぎて魅力ある考えではない。一般論からいうと、大学生ボランティアでは教員志望の学生が多いと思われる。教える経験はこれからであろうし、ボランティアであるのでモチベーションが今ひとつではないだろうか。

一方、退職教員は大学生と違って、教員経験が豊富であるので問題はないだろう。しかしその反面、現役時代の教え方を引きずっていて、教え方が旧態依然ではないだろうか。また、中学生との年齢ギャップがあまりに大きいのもどうか。

K中学校卒業生OBも地元に住んでいて、中学生に教えることに情熱を持っている人はどの程度いるだろうか。

F校長は「Who（誰が教えるのか）」を思い切りワープさせ、常識の枠を取っ払ってみた。その結果、「塾講師」にお願いできないだろうかと思いついた。このことが抵抗にあうようなら、例えば数学や英語などの検定を行なっている「検定団体に講師派遣」をお願いしてみてはどうだろうか。現在中学校でこれらの検定を実施しているが、生徒への直接指導を依頼できないだろうか。

これらが実現できたら、外部組織から指導実績の豊富な講師を得られるだろう。これは学校にとってはある意味のカルチャーショックであろう。ペリー提督の「黒船」に近いかもしれない。特に公職の教師にとって塾講師はまったくの異分子に感じるであろう。敵がい心すら抱くかもしれない。しかし、生徒にとっては新鮮で快いショックであろう。塾や

〈ケーススタディ４〉定性分析の「３つの思考」をどう使い分けるか

検定団体で教えている講師が学校で教えてくれるのである。さぞかし教え方が上手であろう、勉強ができてテストの結果が良くなるのではと期待が膨らむのではないか。

しかし教師側には、自分たちの聖域が侵されるという危機感が生じるかもしれない。これはこれでよい。異なるカルチャーを積極的に呼び込んで、今の環境に創造的破壊を伴うショックを与えてみよう、とF校長は大きな確信を持つに至った。

F校長は自分の考えを学校内ではなく近くの居酒屋で、少し酒を飲みながらリラックスした雰囲気の中で先生たちへ話した。最初表情が硬かった先生たちも、F校長の話に次第に興味を示し、いろいろ自由なアイデアが飛び交うようになった。

塾や検定団体の講師を学校に招くことは、もちろん県教育委員会や地元の父兄の承認も必要である。さらに講師へ支払ういくばくかの報酬も必要である。どう資金を調達するか。県からは限られた予算しか得られないのだ。F校長は地域の住民との連携を強化し、年に２回の「バザー」を中学校の校庭で実施することを思いついた。インターネットなどでPRし、K中学校だけでなく近隣の中学校も合同で行なえば、資金も集まるようになるだろう。

多少時間は要したが、K中学校ではこれらの問題を着実に解決していった。ついに、学力向上を目的とした「K中学校・学力骨太プラン」として練り上げ、まもなく実施する運びとなった。「K中学校・学力骨太プラン」の内容は、図表１１−５（次ページ）に示す。

検定団体や塾の講師は、それぞれ数学検定や英語検定に向けた対策学習、また高校受験に特化した受験対策学習を行なう。これらは今まで例のない非常に画期的なメニューである。

また、K中学校を卒業した社会人で、現在いろいろな方面で活躍する

373

人にお願いして、いかに中学校の勉強が社会に役立っているかといった
出前授業を行なうのもユニークなメニューである。

　興味深いのは、検定団体や塾の講師を招き入れることで、今まで尻込
みしていたＫ中学の教員が協力的になったことである。教員も正直なと
ころ、Ｆ中学校の学力低下に危機感を感じていたのかもしれない。次第
に骨太プランに賛同の意を示し、学力の底辺にいる生徒を底上げしよう
とする基礎学力補充の学習メニューに積極的に加わるようになった。

〈図表１１－５〉

Ｋ中学校・学力骨太プラン

指導 実施者	指導 メニュー	指導対象 学年	指導内容・目標	時期
検定団体	数学検定 対策	中学１年生 ～３年生	中学３年生までに、 数学検定３級に合格 （高校入試に有利）	土曜日・午前 （年15回）
	英語検定 対策	中学１年生 ～３年生	中学３年生までに、 英語検定３級に合格 （高校入試に有利）	土曜日・午前 （年15回）
ABC塾	高校受験 対策	主に中学 ３年生	地元県立ＸＹ高校に 合格	平日・放課後 （年５回）
Ｋ中学校 教員	基礎学力 補充（主に 数学と英語）	中学１年生 ～２年生	主に低成績者	平日・放課後
Ｋ中学校 卒業生 OB	出前授業	主に中学 ２年生 ～３年生	Ｋ中学校を卒業した OBが、中学の勉強 がいかに社会で役 立ったかを説く	平日・ 授業時間 （年２回）

　「Ｋ中学校・学力骨太プラン」を実施して１年後には成果が出てきた。
地元で有名な進学校ＸＹ高校への進学率が軒並み上昇した。さらに、特

〈ケーススタディ４〉定性分析の「３つの思考」をどう使い分けるか

に数学検定で、中学２年生が高校２年生修了に相当する数学検定２級に合格し、検定団体から表彰されるという嬉しいニュースが舞い込んだ。さらに、生徒の基礎学力もつき始め、学力調査結果でも徐々にK中学校のランクが上がっていった。

この事例のポイント

▶中学校を事例に、学力低下をどう向上に転じるかという具体案を、最初は論理思考の5W1Hで分析した。論理思考の結果では、枠内に収まった堅実な結果が得られた。

▶この事例では、論理思考よりも既存の枠組を打破する創造的思考が適当であろう。創造的思考の中の「ゼロベース思考」を使って、前例のない画期的なプランを構築することができた。当初の目的である学力向上という結果も出るようになった。

375

システム思考を使う事例
〈様々なエスカレーション（段階的拡大）のケース〉

● 牛丼チェーンの大手A屋とB屋があるとする。A屋とB屋で市場シェアの約70％を占めているとしよう。輸入牛肉の品質問題が発覚して牛丼の売れ行きが現在、今イチとする。現状の閉塞感を打破するよう、A屋は牛丼の価格を10％下げた。客はA屋に多く流れ込むようになった。B屋もこれに負けじと価格を下げた。A店もさらにと、両店の牛丼の価格競争はエスカレートしていった。

● A国はB国の忠告を無視して、核装備の拡充を図っていった。B国もA国の軍事的脅威を感じ、核や弾道ミサイルの武装化を密かに進めた。この情報をキャッチしたA国はさらにエスカレートさせ、核の国内実験や実践演習をあからさまに行なうようになり、B国もさらにと、両国の核武装はエスカレートしていった。

● 政治家の討論もエスカレーションする場面が多い。政党間の論争ならぬヤジの飛ばし合い、そして混乱。議員の計算されたパフォーマンスかもしれないが、これが高じて国会などの議事進行の妨害となり、結果的に国民の生活に支障が生じる可能性が出てくる。

やや品位が落ちるかもしれないが、さらに以下の事例を紹介する。

● 居酒屋で隣合わせに2グループ（A、Bとする）が酒を飲み始めたとしよう。時間とともにお互い盛り上がってきて、声が大きくなってきた。Aグループでは自分たちの声が聞こえにくいのでさらに大声で話すようになった。Bグループも聞こえにくくなったのでさらに大声を

〈ケーススタディ４〉定性分析の「３つの思考」をどう使い分けるか

出すようにエスカレートしていった。その後どうなったかは読者の想像にお任せする。

●インターネットのブログで、Ｂへの根も葉もない中傷をＡが書き込んだ。これを知ったＢは憤りを覚えＡへの謝罪を求めた。Ａはこれを突っぱね、Ｂへの中傷をエスカレートさせていった。ブログの他の会員もこの状況を見てＢへ味方し、Ａに対してＢへの謝罪要求をエスカレートさせていった。このブログはついに炎上、閉鎖する事態に追い込まれた。

　いずれの事例も結末や後味が良くない。これら「エスカレーション」という共通の現象を分析し、解決策をみつけるには３種類の思考法のどれを使えばよいだろうか。

分析のアプローチ

　エスカレーションというタイトルで、すぐピンとくるだろう。**すでに説明したシステム思考が適当であろう。システム思考は、エスカレーションのように複雑に絡み合った因果関係を分析するには適している。**

　第１０章でエスカレーションや因果ループ図については説明済みである（→345ページ）。ここでは、左記の牛丼チェーンＡ屋とＢ屋の事例に特定して、因果ループ図を示してみよう（→次ページの図表１１－６）。

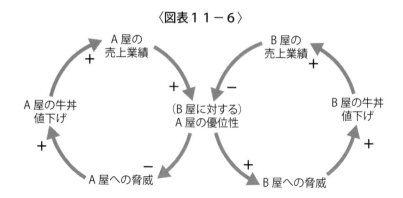

〈図表１１－６〉

　図表１１－６をみると、Ａ屋は牛丼の価格を下げると客はＡ屋に多く流れ込むようになりその結果、Ａ屋の売上業績がアップするということがわかる。Ｂ屋はこれに脅威を感じて、負けじとばかりに価格を下げた。これでＢ屋も売上アップするが、Ａ屋もさらに価格を下げる、というように、両店の牛丼の価格競争（値引き合戦）がエスカレートしていく状況がわかる。

　果たして、この価格競争はいつまで続くのであろうか。客にしてみれば、安い値段で牛丼が食べられるので嬉しい限りであろう。しかし、両店にしてみれば採算ぎりぎりの営業を行なっているかもしれない。そのため安い牛肉を仕入れるなどの品質の低下、さらに食の安全の低下も招くかもしれない。こうなっては、もはや客は両店を見限って離れていくかもしれない。

　さて、この事例の解決策はあるのだろうか。要はエスカレーションを起こしている当事者同士の接触や干渉がなくなればよいので、可能性として以下の３つが考えられる。

　①両店双方が協議して、お互いの価格競争の終結をする
　②第３者からの介入によってＡ屋とＢ屋のエスカレーション行動をや

〈ケーススタディ4〉定性分析の「3つの思考」をどう使い分けるか

めるように指導する

③A屋とB屋のどちらかがエスレーション行為を放棄する

①が理想的で、おそらくこの可能性が一番高いと思われる。価格競争は両店にとって経営が疲弊してしまうだろうし、いずれ客へも食の安全など悪い影響を及ぼす可能性が出てくる。

②も食の安全性の見地から、厚生労働省などから指導が入るかもしれない。

③は、A屋とB屋のどちらか一方が停戦を宣言するとか、倒産するなど価格競争の撤退宣言をすればエスカレーションは終結する。

①や②によって、因果ループ図は、次ページの図表11－7のように変化する。最終的には左右それぞれのループが交差することなく分離して、単独にバランスフィードバックループとして機能し、結局はそれぞれ沈静化をたどることになる。

この事例のポイント

▶牛丼の価格競争の事例分析に、エスカレーションという現象からシステム思考を適用した。
　双方の値引きによってお互いの脅威が増し、値引き行動をエスカレートさせていくことがわかった。

▶エスレーションを終結させるには、双方協議や外部からの介入が考えられる。

379

〈図表１１－７〉

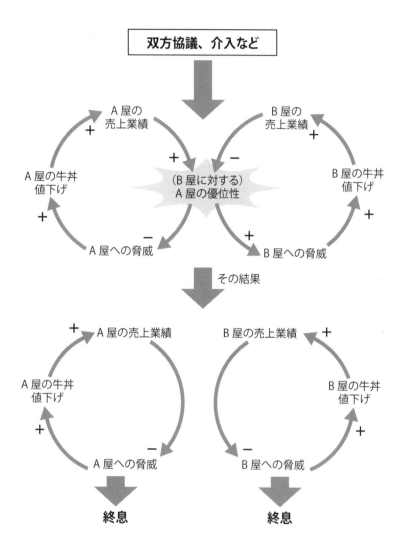

〈ケーススタディ４〉定性分析の「３つの思考」をどう使い分けるか

論理思考と創造的思考のどちらを使ってもよい事例
〈オフィス用品メーカーＦ社のケース〉

- オフィス用品メーカー大手Ｆ社は、机や椅子などの家具備品メーカーだが、最近ではオフィスの機能性や業務の効率化を追求し、オフィスのレイアウトやデザインまでを含めたトータルな提案を法人向けに積極的に行なっている。
- ただ、この数年間、Ｆ社は主力であるシュレッダー製品Ａの市場シェアが下がり続けている。図表１１－８には、この数年間の他の主力製品Ｂ、Ｃの市場シェアの推移も示している。この図表からも確かに製品Ａのシェア落ち込みは顕著である。

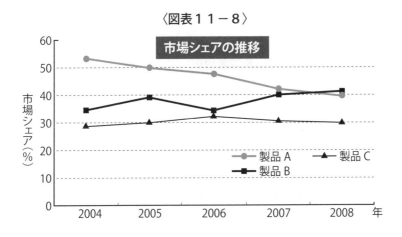

〈図表１１－８〉

- なお、Ｆ社の営業組織では、製品Ａを主に扱っているのは営業１課で、製品Ｂ、製品Ｃはそれぞれ営業２課、営業３課が担当している。

製品Ａの市場シェアの落ち込みの原因を調査するには、３つの思考法

のどれが適当で、さらに具体的なツールは何がふさわしいだろうか。

そして、原因がある程度絞り込まれて特定できたとしよう。次に行なうべき重要なことは、具体的な解決策、アクションプランを決めることである。この具体的な解決策を検討するのには、3つの思考法のどのツールを使うべきであろうか。

このように、本事例は2段階に分けて論じることにする。すなわち、

①主力製品Ａの市場シェア低下傾向の原因を追究する
②判明した原因から有効な解決策を具体化する

である。

思考法や具体的ツールの候補がいくつか挙がるかもしれないが、結論からいって、①では次の2分析を適用した。それを採用した理由は説明をしていくなかで示す。

◎定性分析（論理思考―特性要因図）
◎定量分析

なお、特性要因図はロジックツリーでもよい。ただしここでは、次の②でロジックツリーを適用したため、①では特性要因図とした。

一方、②では、以下の2つの方法を適用した。

◎論理思考―ロジックツリー
◎創造的思考―ブレーンストーミング

本項の、論理思考と創造的思考のどちらを使ってもよい事例という内容では、後者の「②判明した原因から有効な解決策を具体化する」が該

当する。

　一方、「①主力製品Ａの市場シェア低下傾向の原因を追究する」では、定性分析と定量分析という２つの分析を併せて行なうことで原因の特定が精度良く分析できる、ということを説明する。①の内容はむしろ第２章（定量分析と定性分析を組み合わせた事例）で紹介したほうが適当かもしれないが、この事例の分析の流れということで、この項目でも紹介することにする。

分析のアプローチ

■「①主力製品Ａの市場シェア低下傾向の原因追究」について

　ここで、**特性要因図を適用した場合、要因を分析する切り口を、いわゆるマーケティングの４Ｐである、「製品」「価格」「流通」「販売促進（プロモーション）」の４つとした。**４Ｐは製品の売れ具合を分析する、マーケティングの基本的なフレームワークであるため、本事例への適用は適切である。特性要因図や４Ｐについては詳しくは第８章をみてもらいたい（特性要因図→ 305 ページ、４Ｐ分析→ 299 ページ）。

　ただし、特性要因図やロジックツリー（→ 262 ページ）とも、分析要因の中に原因が抽出できるだけの広がりと深さを持つ必要がある。

　特性要因図の結果は、次ページの図表１１−９で示す。これはあくまで基本例であって、実際の状況に応じて、分析を粗くしてもよい箇所と逆にもっと細かく分析しなければならない箇所も出てくるだろう。

〈図表11-9〉
特性要因図（切り口：4P）

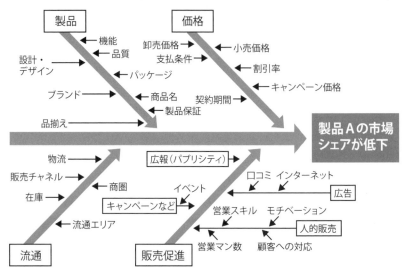

　さらに、F社の最近の営業活動を調査してみると、以下の情報が得られた。

◎営業1課が中心となって新商品の企画やキャンペーン・展示会の準備をした。
◎上記に関連した会議用や資料準備にかなりの時間が必要であった。
◎課全体と営業スタッフの増員がないため、顧客へ電話したり、訪問する対応時間を削らざるを得なかった。

特性要因図と営業活動調査から、営業スタッフの販売促進面で特に顧客への対応時間が減少したことが今回の製品Aの市場シェア低下の原因の一つではないと推測される。

　その後、製品A、製品B、製品Cに関する年間の顧客からのクレーム

分析を行なった。その結果、**製品Ａのクレーム件数は年々増加する傾向にあって、なかでも顧客への営業対応に対するクレーム件数が特に顕著に増えていることがわかった**（→図表１１－１０ａ）。一方、製品Ｂや製品Ｃに関しては、このような傾向はみられなかった（→図表１１－１０ｂ、同ｃ）。

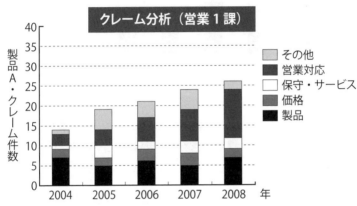

〈図表１１－１０ａ〉

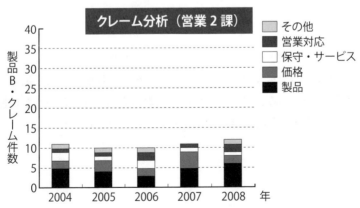

〈図表１１－１０ｂ〉

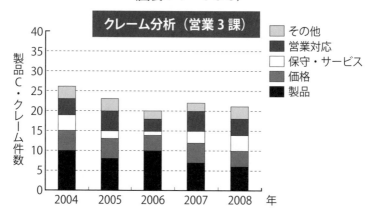

〈図表11-10c〉

　また、営業活動報告書から、営業1課から3課までの各課の工数構成比（各工数を全体工数で割った比率）を算定した。結果として、**製品Aを主に扱っている営業1課で、営業マンが顧客との対応（コンタクト）する時間が少なくなっている様子が一目瞭然である。**

　すなわち以上のことから、**製品Aの市場シェア低下の原因として、営業1課内で顧客との対応時間の減少が大いに関係していることが判明した**（→図表11-11a、同b、同c）。

　クレーム分析や工数構成比の分析は、どちらかというと定量分析である。**特性要因図や営業活動調査などの定性分析で原因の大局を把握しながら原因を絞り込み、クレーム分析や工数構成比の分析といった定量分析で原因の客観的な裏づけを明確にした**、ということになる。

〈ケーススタディ４〉定性分析の「３つの思考」をどう使い分けるか

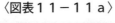

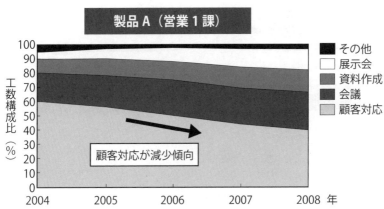

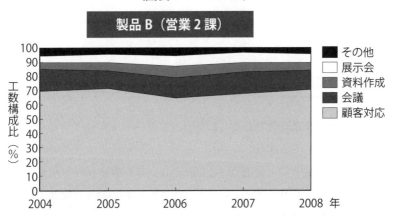

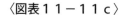

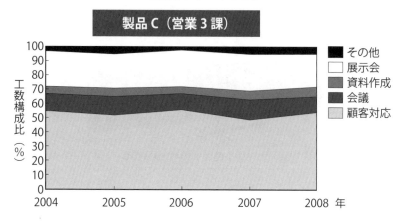

〈図表11-11c〉

これらの原因を踏まえて、顧客への対応をどう手厚くするか、訪問や電話などのコンタクト時間をどう増やしていくかについて、有効な解決策の具体化というフェーズ②に移行する。②は②'と②"に分ける。

■「②' 論理思考による有効な解決策の具体化」について

それでは、**論理思考である「ロジックツリー」**を用いて有効な解決策の具体化を行なってみる。

ロジックツリーは、問題を MECE に沿って要素を分解しながら掘り下げて問題から要因を突き止めたり、原因から具体的対策を得る有用なツールである（→262ページ）。

そこで、いかに効率的に経営資源を投入して生産性の高い結果が得られるかという見地から、いわゆる経営資源である「ヒト」「モノ」「カネ」「情報・ノウハウ」の切り口で検討してみる。

本事例では、営業という限定された部署の中での経営資源であるため、モノとカネをまとめて、「モノ・カネ」とし、さらに他部署との連携も重要と考え、「ヒト」「モノ・カネ」「情報・ノウハウ」「他部署との連携」

〈ケーススタディ4〉定性分析の「3つの思考」をどう使い分けるか

の4つの切り口で検討する。

　分析したロジックツリーを、次ページの図表11-12に示す。4つの切り口にしたがって、考えられるだけ多くの解決策を考えてみた。すべての解決策を行なうわけにはいかないので、優先順位をつけて具体的にどれを実施するかが問題となる。

　この決定は現実の状況に応じてケースバイケースであろうが、**例えば、各解決策を実施する場合の費用（コスト）とこれによって期待できる効果を、5段階にスコア化して、効果÷費用（コスト）を算出してみてはどうであろうか**。すなわち費用対効果を算出する定量分析である。

　ここでは、費用対効果 の数値が3以上で「A」、1より大きくて3未満ならば「B」、1以下で「C」に分類すると、この事例で「A」に該当するのは、図表11-12（次ページ）から、

◎営業スキルのアップ
◎計画的対応（訪問・電話）の徹底
◎営業資料の標準化・効率化

であることがわかる。まずは費用があまりかからず短期間で成果が出ると予想される事項から開始することが得策であろう。しかしながら、「A」は対症療法で、暫定的な治療であって根本的な解決ではない。「C」に該当する、

◎営業スタッフの増員
◎コールセンターの設置

などは、費用はかかるにしても、抜本的な解決をいずれ図らなければならない。そのためにはそれ相応の予算や時間をかけなければ意味はないだろう。お茶をにごす程度で終わってしまわないように注意してほし

〈図表11-12〉

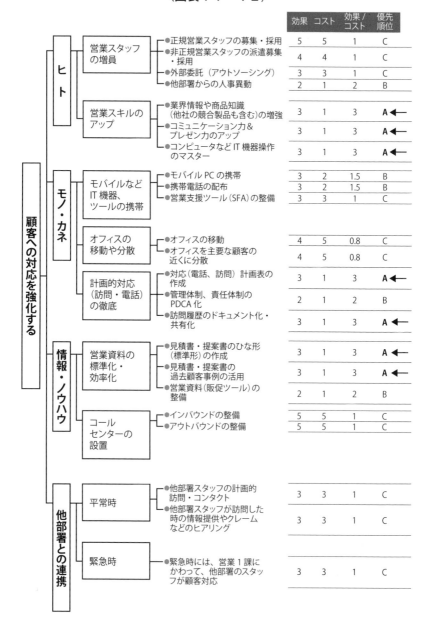

〈ケーススタディ４〉定性分析の「３つの思考」をどう使い分けるか

い。ここまで時間をかけて検討したのだから、問題解決まで腰を据えて確実に行なうべきであろう。

■「②"創造的思考による有効な解決策の具体化」についての検討

「ロジックツリー」で行なった検討は、状況に応じて**創造的思考のアイデア増量メソッドのひとつである「ブレーンストーミング」を活用して**も可能である。ブレーンストーミングは手軽にできるので積極的に活用してほしい。

ブレーンストーミングに関しては第９章（→ 318 ページ）で触れたが、ポイントを以下に示す。

◎ブレーンストーミングといっても問題解決という緊迫感のあるテーマであるため、司会進行役は自由に意見が飛び交うような雰囲気づくりに留意することが大切である。

◎おそらく営業部員が中心に参加することになる。営業活動など業務が優先されるため、会議にあまり時間をかけられないだろう。短時間で効率的に行なって、有効な結果が出るようにしたい。ブレーンストーミングに時間をかけて顧客への対応時間が不足する事態を招くようでは、本末転倒である。

ブレーンストーミングでは、司会進行役は準備や雰囲気づくりに苦心することになるだろうが、その分、**斬新な様々なアイデアが出て問題解決に役立つであろう**。ロジックツリーで出た、「営業スキルのアップ」や「計画的対応（訪問・電話）の徹底」などのほかにも、突拍子もない意見が出るかもしれない。また、Ｆ社のシュレッダー製品Ａの市場シェア回復だけでなく、**Ｆ社全体の業績を高める画期的なアイデアが生み出される可能性もある。**

391

- ▶この事例では、論理思考と創造的思考のどちらを使ってもよいケースを検討した。まずは「①問題の原因究明」、その後に「②解決策の具体化」を分析した。
- ▶前者の「①問題の原因究明」では、定性分析と定量分析を併用して、客観的で精度の高い原因を見つけることができた。
- ▶後者の「②原因究明後の解決策の具体化」では、「論理思考」のロジックツリーだけでなく、「創造的思考」によるブレーンストーミングも有効な結果を与えてくれることがわかった。

第12章
ケーススタディ5

定性分析の「3つの思考」を組み合わせた問題解決!

3種類の思考法の
組み合わせパターン

　3種類の思考法を提唱し、第8章から第10章では各思考の特徴や使用事例を述べてきたが、**実際の問題解決や定性分析ではこれらの思考を適宜、効果的に組み合わせたほうが効率が良く、そして精度の高い分析ができる可能性が高い。**

　3種類の思考の実践的組み合わせは、以下の3パターンである。

〈組み合わせのパターン〉

1. 論理思考 + 創造的思考

　創造的思考によって最初にアイデアを増量させた後に論理思考を行なうケースか、もしくは、論理思考の実施中に適宜、新しいアイデアを補強するために創造的思考を活用するパターンである。

　具体的には、新商品のアイデア・企画開発、新規市場参入や新規事業立ち上げのフィージビリティスタディ（実現可能性を検証する作業）などへの適用が考えられる。

〈組み合わせのパターン〉

2. 論理思考 + システム思考

　論理思考では不十分でシステム思考に移行せざる得ない局面に遭遇したケースが該当する。

　このパターンは論理思考による分析では限界がある場合である。重要なので例を示して説明しよう。

〈ケーススタディ５〉定性分析の「３つの思考」を組み合わせた問題解決！

　ある企業が利益アップの検討を図る際に論理思考を使う例で考えてみよう。例えば図表１２−１のように、ロジックツリーで考えられる要素に分解したとする。

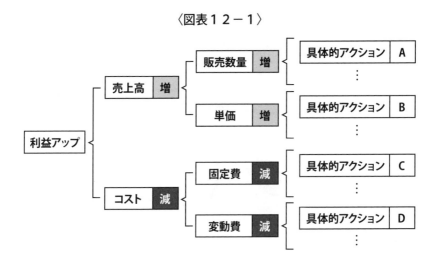

〈図表１２−１〉

　これまで繰り返し説明してきたが、論理思考においては、分解される要素はMECEで、直線的な因果関係であることを前提にしている。直線的因果関係とは、分析した各事象から１本だけの因果関係を示す矢印が出て最終的な事象で終わっている単純なものであった（→250ページ）。

　ところが、**本例ではロジックツリーで分析を進めようとすると、直線的因果関係という前提が崩れるのである。すなわち、複雑な因果関係を扱うことになり、システム思考へ移行せざるをえない状況になる。**

　具体的にいうと、本例では、図表１２−２（次ページ）で因果関係を矢印（➡）で示しているように、複雑な因果関係を含んでいるのである。本例では販売数量が増加すればするほど、規模の経済性から、変動費（商品コスト）が減少し、単価（商品価格）も低下する因果関係がある。単価（商品価格）を下げれば、市場規模（マーケットシェア）も大きくなっ

て、販売数量は増加の一途をたどることを示している。
　しかし、価格（商品価格）を下げれば、今度は利益が低減するため、販売数量にブレーキがかかるようになる。

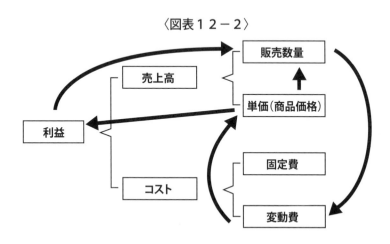

〈図表１２－２〉

　本例の複雑な因果関係を因果ループ図で示してみよう（→図表１２－３）。

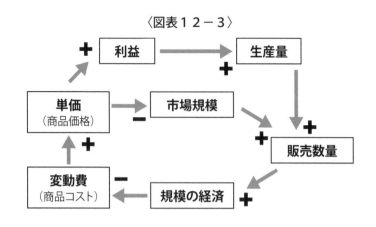

〈図表１２－３〉

　すでに因果ループ図の見方は第１０章で解説したので詳しくは述べな

いが、この図表12-3は、外側と内側の2つのループから構成されていることがすぐにわかるだろう（→図表12-4）。

〈図表12-4〉

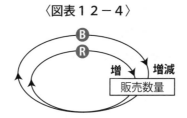

図表12-4で、内側のループは次のようになる。なお、各要素の増減は、それぞれ↑↓で示している。

販売数量↑➡規模の経済↑➡変動費（商品コスト）↓➡単価（商品価格）↓➡市場規模↑➡販売数量（戻る）↑

これは、販売数量をどんどん増加させる拡張フィードバックループ（内側の楕円R）を示す。

また、2つめの外側のループは次のようになる。

販売数量↑➡規模の経済↑➡変動費（商品コスト）↓➡単価（商品価格）↓➡利益↓➡生産量↓➡販売数量↓（戻る）

これは、今度は販売数量を増減させる（歯止めをかける）バランスフィードバックループ（外側の楕円B）を示す。

これらの2つのループが作用しながら、販売数量は変化する。

〈組み合わせのパターン〉

3. 創造的思考 + システム思考

　創造的思考とシステム思考を組み合わせる場合である。**最初、創造的思考で開始後、システム思考に移行する場合や、システム思考で検討した後、適宜、創造的思考へ戻ることも考えられる。**

　それでは続けて次項から、紹介した「1. 論理思考 + 創造的思考」、「2. 論理思考 + システム思考」、「3. 創造的思考 + システム思考」、についてそれぞれの実践的分析事例を紹介する。

〈ケーススタディ5〉定性分析の「3つの思考」を組み合わせた問題解決！

論理思考と創造的思考の組み合わせ事例①

〈初心者・シニア層向け携帯電話端末のケース〉

　第11章と同様、紹介する事例の＜分析のアプローチ＞の思考プロセスを大切にしてほしい。思考法の組み合わせなので少しレベルは高いが、本文を読み進めながら著者の思考プロセスを追ってほしい。それでは事例に進もう。

　昨今、街中や電車の中どこを見渡しても携帯電話（スマホを含む）を操作している人たちを見かける。携帯電話の普及と技術の進歩には目を見張るものがあり、様々な最新機能が付加された高付加価値商品となっている。

　今後、携帯電話の初心者層および60代以上のシニア層をメインターゲットにした場合、携帯電話はどのような機種・仕様にすべきであろうかと企業トップ層から打診された。

　どのように商品企画や開発を展開すべきであろうか。

論理思考による分析のアプローチ

　携帯電話の標準的仕様はすべての顧客に対して大方決まっている。しかし、本事例で指定されている初心者層および60代以上のシニア層に対しては、標準仕様の機種で問題ないだろうか。

　実際、初心者層および60代以上のシニア層に対して、au（KDDI）の「簡単ケータイ」やNTTドコモの「らくらくホン」といったブランド名としてすでに商品化されているので、本事例を検討する際には具体的イメージがつきやすく、思考・分析プロセスの重要なヒントになるであろう。

399

携帯電話の標準的機種では、現市場で競争企業間同士で、既存市場のパイを食いつぶしあう血みどろのバトルを繰り広げる、いわゆる「レッドオーシャン」を展開しているといってもよい。「レッドオーシャン」戦略に対立する概念として、新しい市場を創造する「ブルーオーシャン」戦略があることはすでに第8章で触れた（→ 289 ページ）。

　本例では、「ブルーオーシャン」という新市場で、既成製品といかに差別化した製品を投入するかを検討することがふさわしいと考えられる。

　「ブルーオーシャン」戦略を展開する際に便利なツールである「戦略キャンバス／価値曲線」（→ 300 ページ）を使って、まずは標準的な携帯電話の価値曲線を図表１２−５に示してみよう。高機能でインターネットに関する豊富なコンテンツがあり、デザイン・色もバラエティに富んでいて、まともに使用すれば通信費などの価格が結構かさむため、図表１２−５のような価値曲線となる。

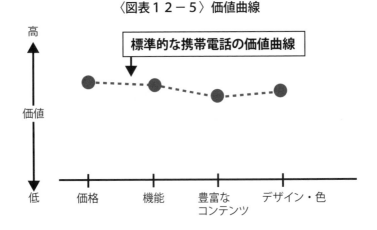

〈図表１２−５〉価値曲線

　さて、初心者層および60代以上のシニア層をターゲットにするこの例では、この標準的な携帯電話をどう進化させていくのかにあたり、便利なツールがあった。図表１２−６に示すERRCグリッドである（→ 302

ページ)。このツールを使って、標準的な携帯電話から初心者および60代以上のシニア層へ顧客層がシフトする場合の携帯電話の機種イメージを考えてみよう。

〈図表12-6〉ERRC グリッド

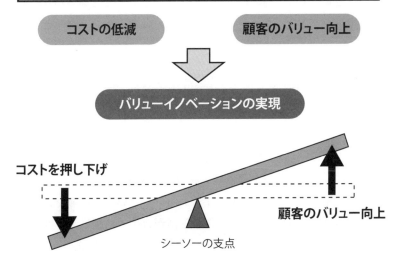

図表12-6では、ERRC グリッドにおける4つのアクション、すなわち、Eliminate（除去）、Reduce（減少）、Raise（増加）、Create（創造）を示している。左半分の2つのグリッド、Eliminate（除去）と Reduce（減少）では、それぞれ標準的な機能から完全に取り除くべきファクタ、

業界標準から戦略的に減らすべきファクタを検討する。

　また、右半分の２つのグリッド、Raise（増加）と Create（創造）では、それぞれ業界標準から戦略的に増やすべきファクタ、新たに創造すべきファクタを検討する。

　結局、ERRC グリッドの左半分で既存製品の性能を除去したり減少させ、その分右半分で機能を増加したり新たに創造する。その結果、メリハリをきかせた新製品を投入し、新市場の創造という「ブルーオーシャン」戦略を実現していくのである。

　つまり、この左半分と右半分の関係は、左半分でコストを低下するというアクション、その反動を使って顧客のバリュー創造を向上させるという「シーソー」をイメージできる。コストを低下すればするほど、すなわち製品機能を絞り込めば絞り込むほど、反動として顧客バリュー向上が一層期待できる「シーソー」を、「ブルーオーシャン」戦略とイメージづけてほしい。

　このように ERRC グリッドを使用していろいろ検討した結果、400ページの図表１２－５で示した標準的な携帯電話の戦略キャンバス／価値曲線は、図表１２－７（次ページ）のように置き換わる。

　結果はまさに一目瞭然。「標準的な携帯電話」と、本事例で検討した「初心者層および60代以上のシニア層向けの携帯電話」の価値曲線の棲み分けが明確になった。「ブルーオーシャン」という広い海で、初心者層および60代以上のシニア層の携帯電話が自由に活発に泳ぎ回っている様子が目に浮かぶようである。標準的な携帯電話の機能にメリハリをつけた結果、新市場で新しい商品として生まれ変わったのである。

〈ケーススタディ5〉定性分析の「3つの思考」を組み合わせた問題解決！

〈図表12-7〉

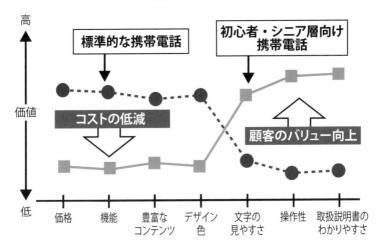

創造的思考による分析のアプローチ

　ERRCグリッドの左半分である、Eliminate（除去）とReduce（減少）では、既存の機能をいかに絞り込むかが重要である。ただし全てにわたって機能を絞り込むとパワーのない貧弱な商品になってしまう。そこでポイントとなるのは、絞り込む機能をどれにするかを特定することである。また、同グリッドの右半分である、Raise（増加）とCreate（創造）では、既存機能のどれを増幅させ、新規に何の機能を創造させるかがポイントである。**特にこの右半分の検討では、創造的思考が重要な役割を果たすことになる。**

　創造的思考では、自由なアイデアをどんどん増量して飛び交わすが、例えばブレーンストーミングによる検討も有用なアイデアを生み出すかもしれないが、ここでは1人でも行なえる、創造的思考のSCAMPERによる7つのチェックリストに基づいて検討を進めることにする。

　SCAMPERとはすでに第9章（→319ページ）でも触れているが、次の7つのキーワードから、既存の商品コンセプトをベースに新製品

や新サービスを創造する可能性を見出すために使用される有効なツールで、本例にふさわしいと考える。

- Substitute（別のものに換える）
- Combine（結び付ける、組み合わせる）
- Adapt（応用・適用させる）
- Modify（修正する）
- Put to other purposes（他の目的に使用する）
- Eliminate（取り除く）
- Rearrange、Reverse（並べ替え、または逆にする）

それでは、先ほどの論理思考による分析で適用した「ブルーオーシャン」戦略のERRCグリッドの４つのファクタとの対応を考えてみよう。つまり、論理思考と創造的思考の組み合わせということになる。

Eliminate（除去）とCreate（創造）は、それぞれ、ある機能が０（ゼロ）へシフトしたり、０からある機能を持つようにシフトすることを意味する。一方、Raise（増加）とReduce（減少）は、ある機能がそれぞれ増加したり、減少する変化を示す（→図表１２−８）。

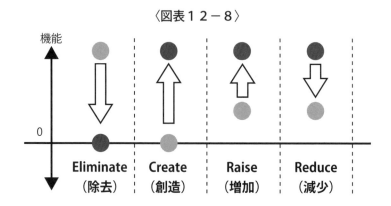

〈図表１２−８〉

〈ケーススタディ5〉定性分析の「3つの思考」を組み合わせた問題解決！

　SCAMPER の E（取り除く）は、ERRC グリッドの Eliminate（除去）に対応するのは間違いない。ところが ERRC グリッドの Create（創造）に対応するのが、SCAMPER には見当たらない。

　実は、SCAMPER の E（取り除く）以外の、S、C、A、M、P、R はすべて、ERRC グリッドの Raise（増加）や Reduce（減少）に対応すると考えられる。ERRC グリッドの　Raise（増加）や Reduce（減少）は、SCAMPER の S、C、A、M、P、R によって、アイデア増量メソッドの具体的な作業ヒントとして示されると考えられる。
　これらの考えを図表12－9にまとめた。結局は、SCAMPER に、ERRC グリッドの Create（創造）に相当するものが見当たらないが、SCAMPER の E を除いた S、C、A、M、P、R の作業結果により、最終的に Create（創造）が構築されると考えられる。

〈図表12－9〉SCAMPER と ERRC グリッドの対応表

創造的思考	論理思考 （ブルーオーシャン戦略）
SCAMPER	ERRC グリッド
●Eliminate（取り除く）	●Eliminate（除去）
●Substitute（別のものに換える） ●Combine（結び付ける、組み合わせる） ●Adapt（応用・適用させる） ●Modify（修正） ●Put to other purposes 　（他の目的に使用する） ●Rearrange、Reverse 　（並べ替え、逆にする）	●Raise（増加） ●Reduce（減少）
Create（創造）に相当するものを構築！	**Create（創造）**

例えば今の携帯電話にはカメラ機能やインターネット、メール機能が

405

標準的に付加されているが、これは SCAMPER の Combine（組み合わせる）からの発想であろう。

　また、本事例での初心者層および 60 代以上のシニア層をターゲットにした携帯電話では、利用可能なコンテンツやボタン数を絞り込むといった Modify（修正する）も行なわれている。さらに、テレビ電話機能を携帯電話に装備することで、聴覚障害者の間で手話による通話が可能になる。これも、Put to other purposes（他の目的に使用する）の発想に相当するだろう。

　創造的思考の SCAMPER のほうが、具体的な作業ヒントが豊富なため、論理思考の ERRC グリッドよりも、より実践的なツールといえるかもしれない。

　このように、**SCAMPER を用いると、自由なアイデアがどんどん生まれると同時に、他のアイデアと結びついたり、形を変えたりすることができて、非常に重宝される。**新商品の企画を練るときや、議論している過程でアイデアに窮したり袋小路に入ってしまったら、この SCAMPER は強力な助け舟となってくれるだろう。

💡 この事例のポイント

▶携帯電話端末を事例に、初心者層および 60 代以上のシニア層にターゲットを絞った携帯電話を、まずは論理思考の「ブルーオーシャン」戦略を用いて検討した。

▶「ブルーオーシャン」戦略の戦略キャンバス / 価値曲線、ERRC グリッドを適用し、現商品のコストを下げてその反動で顧客バリューを創造する「シーソー」のイメージによって、初心者層および 60 代以上のシニア層向けの新商品と新市場が創造できる可能性が生まれる。

▶創造的思考の「SCAMPER」は、新商品の企画を練るときやアイデアに窮したり袋小路に入ってしまった時に強力なツールとなり得る。

〈ケーススタディ5〉定性分析の「3つの思考」を組み合わせた問題解決！

論理思考と創造的思考の組み合わせ事例②
〈百貨店・スーパーのサバイバルゲームのケース〉

　最近、百貨店、スーパーマーケットの元気がない。とくに、百貨店は2008年度、ついに年間売上高でコンビニエンスストアに抜かれた（→図表12－10）。

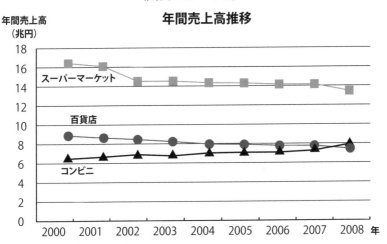

〈図表12－10〉
年間売上高推移

　百貨店、スーパーはこのままでは崩壊してしまうという危機感から、生き残りをかけて経営統合を行なってきた結果、メガ百貨店に集約された。しかしこれで終息とはならないだろう。経済不況、消費不振はさらに深刻で、メガ百貨店の陣営はさらなる経営戦略の変革が迫られるかもしれない。
　こういった背景を持つ百貨店を引き合いに、論理思考と創造的思考の組み合わせ事例を考えてみよう。

メガ陣営のひとつである ABC 百貨店の傘下にあるスーパー XYZ が経営不振にあえいでいるとしよう。スーパー XYZ は現在、店舗運営を以下の 3 種類の方法で行なってシナジー効果を狙っている。

①自主企画（PB）商品を中心とした自主型運営
②テナントに店舗運営を任せたテナント型運営
③ Web によるネット店舗運営

　年間の売上高は、①で 15%、②で 80% 程度、③は 5% 程度である。
　②は基本的にはテナントに店舗運営を任せているため、流通ルートもテナント独自の判断に委ねて高コスト体質になっている。さらに、テナントと ABC 百貨店の本部との権限と責任体制があいまいであるため、取引で混乱が生じることもあり、これも結果的に高コスト体質の一因となっていた。
　このテナント型運営にメスを入れて、例えば仕入れ管理を一元化するなどしてコスト低減を図るべきであるが、現時点では各テナントと取引先の過去のしがらみがあり、体質を改善するのはなかなか困難であるのが実状である。

　①は PB（プライベートブランド）といわれる流通各社の独自企画商品を活用することで、メーカーと協力して企画から製造、販売まで手掛けるため中間コストを削減でき、顧客のニーズを商品に反映できる。利益が期待できるため、ABC 百貨店としては高収益を期待したいところで、現在は売上高は 15% 程度であるが、25% を目標に拡大していく計画である。
　③も女性シニア層をターゲットに、収益の柱として 5% から 10% まで売上拡大を目指す予定である。

〈ケーススタディ５〉定性分析の「３つの思考」を組み合わせた問題解決！

　さて、①のPB商品の売上拡大を図るには具体的にどうすればよいか。
　まずは、＜論理思考による分析のアプローチ１＞において、原因や目標から具体的対策を絞り込むのに最適な手法であるロジックツリーを用いて、具体的対策案を深めていく。

　さらに、②のテナント型運営をどう改善していくか、＜論理思考による分析のアプローチ２＞において、事業プロセスでいかに価値を創造するかを分析するのに適したバリューチェーン分析を用いて、解決を検討する。

論理思考による分析のアプローチ１

　まず最初に、**論理思考の「ロジックツリー」**を使って、PB商品の売上拡大、例えば年間売上目標を10％アップさせたいなどの具体的な数値目標を掲げて、アクションプランを練ることにする。
　この事例では、「マーケティングの４P」と「特性要因図」で問題の原因を究明し、「ロジックツリー」によって問題の解決策を考えるが、すでに第１１章（→ 381 ページ）でその一連の流れを行なっているので、ここでは重複を避けるために、分析のアウトラインと結果だけを述べるだけに留める。

　マーケティングの４Pを切り口に、ロジックツリーを作成した結果を図表１２－１１（次ページ）に示す。図表１２－１１をベースに、期待効果などの定量指標を用いた結果として、PB商品の売上高拡大（10％アップ）を達成するには、製品ブランド、特に**自主企画（PB）力の強化Ⓐ**と、**人的販売の接客スキル強化Ⓑ**、の２点に注力していく方向性が仮に決まったとしよう。

〈図表１２−１１〉

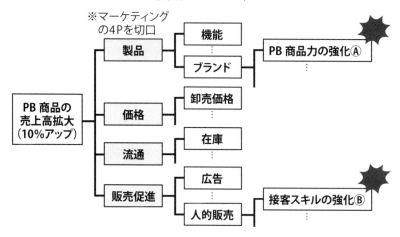

次の段階として、これら２点Ⓐ Ⓑを実務レベルでどのように展開していくかが問題になる。関係者と時間をかけて打ち合わせた結果、次のような方向性が改めて結論として出た。

Ⓐ自主企画（PB）商品力の強化

　百貨店やスーパーの店頭でも自主企画（PB）商品の存在感が高まっている。ナショナルブランド（NB）商品の値上げの中で、PBは生活防衛に走る消費者の支持を一身に集めている感がある。
　このような背景の中で、

- アイデア会議を定期的に開催する
- 社内アイデアコンテストを年２回開催する

という、PB商品のアイデアを練る会議やコンテストがさらに催されるようになった。**アイデア会議は、まさに創造的思考を積極的に活用する場である**。これに関しては412ページの<創造的思考による分析のアプローチ>で改めて触れる。

〈ケーススタディ５〉定性分析の「３つの思考」を組み合わせた問題解決！

Ⓑ人的販売の接客スキルの強化

　店頭の販売員は単なるコストとみなされがちであるが、店頭での接客こそ価値を生み出す源泉である。そこで、販売員の接客技術の向上とモチベーションアップのために、年に１回開催される「接客ロールプレイングコンテスト全国大会」に参加させることが決定した。成績優秀者は、社員の前で表彰されることも決まった。

　もちろん、コンテストに勝ち抜くだけが目的ではない。毎日の業務の中での接客技術の向上とチェック、またコンテストの前には、コンテストに出場する者同士で「朝練ロープレコンテスト対策」と称する練習を行ない、ライバル同士、積極的に接客技術を披露して、販売員の販売力底上げを強化することが目指された。

論理思考による分析のアプローチ２

　ここでは、テナント型運営の改善について、**論理思考の「バリューチェーン分析」**を用いて検討してみよう。

　従来では、各テナントとABC百貨店の本部との管理体制があいまいであった（→図表１２−１２）。

〈図表１２−１２〉

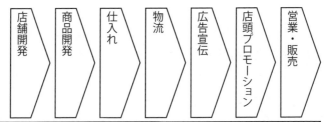

そこで、図表１２－１２のような体制を、以下の図表１２－１３のように変更した。すなわち、テナントは、日常の仕入れや店頭キャンペーン、営業・販売に権限と責任を持たせ、一方、店舗（開発）や商品開発、広告宣伝は ABC 百貨店本部がサポートする、と明確に「見える化」した。

また、どのプロセスで高い付加価値を見出すかという程度を３段階（◎、○、△）で明確にした。**図表１２－１３から、PB 商品を主とした商品開発と営業・販売に力点を置くことが必要なことがわかる。**

〈図表１２－１３〉

	店舗開発	商品開発	仕入れ	物流	広告宣伝	店頭プロモーション	営業・販売
推進主体			テナント	テナント		テナント	テナント
サポート	本部	本部			本部		
付加価値	○	◎	△	△	○	○	◎

（◎非常に高い付加価値、○高い付加価値、△標準的な付加価値）

創造的思考による分析のアプローチ

410 ページで触れた PB 商品のアイデア会議では、創造的思考が縦横無尽に活躍する場である。

アイデア増量メソッドでも触れたブレーンストーミングが手軽に行なえるが、〈事例１〉（→ 403 ページ）でも触れた SCAMPER によるチェックリストが非常に強力なツールとなる。まったくゼロから生まれる**新商品はまれである。ヒット商品をいかに修正・変更するか、他の目的に使用できないか、商品同士をどう組み合わせるかなど SCAMPER によってアイデアはどんどん湧き出るはずだ。**

〈ケーススタディ５〉定性分析の「３つの思考」を組み合わせた問題解決！

　創造的思考による分析は403ページのような手順で行なってもらいたい。アイデア会議だからといって、会議室という堅苦しい場所で行なう必要は必ずしもない。リフレッシュエリアでもよいし、場所を変えて会社の保養所やリゾート地などリラックスした雰囲気の中でカジュアルな服装で行なったほうが、ユニークで自由奔放なアイデアが生まれやすいだろう。

　アイデアが尽きそうになったら、会議室から外へ出るのも手であろう。百貨店やスーパーなどに行って、今回開発する商品に近いものをそれとなく調査するのもよい。ただしヒットしている商品をネタにするのはすでに遅いかもしれない。ヒットしそう、大ブレークしそうなトレンドをキャッチできるようになれば本物であろう。

この事例のポイント

▶百貨店を事例に、PB商品の売上拡大を図るには具体的にどうすればよいか、論理思考の「ロジックツリー」を使って具体的対策案を検討した。その結果、PB商品力の強化と接客スキルアップの２点に絞られた。

▶前者のPB商品力の強化、具体的には商品アイデアの創出では、創造的思考の活躍が大いに期待できる。
この事例のように論理思考と創造的思考を組み合わせることで、問題をトータルな解決へ導くことができることを強調したい。

▶後者の接客スキルアップでは、「接客ロールプレイングコンテスト全国大会」などに参加することで販売員のモチベーションを高めながら、実践的なスキルアップが可能と思われる。

▶また、テナント型運営の改善として、論理思考の「バリューチェーン分析」を使って、権限と責任体制、またどのプロセスで付加価値を見出せるかという「見える化」を図った。

413

論理思考とシステム思考の組み合わせ事例
〈世界金融危機のケース〉

　米国の「サブプライムローン問題」に端を発した世界金融危機を論理思考、もしくはシステム思考で分析したらどうなるかを検討してみよう。

　米国の住宅価格の下落によるサブプライムローン問題を発端として、世界中に金融不安が広がり、世界で株価が大暴落した。米国は金融安定化法を成立させ、金融機関へ公的資金を注入している。

　この公的資金の注入がスムーズに運んだかというと実はそうではない。いわゆるリーマン・ショックという荒療治が行なわれたのだ。すなわち、米政府はリーマン・ブラザーズ証券を結果的に破綻させてしまったのである。ときの財務長官による意図的な破綻かどうかは疑惑が残るところである。

　一方、米国保険大手 AIG（アメリカン・インターナショナル・グループ）は救済されたが、なぜリーマンは破綻させたのか。米国議会内でいろいろ憶測があったようだが、リーマン・ショックを経て金融安定化法が成立し、そして金融機関への公的資金の注入へと至っている。

　この公的資金は、日本ではバブル崩壊後にすでに実施した金融政策で、金融機関が抱える不良債権問題の早期解決に一定の評価を得た。日本のバブル崩壊と米国のサブプライム問題を比較すると、前者のケースでは日本という国に限定された問題であったが、世界金融危機では、世界と冠しているとおり、瞬く間に世界中に広がった。

　欧米では公的資金を注入する対策が行なわれ、その成果が大いに期待されるが、実態はどうであろうか。

　2009 年 1 月下旬の新聞に以下のような記事が出た。

〈ケーススタディ5〉定性分析の「3つの思考」を組み合わせた問題解決！

「米政府が米銀大手バンク・オブ・アメリカ（バンカメ）に資本を再注入すると発表。欧州でも英政府が追加の金融安定化策を発表した。巨額の公的資金を投入してきたにもかかわらず金融不安が収まっていないことがはっきりした形だ」

　果たしてこの公的資金注入は抜本的対策であったのだろうか。確かに、日本のバブル崩壊では、疲弊し切った金融機関のカンフル剤として抜群の効果をあげたが、世界金融危機でも同じような効果は期待できるのだろうか。単なる暫定的な対症療法に過ぎないのであろうか。底なしの損失にこのまま公的資金を注入し続けても、一向に効果が表われないまま、あるタイミングで大破局（カタストロフィー）を迎えてしまわないだろうか。

システム思考による分析のアプローチ

　世界金融危機は非常に深刻で難解な問題である。誰もが明確な解決策を答えられないだろう。特に金融・経済専門家であればいっそう慎重なコメントをせざるをえない。問題の根も深いだろうし、要因が非常に複雑に入り組んで、動きや変化も早い。氷山のように目に見えている部分が少なく、大方の部分が水面下に隠れて密かに動いている、最も質の悪い問題かもしれない。

　こういう要因が複雑に絡み合った問題の分析はシステム思考の得意とするところだと何度も強調してきた。

　それではこの事例では、論理思考の出番はまったくないのだろうか。フレームワーク、例えば「PEST分析」を使ったとしても、おそらく現象の整理・分類程度しかできずに、複雑な因果関係までは見えてこないだろう。複雑に絡み合っているため、解決の糸口は見出せないであろう。

415

また、「ロジックツリー」を使っても、どの切り口から分析を深めていくかを検討しようにも非常に困難で、期待する結果が得られないであろう。ここに論理思考の限界がある。これは395ページで説明したとおりの流れである。つまり、論理思考では不十分でシステム思考に移行せざるを得ない局面に遭遇したケースである。

　この事例ではシステム思考に頼らざるを得ないだろう。システム思考を使って、世界金融危機の実態を「因果ループ図」でどう表現できるかをまずは検討したほうがよいだろう。因果ループ図で表現できた場合、世界を席巻している金融危機の根の部分は何か、その具体的対策はあるのか、さらにこの金融危機は今後どのように推移していくのか、を考えてみよう。非常に重い内容ではあるが、本項ではシステム思考から得られる知見を客観的に述べることにする。

　この事例の焦点として、以下の事実に注意してほしい。

　米政府が銀行や証券会社などの金融機関に公的資金を注入したが、効果が見えず、資金の再注入をせざるを得なくなった状況がポイントである。これは、**システム思考を定型化した場合、悪化パターンの「問題の先送り」であろうと推測される**（→353ページ）。事例の実態があまりに複雑過ぎて定型パターンに収まりきれないかもしれないが、ここでは単純化して考えてみることにする。

　この事例を「問題の先送り」パターンに対応させると、企業にとって重要な経営指標であるバランスシートが悪化した結果、政府からの公的資金注入が行なわれて、短期的にはバランスシートは改善されるはずだ。改善されなければ税金が最終的に無駄金になり非常にまずいことになる。
　理想的には公的資金注入以外の抜本的対策をして、それらを同時並行

〈ケーススタディ5〉定性分析の「3つの思考」を組み合わせた問題解決！

に行なうことで、金融機関のバランスシートを根本的に解決したいところだが、実際は、公的資金注入を行なうと、ある程度結果が生み出され、抜本的対策への取り組み意欲が削がれて、手を抜く結果（**対症療法の副作用**）に陥る。すなわち、**「問題の先送り」という悪化パターンに突入**していると考えられる（→図表１２−１４）。

　公的資金の注入が対症療法か抜本的対策であるか議論の余地はあろうが、ここでは対症療法と認識して話を進める。公的資金の注入でない抜本的対策とは具体的に何かを議論することは、本書のテーマではない。金融の専門家による抜本的対策の妙案を期待して深入りはやめておく。ただし一言だけいわせてもらえば、抜本的対策とは短期的な解決策でなく中長期的に確実に得られる成果で、この事例では金融機関のバランスシート回復が期待できる対策であろう。

〈図表１２−１４〉

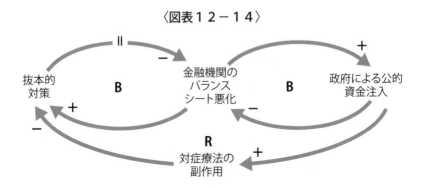

　図表１２−１４を基に、世界金融危機の因果ループ図（→次ページの図表１２−１５）をつくってみた。ラフな図かもしれないが、世界金融危機の全貌がざっくっとつかめていただけると思う。

417

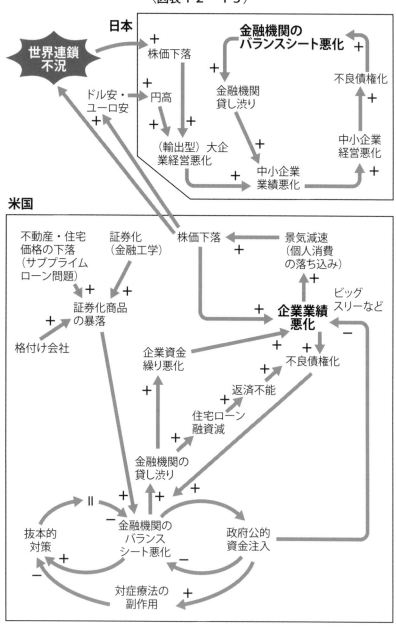
〈図表12-15〉

〈ケーススタディ5〉定性分析の「3つの思考」を組み合わせた問題解決！

　この世界金融危機は、「100年に1度の危機」ともいわれ、原因となっている根は非常に深いと思われる。図表12－15からもわかるように、金融機関のバランスシートの悪化からいろいろな悪影響が波及している。このことからも金融機関は本当に経済成長の心臓部で、ここからマネーという血液が流れて経済活動が行なわれていることが再認識できるだろう。ところがこの心臓部に疾患が、つまりこの事例では金融機関のバランスシートに欠陥が生じると、経済全体にわたって悪影響が及ぶことがわかる。

　図表12－15から、金融機関のバランスシート悪化の直接的原因となっているのは、大きく以下の2つの要因であることが推測される。

①米国でのサブプライムローン問題を発端として証券化商品の価格急落が起こる。その結果、金融機関の巨額な損失を招く。
　この証券化商品の暴落は、非常に高度な金融工学を駆使していることが大いに関係するとの指摘もある。この金融工学によって証券化の仕組みが非常に複雑になり、わけのわからないリスクが他商品への転嫁により世界中にばらまかれたとの指摘がある。
　一方、格付け会社による証券化金融商品に対する格付けが甘かったことなどが金融危機の原因のひとつになったとの指摘もある。

②金融機関はバランスシートの悪化によって、自己資本比率のしばり（BIS規制）で一般企業への貸し出し枠を制限せざるを得ない。その結果、企業の資金繰りが悪化し、金融機関への融資返済が滞るなど不良債権化し、これがさらに金融機関自身の首を絞めることになる。
　さらに金融機関の貸し渋りによって、米国民の住宅ローン返済も一層厳しくなって、これも不良債権化して金融機関へネガティブに跳ね返ってくる。

419

前ページの2つの要因分析から、以下の対策の方針が考えられる。

　①の住宅価格の下落を食い止める具体的対策を行なわないと、金融機関のバランスシート悪化に一向に歯止めがかからない。金融システムが落ち着けば本件は自然に解消するだろうという甘い考えが専門家に蔓延{まんえん}してしまえば非常に危ない状態であろう。

　②のマイナス連鎖はさらに複雑極まる。②によって金融機関のバランスシート悪化、さらに個人消費の落ち込みという無間地獄となって、負の連鎖が一層加速されるのである。このマイナスの連鎖も、公的資金注入だけで果たして沈静化できるのだろうか。
　世界連鎖不況は欧州や日本など世界中にも波及している。日本へも円高や世界同時株安によって、日本国内の一般企業や金融機関に影響を及ぼしている。

　今後、米政府からの公的資金注入で金融機関のバランスシートの悪化にブレーキがかかり、そのまま注入し続けて金融機関のバランスシートが回復して金融危機以前の本来の経済状況に戻ってほしいと万人が望むことであろう。ところが実態として、不良債権などの損失算定が困難であるため、損失額が確定しないまま公的資金を注入しているのが現状である。まるで、穴の開いたタンクに国民の貴重な税金を流し込んでいるようなものである。

　このような状況で、公的資金注入だけの対症療法で世界金融危機は終息できないだろう。**抜本的解決策を明確にして本格的に機能させないことには、世界金融危機は終息できない、とシステム思考による因果ループ図は示唆している。**

　3つの思考法の中で、複雑極まる世界金融危機の分析を得意とするの

〈ケーススタディ5〉定性分析の「3つの思考」を組み合わせた問題解決！

はシステム思考であることはいうまでもない。システム思考だけで世界
金融危機の全容を解明するのは不可能であるが、十分に参考にしながら
解決策を専門家にゆだねたいところである。

この事例のポイント

▶世界金融危機を事例に、「システム思考」で現状把握、原因、今後の
　対策を分析した。なお、本事例はシステム思考では「問題の先送り」
　パターンに分類される。
▶システム思考による分析では、以下の2点を示唆している。
　①公的資金注入だけの対症療法では世界金融危機はおそらく終息でき
　　ないだろう。
　②抜本的解決策を明確にして早急に作動させる必要がある。

創造的思考とシステム思考の組み合わせ事例①

〈あるラーメン店の再生プランのケース〉

　昨今のラーメンブームはかげりを知らない。ここでは、ラーメン店という身近な事例をもとに「創造的思考」と「システム思考」を組み合わせた事例を紹介する。ここでは、あるラーメン店において、人気のバロメーターである「来店客数の推移」を分析する。

　ラーメン店「Ramen 堂」は、JR 沿線の Q 駅の商店街にあったが、数カ月前に開店した。この商店街は近くにマンションも立ち並び、大手電機メーカーの社宅もあって、非常に活気あふれる商店街である。

「Ramen 堂」の店主は、以前は Q 駅から 3 駅ほど離れた所で製麺所を経営していたが、製麺所内で遊び心でラーメンを作って営業したところすこぶる評判がよく、このたび Q 駅の商店街でラーメン店を構えて本格的に営業を開始した。

「Ramen 堂」は定番メニューの他に健康志向のメニューも取り揃え、トッピングを豊富に用意し、極めつけは特殊製法による熟成麺に漢方食材を使った薬膳スープを用いたメニューを「1 日限定健康メン 50 食、完売ごめん！」のキャッチコピーで売り出した。すると、開店後、この健康ラーメンが受けに受けた。

「Ramen 堂」は開店後の半年間、来店客数は順調に増加し、売上げも増えたことから、店内の装飾やアルバイト店員を増やしたりと店内設備やサービスを徐々に充実していった。客の口コミやネットのブログからも来店者が増加し、売上げもますます増える方向に作用した。

「Ramen 堂」は幸先のよいスタートを切り、まさに順風満帆であるかのように思えた。

　ところが、開店後半年ほど経過してなぜか来店者は徐々に減り始め、

売上げが減少するようになった。

「Ramen 堂」の店主は、客が店内で記入したアンケートや、親しい客から事情をいろいろ聞いたところ、以下の事実（クレーム）が明確になってきた。

● 待ち行列が長く、１時間ほど路上で待つことがある。
● 店内が混雑していて、ゆっくり食べることができない。
● ここ最近、ラーメンの味が落ちてきたような気がする。
● 最近、近くにできたラーメン店がお客の回転が早く、そこそこ美味いので、その店にも行くようになった。

ラーメンの味が落ちていることを指摘され、店主ははっと思い当たることがあったという。

さらに、深刻な景気不況の影響から大手電気メーカーでリストラが行なわれ、「Ramen 堂」の近くにあった社宅が撤去されることが決まり、１年後には社宅住民が引越すという情報を得た。この社宅の人たちにも「Ramen 堂」は人気があって、客としてかなり来店していた。

システム思考による分析のアプローチ

まず、来店者数の時間的な変化が非常に激しいのがこの事例の特徴である。

さらに、因果関係が非常に複雑に入り組んでいる。何と何の要因が原因と結果の関係になっているか、事例だからシンプルに少なくしたつもりだが、それでも分析に慣れていなければかなり複雑であろう。これらの特徴を備えた事例を分析するのに有効な「システム思考」を使ってみよう。分析に当たって、時間的に２段階Ａ、Ｂに分けてみる。

A段階:「Ramen堂」開店後、数カ月から半年間
　➡　来店者が増加し、売上げが順調に増えた
B段階:「Ramen堂」開店後、半年以上
　➡　来店者は減り始め、売上げは徐々に減ってきた

まずは、A段階を分析しよう。
「Ramen堂」開店後、数カ月から半年間では、以下の情報が得られている。

- 来店客数は順調に増加し、売上げが増えたことから、店内の装飾やアバイト店員を増やしたりと、店内設備や店内サービスを徐々に充実していった。
- 客の口コミやネットのブログからも来店者が増加し、売上げはますます増える方向に作用した。

この2つの情報から、「因果ループ図」と「来店客数の時間推移」は、図表12-16のように描けるだろう。

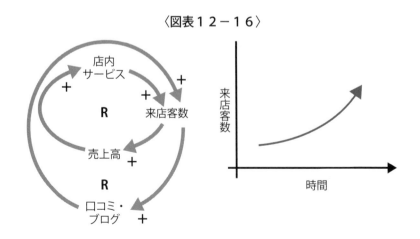

〈図表12-16〉

〈ケーススタディ5〉定性分析の「3つの思考」を組み合わせた問題解決！

　来店客数の増加は売上げを増加させ、その結果、店内サービスの充実となって、結果として来店客数を増加させる作用を及ぼす。また来店客数の増加は同時に口コミやブログの増加になって、これも来店客数の増加に寄与する。これら**2重の拡張フィードバックループ（R）**の形成を図表12−16は示している。

　この状態が続けば来店者数は増加する一方で、「Ramen堂」としては笑いが止まらないだろう。しかし、「好事魔多し」とはこのことで、良いことは長くは続かないのが世の常である。

　次に、**B段階**に移る。
「Ramen堂」開店後、半年以上経つと、以下の理由から来店者は減り始め、売上げは徐々に減ってきた。

● 長い行列ができて、車の往来が激しい路上で1時間ほど待たなければならない
● 店内が混雑して、ゆっくり食べることができない
● 近くに、他のラーメン店ができてそこへ行く人が多くなった
● ラーメンの味が最近落ちている

さらに、1年後には、

● 大手電機メーカーの社宅の撤去で、今まで利用してくれた来店者が来れなくなる

ラーメンの味が落ちている指摘に対して、「Ramen堂」店主は、

● 自分自身も含めて従業員が最近、疲労がたまったせいか、体調がすぐれない

425

- 多忙で営業時間も遅いため、製麺やスープの仕込みがやや雑になっているかもしれない

など、プロ職人としては情けないが正直なコメントをしてくれた。どんな事情があるにしても、これではプロとしては失格であろう。

これらの情報を424ページの図表12－16に付加してみよう。因果ループ図の結果は図表12－17に示す通りになる。また来店客数の時間推移は図表12－18（次ページ）のようになるだろう。

〈図表12－17〉

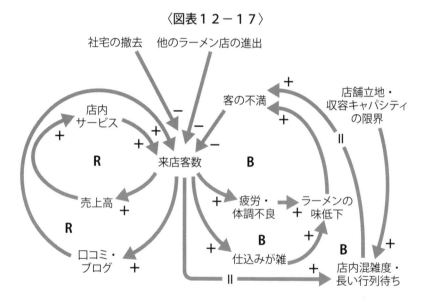

〈ケーススタディ5〉定性分析の「3つの思考」を組み合わせた問題解決！

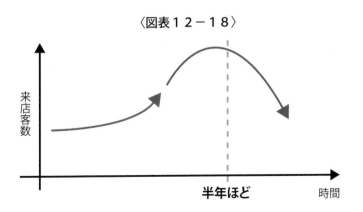

〈図表12-18〉

図表12-17の因果ループ図から何がわかるだろうか。

つまり、来店客数の増加に伴って、「客の不満」が生じる因果関係として以下のようなことがわかる。

①店主・従業員の疲労・体調不良 ➡ ラーメンの味低下 ➡ 客の不満 ➡ 来店客数の減少
②（営業時間が遅いため）仕込みが雑になる➡ラーメンの味低下 ➡ 客の不満 ➡ 来店客数の減少
③長い行列待ちや店内が混雑 ➡ 客の不満 ➡ 来店客数の減少

上記③に関しては、店内の収容キャパシティの限界という制約、すなわち店舗の立地条件や店舗面積の制約が、結果的に長い行列待ちや店内の混雑を招いているのである。もし、店舗の近くに何らかの空きスペースがあれば、そこで客を待たせることができ、車の往来で危険な路上に待たせることもなくなる。

上記①②③は、因果ループ図では3重の平衡ループを形成する。これらは結果的に来店客数の減少を招き、424ページの図表12-16で示

した2重の拡張フィードバックループ（R）に対し、**3重のバランスフィードバックループ（B）**として作用する。すなわち、拡張フィードバックループ（R）に対して土砂降りのように水を差す機能を持つ。

　426ページの図表12－17には、さらに来店客数の減少に寄与する要因が次の2つとして示されている。

- 他のラーメン店の進出
- 社宅の住民の引越し

　すぐではないにしても社宅の撤去は1年後に予定されており、他のラーメン店の進出とあわせて、上記2つの要因は「Ramen堂」に対して強い営業ダメージを与えるだろう。

　図表12－17の因果ループ図のパターンは、結局は**システム思考の「成功の限界」パターンである**（→350ページ）。**どんどん成功し続けると思われた現象にブレーキがかかって、成果が頭打ちの状態で、下手をすれば今度は成果が減り続ける泥沼に陥るパターンである。**

　さて、図表12－17の因果ループ図で、来店客数の増減する要因を再度みてみよう。ここから本格的な分析が始まる。

◎**来店客数の増加に寄与する要因（2つ）**
- 店内サービス
- 口コミ・ブログ

◎**来店客数の減少に寄与する要因（3つ）**
- 客の不満
- 他のラーメン店の進出
- 社宅の撤去

〈ケーススタディ5〉定性分析の「3つの思考」を組み合わせた問題解決！

　来店客数の減少に寄与する要因（3つ）を細かくみてみよう。

　他のラーメン店の進出や社宅の撤去は、ある意味で不可抗力である。状況を静観し、できる範囲で対処せざるを得ない。社宅の撤去をやめてもらうことや他のラーメン店が進出しないように行政に指導を申し立てることは非現実的である。

　ところが、最後の「客の不満」は、実は以下の3つの根深い要因が絡んでいることが図表12－17からわかる。

　①店主・従業員の疲労・体調不良によるラーメンの味の低下
　②仕込みが粗雑によるラーメンの味の低下
　③店舗の立地条件の制約による店内の混雑・長い行列待ち

　さらに客の不満によって、今まで来店客数の増加に寄与した口コミ・ブログが今後は一転してネガティブに作用し、来店客数の減少に大きく影響する可能性も大きい。

　すなわち、いろいろな要因の支流から流れ込んだ「客の不満」が本流となって、来店客数の減少へ向かって大きく影響していたのである。

　これらの分析からも、来店客数減少の根源となっている「客の不満」をいかに解消していくかについて、できる範囲ですばやく手を打つべきであろう。
　過去の成功体験は忘れて、すべてをリセットした気持ちになって、いろいろな観点から発想・手段を拾い上げるべきであろう。これを実現するには、続いて解説する「創造的思考」が打ってつけである。

創造的思考による分析のアプローチ

　この事例では、「システム思考」で原因がかなり明確になっているため、「創造的思考」では手っ取り早く斬新なアイデアを出すのに適したブレーンストーミングを行なうことにする。

　原因が明確になったのだから、「Ramen堂」の復活はいつか必ずおとずれるという「気構え」や「ノリ」で、いくつかの原因ごとに対応策をブレーンストーミングで遠慮なく話してみよう。

　ブレーンストーミングで得られた結果を、図表12-19a、同b、同c、同dに示す。同図では、原因ごとの対策案も示している。

〈図表12-19a〉

原因1	店主・従業員の疲労・体調不良によるラーメンの味の低下		
対策	店主・従業員の疲労・体調管理を徹底する	優先度	コスト
具体案	1. 従業員の休暇取得の徹底	1	2
	2. 従業員を増やし、交代制にする	3	3
	3. 営業時間の一時的短縮	2	2
	4. 休憩時間を確実にキープ	1	1
	5. 病院で定期的に診察を受ける	3	2

〈図表12-19b〉

原因2	仕込みが粗雑によるラーメンの味の低下		
対策	仕込み時間の確保（体調管理にも関連）	優先度	コスト
具体案	1. 営業終了時間を早める 　混んでいても確実に閉める（暖簾をおろす）	2	2
	2. 仕込み担当者を増やす	2	3
	3. 仕込み作業の管理＆チェック体制を徹底	1	1

〈ケーススタディ５〉定性分析の「３つの思考」を組み合わせた問題解決！

〈図表１２－１９ｃ〉

原因3	店内が混雑する		
対策	混雑度を物理的、心理的（サービス）両面から緩和	優先度	コスト
具体案	1. 店舗を拡張（改築）する	3	3
	2. 店内で客を待たせないようする 専用の待ちスペースを外につくる	2	3
	3. 店内で待機用の椅子を5人分ほど容易	1	2
	4. 店内にリラックスできるBGMを流す （ジャンル、曲目、音量を工夫）	1	1

〈図表１２－１９ｄ〉

原因4	路上での長い待ち行列		
対策	待ち行列を物理的、心理的（サービス）両面から緩和	優先度	コスト
具体案	1. 車の通行や他人の迷惑にならないような 注意書きをした立看板をおく	1	2
	2. 注文を早く聞いて安心してもらう	1	1
	3.「Ramen堂」に関する話題・PRのチラシを 配って、待っている時間に読んでもらう	1	2

　さらに、「Ramen堂」の再生を強調する対策として、図表１２－２０に具体案を示す。

〈図表１２－２０〉

対策	積極的に店舗PRを展開	優先度	コスト
具体案	1. 健康的なラーメンなど新メニューを開発	1	3
	2. ホームページで、新メニューの紹介や 店主のうんちくなどを掲載	1	2

　図表１２－１９ａ～ｄと図表１２－２０には、例えば優先度を５段階、コストを３段階に分類した結果も載せている。数値が小さいほど優先度が高く、コストも低いことを示す。図では優先度とコストの数値を加え

て3以下の具体案を網掛けにしている。これから、早急に何をしなければならないかが明確になってくるだろう。店主はリーダーシップを発揮して、「Ramen 堂」の危機打開に乗り出さなくてはならない。

この事例のポイント

▶ラーメン店「Ramen 堂」は、開店して半年以内では、営業は順調な成長を示していたが、半年後、急激に来店者数・売上げが減少した。この原因を「システム思考」によって分析した。

▶その後、「創造的思考」（ブレーンストーミング）によって、分析した原因ごとに具体的対策のアイデア出しを行なった。さらに、具体的対策ごとに優先度やコストを算定し、早急に何の具体策を打たなければならないかを検討した。

〈ケーススタディ5〉定性分析の「3つの思考」を組み合わせた問題解決！

創造的思考とシステム思考の組み合わせ事例②
〈ゲームソフトメーカーの危機克服のケース〉

ゲームソフト業界では最近、以下の課題に直面している。

①アミューズメントの選択肢が急速に多様化する中で、魅力的で斬新なコンテンツをスピーディーに市場投入すること
②日本だけでなくグローバルなシェアを確立、維持すること
③開発コストを抑制しながら、最先端の技術開発に対応すること

家庭用ゲームソフトメーカー XY 社はこの課題をクリアしながら、これまで斬新かつ独創的なヒット商品の継続的な市場投入を図ってきた。

XY 社の開発は1本のソフトについて、スタッフ1人ずつで担当し、スタッフ間の横のコミュニケーションをせずに、徹底したコスト管理で順調に売上げと市場シェアを伸ばしてきた。

しかしながら、ある意味で一発勝負的な開発戦略であるせいか、最近売上げの伸びの鈍化が目立つようになってきた。

人事の総責任者である K 氏は、従業員の勤務時間から、最近仕事量が多くなって残業時間も増え、従業員が疲労してモチベーションに影響しているのではないかと推察した。

システム思考による分析のアプローチ

K 氏は状況の推移を「システム思考」で分析した。次ページの図表12－21は、過去において売上げが増加して、これが従業員のやる気（モチベーション）を増大させる**拡張フィードバックループ**となってい

ることを示す。

〈図表１２－２１〉

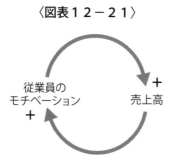

　さて、XY社では最近、仕事量と残業時間が増え、従業員が疲弊してモチベーションに影響していると思われる状況から、**図表１２－２１の状態から図表１２－２２に変化してきたとＫ氏は**推察した。

〈図表１２－２２〉

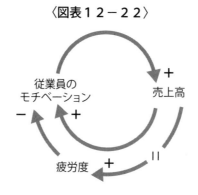

　この状況が続けば、従業員のモチベーションが上がらず、最終的には売上げにブレーキがかかって、XY社の経営に悪影響をもたらすと予測されることから、Ｋ氏は社長へ意見を打診した。

　１週間後、社長から以下のような「開発体制の変更」と「社内番付」制度の提言があった。
　ソフト開発部門は今まで１人ずつ単独での開発体制であったが、大き

〈ケーススタディ5〉定性分析の「3つの思考」を組み合わせた問題解決！

なヒットに結びついた製品を「シリーズ化」する戦略へシフトする方向に転じ、各グループ3～4人の共同開発体制に変更することになった。その結果、XY社では約20グループが編成された。

さらに、各グループの業績を「社内番付」で順位を付け、給与を決定することにした。社内番付とはまさに大相撲の番付にならって、年に3回、番付会議によって売上成績に応じて横綱、大関、関脇、小結などの番付にランク付けすることである。

特に上位である横綱（1グループ）、大関（2グループ）、三役（関脇1グループ、小結2グループ）の計6グループは、全社員の前で社長から表彰され、賞与（ボーナス）もアップすることになった。

また、グループごとの共同開発によって休日取得を徹底させ、従業員の疲労をためないように徹底させた。

このグループによる共同開発体制と社内番付制度の導入によって、従業員のモチベーションが高まってきた。同時に休日取得の徹底で、従業員の健康面での増進によってモチベーション活性化も促した。

この状況の変化を因果ループ図で表わすと、図表12-23のようになる。

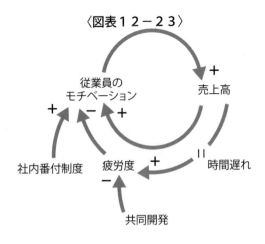

〈図表12-23〉

図表１２－２３から、社内番付制度によって従業員のモチベーション
を駆り立て、またグループ編成による共同開発で従業員の疲労度を軽減
させて、結果として従業員のモチベーションアップを図っていることが
わかる。

　この結果、会社の売上げや営業利益は以前にも増して、記録をどんど
ん塗り替え、しばらくは順調に推移していった。

　しかし、共同開発体制と社内番付制度の導入から３年後、次第に業績
にかげりがみえてきた。
　Ｋ氏には、従業員のモチベーションは保持されたままのようにみえた。
一見問題はなさそうではあるが、従業員を連れて近くの居酒屋で飲みな
がら今の状況を忌憚なくヒヤリングすることにした。
　その結果、最近新しいゲームソフト開発が次から次へと続き、次の斬
新なソフトを開発するにしても独創的なアイデアが湧いてこなくなった
ということがわかった。アイデア切れというか、アイデアの枯渇を起こ
しているようであった。スランプに陥ったかなと苦笑いする者もいた。
特に体調を崩しているわけではないと従業員はいっていた。

　Ｋ氏はこの状況を慎重に受け止め、図表１２－２３（前ページ）の因
果ループ図が、図表１２－２４のように変化しているのではと考えた。

　図表１２－２４は、アイデアの枯渇（アイデア切れ）によって、売上
げという成果へのブレーキがかかっていることを示す。すなわち、アイ
デアの枯渇（アイデア切れ）という制約によって、今までの成功が限界
を迎える、いわゆる「成功の限界」パターンに陥っているのではと推測
できた（→３５０ページ）。

〈ケーススタディ５〉定性分析の「３つの思考」を組み合わせた問題解決！

〈図表１２−２４〉

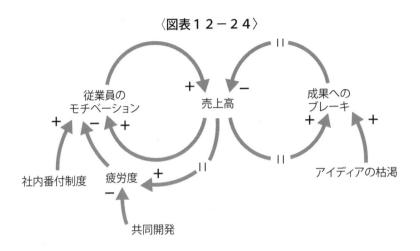

アイデアの枯渇（アイデア切れ）という制約をいかに除去できるか、完全に除去できなくてもせめて制約を軽減できなければ、せっかく導入した社内番付やグループ共同開発制度が無駄になってしまう。

Kさんは考えた結果、**アイデアの枯渇（アイデア切れ）を「創造的思考」によってリカバーできるのでは**という結論に至った。この状況を、図表１２−２５に示す。

〈図表１２−２５〉

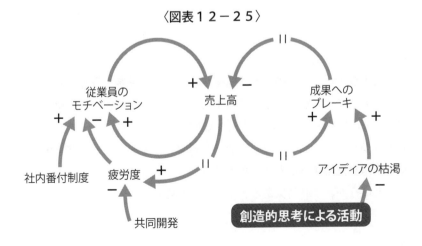

図表12－25（前ページ）は、「創造的思考」によってアイデアの枯渇を緩和し、結果として成果へのブレーキを減らし、売上げに貢献する方法を示している。では、アイデアの枯渇の対策として「創造的思考」をどう組み込んでいくかが次の問題となってくる。

創造的思考による分析のアプローチ

アイデアの枯渇状態から救ってくれる「創造的思考」を、この事例でどのように展開していくかを述べることにする。

ゲームソフトは一般的にエンターテインメント要素が強い製品である。すなわち製品開発のプロセスにおいて、斬新なアイデアを創出し、そこから好ましいものを選び、試行錯誤して製品に反映させていく活動は、才能を持った個人によってなされることが多いだろう。すなわち、ゲームソフトの開発そのものが、組織ではなく個々の開発者の才能や能力によって結果が左右されるという、個人依存度が強い特徴を持つと考えられる。

しかしながら、この事例のように組織化された状況で開発も進められるケースもある。まず、ユーザーにとって何が魅力的な製品コンセプトかを定め、開発者のチームを編成し、彼らの活動を管理・調整しながら、製品コンセプトに沿った魅力的なゲームを効率的に開発していくことが求められるのである。

この事例では、後者のように組織化された開発体制で行なうと、個人レベルでアイデア切れが生じても１人で悶々と悩むことなく、組織内で「ブレーンストーミング」や「SCAMPER」を積極的にやって、ゲームのキャラクター、ストーリ性、音楽や映像、CGなどアイデアを思いつくまま意見交換することができるだろう。その際、多少アルコールが入っていたほうが、より活気あるアイデアが期待できるかもしれない。

ブレーンストーミングの例についてはいろいろ考えつくと思うので、

〈ケーススタディ５〉定性分析の「３つの思考」を組み合わせた問題解決！

この章で説明してきたことを参考にしながら読者自身で考えていただきたい。

　ただし、１点注意すべきことがある。ゲームソフトは秘匿性が強くアイデア勝負が売りである。開発チーム内の秘密主義をある程度徹底することも必要である。他チームへはまだしも、他社へ漏洩してしまっては、チームの仲間を信用できなくなる事態に陥る。その結果、社長が提言した共同開発への体制シフトが意味をなくし、元の単独開発に戻ってしまうことになりかねない。その点に注意したい。

この事例のポイント

▶この事例では「システム思考」で問題過程を分析し、どこに制約やボトルネックがあるかを抽出し、それらを見つけることで、どこにどう手を打てばいいかが見えてくることがわかった。

▶この事例では「システム思考」で原因追求を行い、最終的に「創造的思考」も組み合わせてトータルな問題解決を図ることができた。

付録

定量分析とビジネス数学

ビジネス数学とは何か

　本書のケーススタディを通じて、意思決定などの具体的な定量的・定性的分析ノウハウを紹介してきた。特に定量分析においては、ビジネス数字や指標の基本計算が主体で、微分や積分、ベクトルや行列など高度な数学を駆使するまで必要はなかった。しかしながら、数学的思考や基本計算を含む数的処理が要求される。

　そうした、**ビジネスで必要とされる数学的思考や数的活用処理を総称して「ビジネス数学」と呼ぶことにする。**

　文系出身のビジネスパーソンの中には、数学が不得意であると公言してはばからない人もいる。しかしながら、ビジネス実務で数学的思考や数理的処理が要求されることは必然的で、文系だから勘弁してほしいということは許されないだろう。ましてや管理職や経営層では何をか言わんやである。

　仮に学生時代に数学がものにならなくても、社会人になって**ビジネス実務を通じて数学的思考や数的感性が磨かれる人もいるだろう。**こういう意味から、ビジネス数学は実学であり、学校で学ぶ数学とは一線を画すといってもよいのかもしれない。

　反対に、学生時代に数学が得意だったという人は、数学を受験目的で学び、短時間に機械的な処理をすることが得意であっても、計算を行なう本質的な意味や目的をあまり考えないで済ませてきたことも多い。

　数字における計算は単位のない無名数で行なわれることが多く、複素数や行列などの高度に抽象化された量を扱い、数学は現実とは異なる抽象的・仮想的かつ帰納的な世界である。

〈付 録〉定量分析とビジネス数学

　一方、ビジネスの世界では、数字に％、倍や円などの具体的な単位がついていることが多い。これにより、例えば次のような計算を行なうにも、何を算出するのかについて、意味が具体的・現実的でかつ演繹的になってくる。

　　　定価＝原価×（１＋利益）
　　　利益＝売上高－費用
　　　売上高＝販売単価×売上数量

　文系出身、理系出身のいずれにせよ、ビジネス最前線で活躍するビジネスパーソンはビジネス数学に強くなってほしい。そしてビジネス数学における数学的思考や数的処理をさらに磨いて、**ビジネスのあらゆる局面で生ずる様々な問題解決や意思決定への知的武装として役立てていた**だきたい。

　このビジネス数学力がどの程度身についているかを測定するツールが次項で触れる「ビジネス数学検定」である。

443

ビジネス数学検定とは

「ビジネス数学検定」はビジネスにおける数字の活用能力、すなわち定量分析力を測定する検定試験である。

「ビジネス数学検定」を受検することで、**自身の数字の活用能力の強み・弱みを客観的に把握し、今後、どのようなスキルを伸ばせば良いのかと**いった学習指針として、さらに入社試験・昇進試験での活用、研修の効果測定など、企業サイドでも広く活用いただける。

ビジネス数学検定は、インターネット上で受検できる WBT（Web Based Testing）方式を採用し、**5つの力**（「**把握力**」「**分析力**」「**選択力**」「**表現力**」「**予測力**」）の分析結果や総合スコアは受検直後に表示される。場所を問わず受検者の都合に合わせて受検できるため、忙しいビジネスパーソンでも1時間程度で検定を受けられる。ビジネス数学検定には個人受検と団体受検があるので、用途に合わせて利用できる。

また、同一の検定期間において、複数の階級を受検することも可能なので、ご自身のスキルアップに活用いただきたい。概要を下の図表に示す。

受験階級と内容

階級	受験対象のめやす	問題数	検定時間	評価方法	合格点	検定料
3級	新入社員・内定者	30問 （5者択一問題）	60分	合格 不合格	70点 （100点満点）	2000円 （税別）
2級	入社3〜5年目の若手社員・管理職	30問 （5者択一問題）	60分	合格 不合格	70点 （100点満点）	4000円 （税別）
1級	本格的なデータ分析への入門	30問 （5者択一問題）	90分	合格 不合格	70点 （100点満点）	6000円 （税別）

〈付 録〉定量分析とビジネス数学

5つのビジネス数学力による 問題解決

前項で挙げた「5つのビジネス数学力」について、どのような数学力であるかを説明する。

■1．把握力

物事の状況や特徴を理解する力である。さらに、理想として掲げる目標と現実とのギャップ（乖離）を問題として認識する力で、問題を発見する力でもある。このような意味から、「把握力」は現状認識力、問題発見力ともいえる。

■2．分析力

問題として発見、認識した後は、必要な情報を収集するが、この**情報の差異や変化、類似性（相関関係）などを見抜く力**である。特に、情報を数値として分析することは、まさに本書で扱った「**定量分析**」である。

■3．選択力

いくつかの事象（選択肢）から、**選択基準を設定して優先順をつけたり、1つを選択する際に判断する力**である。これも本書が扱った「**意思決定**」である。

■4．表現力

情報をそのまま伝えるだけでなく、図表を使ったり効果的に表現して伝える力である。特に、数値は結果の羅列ではなく、図やグラフで結果をアピールするようにしたい。この意味からも「表現力」はプレゼンテーション力やコミュニケーション力ともいわれる。

■5．予測力

　過去のデータや情報を時系列でとらえ、変化を取り出し、予測して行動する力である。予測モデルを駆使してシミュレーションしたり、リスクヘッジ（リスク回避）ができる力である。「予測力」は現在の情報だけではなく、過去の情報もあわせて、未来への対策を講ずるもので、やや数理的感性が要求される。

　5つのビジネス数学力を見てみると実は、様々なビジネスシーンで必要となる「**問題解決**」「**意思決定**」に関係してくる。これらの関係を下の図表にまとめてみる。

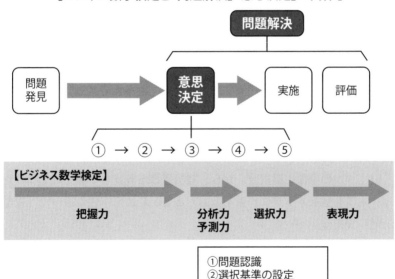

〈付 録〉定量分析とビジネス数学

　すなわち、ビジネス数学検定で測定される5つのビジネス数学力こそ、「問題解決力」に直結しており、5つのビジネス数学力を向上させることで、「問題解決力」や「意思決定力」もあわせて向上できるようになっている。

　ビジネス数学検定では、5つのビジネス数学力がスコア化されて検定後すぐにわかるようになっており、定期的に受検することで、自分の**「問題解決力」**や**「意思決定力」の変化がスコア化、いわゆる"見える化"されてチェックできるようになる。**

定量分析（意思決定）と
ビジネス数学検定との接点

　前項で説明した5つのビジネス数学力が、本書で扱った定量分析・意思決定と非常に密接な関係があることがご理解いただけたと思う。**特に、5つのビジネス数学力の中で、「分析力」と「選択力」との関係が強い。**

　ぜひ、本書で定量分析・意思決定の理論的ノウハウを学んで、ビジネス数学検定でその成果を確認していただきたい。

　様々なビジネスシーンの中で定量分析を行ない、設定された判断基準に基づいて意思決定を行なうプロセスは非常に多い。ビジネス数学検定を活用することで、このプロセスを強化してほしい。実際のビジネスシーンで遭遇した問題を解決する際、実践的な理論武装となることが期待できる。

　次項では、ビジネス数学検定からの類似問題を紹介する。特に分析力と選択力を試す問題に限定されるが、問題を解くことで、定量分析から意思決定へのプロセスが効率よく行なえるように実践的な演習ができる。さらに、ビジネス数学検定に関心を持っていただければ、実際に受検されることをお勧めする。

　なお、次ページから453ページまでが【出題編】、454ページから459ページまでが【解答・解説編】となる。

〈付 録〉定量分析とビジネス数学

ビジネス数学検定からの
類似問題【出題編】

【問1】

　企業の財務状況を比較・検討する客観的ランキングのため、以下5つの評価項目　（1）規模、（2）収益性、（3）安全性、（4）成長性、（5）期待度を考えている。ある調査機関に依頼して得られた自社と他の4企業（A社、B社、C社、D社）との財務状況の比較・検討を行なった結果を下表に示す。5つの評価項目は10点満点のスコアで、今回のランキングでは1から5の重み付け（ウエイト）を考慮している。

評価項目	重み	自社	A社	B社	C社	D社
(1)規模	3	6	7	6	6	8
(2)収益性	4	9	6	8	8	5
(3)安全性	5	8	9	7	9	5
(4)成長性	2	7	6	9	7	8
(5)期待度	1	4	4	6	6	9

　企業IR部のK氏は自社の財務状況を評価しようと考えているが、結果として他4社を含めた場合、自社は第何位になるか。

① 第1位　　　　　　② 第2位

③ 第3位　　　　　　④ 第4位

⑤ 第5位

449

【問２】

　ある商社では、現在５つの投資プロジェクトを検討中である。各プロジェクトの初期投資額、並びに投資後得られる５年間の予想キャッシュフローを下表に示す。

【単位：億円】

プロジェクト	初期投資額	1年後	2年後	3年後	4年後	5年後
A	15	2	5	10	8	5
B	10	3	4	4	4	3
C	20	3	5	6	8	8
D	10	1	3	5	6	10
E	8	0.5	2	5	5	6

　企画開発部のＦ氏は企業トップから正味現在価値がプラスで大きい投資プロジェクトを２つに絞り込むように指示を受けているが、２つのプロジェクトはどれになるか。ただし、割引率は２０％とする。

①プロジェクトＡとプロジェクトＢ
②プロジェクトＢとプロジェクトＣ
③プロジェクトＡとプロジェクトＤ
④プロジェクトＤとプロジェクトＥ
⑤プロジェクトＣとプロジェクトＥ

【問3】

　個人投資家N氏は企業の財務・コスト分析情報から、5社の中で安全余裕度が最も高い企業に注目している。5社の昨年度の実績情報は下表のとおりである。

【単位：億円（ただし、PER、PBRの単位は倍である）】

企業名	売上高	営業利益	固定費	変動費	PER	PBR
A社	13	1.2	7.8	4.7	10.6	0.6
B社	20.1	0.9	10.1	9.1	9.5	0.4
C社	5	0.6	3.5	1.1	13.8	1.4
D社	9.8	0.8	3.7	5.8	6.9	0.4
E社	16.5	1.2	8.2	6.9	15.9	2.6

個人投資家N氏が注目している企業はどれに相当するか。

①A社
②B社
③C社
④D社
⑤E社

【問4】

　現在、企業X社は2つの投資A、Bのどちらか1つを選択しなければならない状況下にある。投資A、Bのデシジョン・ツリーは下図のように分析されている。

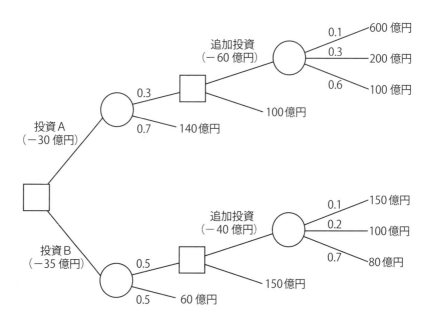

　投資A、Bのどちらを選ぶべきか。さらにその時の期待値を求め、正しい解答の組合せはどれになるか。

① 投資A、期待値84億円
② 投資A、期待値104億円
③ 投資A、期待値134億円
④ 投資B、期待値70億円
⑤ 投資B、期待値114億円

〈付 録〉定量分析とビジネス数学

【問5】

　ある小売店は取引のある卸業者から、5つの商品A、B、C、D、Eのうち、今までの実績からこの小売店独自に考案した指標が最も大きい商品を1つだけ仕入れて販売したいと考えている。

　この指標は、以下のとおりである。

指標＝ 価格弾力性×粗利益率

商品A、B、C、D、Eの商品分析情報は、下表のとおりである。

商品	価格と需要の関係（1日当たり）	粗利益率(%)
A	価格が 200 円で需要 10,000 個 価格が 180 円で需要 40,000 個	30
B	価格が 500 円で需要　3,000 個 価格が 450 円で需要 10,000 個	32
C	価格が 1,000 円で需要 2,000 個 価格が　980 円で需要 3,000 個	12
D	価格が 700 円で需要　9,000 個 価格が 650 円で需要 15,000 個	45
E	価格が 10,000 円で需要 30 個 価格が　9,800 円で需要 55 個	10

この小売店は、5商品A、B、C、D、Eのうち、どれを選ぶべきか。

①商品A　　②商品B　　③商品C　　④商品D　　⑤商品E

453

ビジネス数学検定からの
類似問題【解答・解説編】

【問1】

正解②

解 説

「重み付け（ウエイト）」を考慮して、各社ごとに総合点を計算すればよい。

自社は、
6×3＋9×4＋8×5＋7×2＋4×1
＝18＋36＋40＋14＋4＝112点

A社は、
7×3＋6×4＋9×5＋6×2＋4×1＝106点

B社は
6×3＋8×4＋7×5＋9×2＋6×1＝109点

C社は、
6×3＋8×4＋9×5＋7×2＋6×1＝115点

D社は、
8×3＋5×4＋5×5＋8×2＋9×1＝94点

結果として、C社、自社、B社、A社、D社の順となって、自社は第2位となることが分かる。

454

〈付 録〉定量分析とビジネス数学

【問2】

正解③

解 説

　各プロジェクトごとに正味現在価値（ＮＰＶ）を求めると、
プロジェクトＡでは、

$$NPV = \frac{2}{1+0.2} + \frac{5}{(1+0.2)^2} + \frac{10}{(1+0.2)^3} + \frac{8}{(1+0.2)^4} + \frac{5}{(1+0.2)^5} - 15$$

$$= 1.79億円$$

同様に、プロジェクトＢでは、

$$NPV = \frac{3}{1+0.2} + \frac{4}{(1+0.2)^2} + \frac{4}{(1+0.2)^3} + \frac{4}{(1+0.2)^4} + \frac{3}{(1+0.2)^5} - 10$$

$$= 0.73億円$$

　プロジェクトＣ、プロジェクトＤ、プロジェクトＥは結果だけを示
すと、それぞれ－3.48億円、2.72億円、1.52億円となる。

　結果として、正味現在価値（ＮＰＶ）が大きい順に、プロジェクトＤ
（2.72億円）とプロジェクトＡ（1.79億円）の2つに絞られるこ
とになる。

【問3】

正解⑤

解 説

第3章でも触れたように (→ 79ページ)、

$$損益分岐点売上高 = \frac{固定費}{1 - \dfrac{変動費}{売上高}} = \frac{固定費}{限界利益率}$$

$$損益分岐点比率（\%）= \frac{損益分岐点売上高}{（実際の）売上高} \times 100$$

$$安全余裕度（\%）= 100 - 損益分岐点比率（\%）$$

の関係から、A社では、

$$損益分岐点売上高 = \frac{7.8}{1 - \dfrac{4.7}{13}} = 12.2億円$$

$$損益分岐点比率（\%）= \frac{12.2}{13} \times 100 = 93.8$$

$$安全余裕度（\%）= 100 - 93.8 = 6.2$$

他社も同様に計算してB社は8.2％、C社は10.3％、D社は7.5％、E社は14.6％となって、E社が最も安全余裕度が高いことが分かる。

なお、表にある営業利益や、株価指標であるPERやPBRは、ここでの計算には直接は関係ない。

〈付 録〉定量分析とビジネス数学

【問4】

正解②

解 説

各ノードに番号1から7までを記入する。

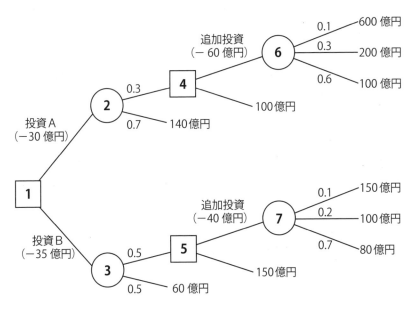

⑥ノードでは、600×0.1+200×0.3+0.6×100=60+60+60=180億円の期待値が求められる。

④ノードでは、追加投資60億円が必要になるため、120億円（=180−60）と100億円を比較して、大きいほうの120億円を選択する。

②ノードでは、120×0.3+140×0.7=36+98=134億円の期待値が得られる。さらに、追加投資が30億円必要になり、最終的に投資Aでは、104億円（=134−30）の期待値が得られる。

同様に、投資Bについて計算する。

⑦ノードでは、150×0.1＋100×0.2＋80×0.7＝15＋20＋56＝91億円の期待値が得られる。

⑤ノードでは、追加投資40億円を要するので、51億円（＝91－40）と150億円を比較し、結局、150億円を選択する。

③ノードでは、150×0.5＋60×0.5＝75＋30＝105億円の期待値が得られる。さらに追加投資として35億円を考慮し、投資Bは、70億円（＝105－35）の期待値が得られる。

最終的には、投資Aの期待値104億円と、投資Bの期待値70億円を比較して、期待値104億円の投資Aを選択したほうがよいと判断できる。

〈付 録〉定量分析とビジネス数学

【問5】

正解①

解説

商品Aの価格弾力性は、

$$価格弾力性 = - \frac{(Q_1 - Q_0) \div \{(Q_1 + Q_0) \div 2\}}{(P_1 - P_0) \div \{(P_1 + P_0) \div 2\}}$$

Q_0：価格変更前の販売数量、Q_1：価格変更後の販売数量

P_0：変更前の価格、P_1：変更後の価格

から、

$$価格弾力性 = - \frac{(40,000 - 10,000) \div \{(40,000 + 10,000) \div 2\}}{(180 - 200) \div \{(180 + 200) \div 2\}} = 11.4$$

さらに、価格弾力性に、粗利益率30％を掛けて、指標3.42が得られる。同様に、商品B、C、D、Eは、それぞれ「3.27」「2.38」「3.04」「2.91」と求められる。

結果として、商品Aの指標3.42が最も大きいことが分かる。

459

財務関数 NPV を用いた
正味現在価値

　正味現在価値は、表計算ソフト Excel にある財務関数 NPV を使って求めることができる。

　形式は、ＮＰＶ（**割引率**,**値１**,**値２**,…,**値２５４**）となる。

　すなわち、[割引率] と [値] で示されるキャッシュフロー（CF）から正味現在価値を求める。なお、[値] はキャッシュフローを指定し、引数は 254 個まで指定できる。

	A	B	C	D	E	F	G	H
1	正味現在価値を求める関数NPV							
2								
3	割引率	初期投資	CF(1年後)	CF(2年後)	CF(3年後)		現在正味価値	
4	0.1	1000	300	420	550		33.058	
5							[単位:億円]	
6								
7								

　上記の例で

$$-1,000+\frac{300}{1+0.1}+\frac{420}{(1+0.1)^2}+\frac{680}{(1+0.1)^3}$$

を計算したいとき、すなわち

　＝－１０００＋２７２.７３＋３４７.１１＋５１０.８９

　＝１３０.７億円

を求めたいとき

　ＮＰＶ（A4,C4,D4,E4）－ B4

で、即計算できる。

　また、C 列から E 列までの CF（キャッシュフロー）が長くなる場合、

　ＮＰＶ（A4,C4：E4）－ B4

で、同じ結果が得られる。Excel の財務関数は、NPV 以外にもいろいろあるので、機能を確認してうまく活用してほしい。

定量分析に関する参考文献

- 千住鎮雄、伏見多美雄著
『経済性工学の基礎』日本能率協会マネジメントセンター、1994 年

- 宮川公男著
『意思決定論』中央経済社、2005 年

- 福澤英弘著
『定量分析　実践講座』ファーストプレス、2007 年

- 上田 泰著
『文科系のための意思決定入門』日科技連出版社、2002 年

- （株）バルーク・ビジネス・コンサルティング著、内田学編
『MBAエッセンシャルズ実践演習問題集』東洋経済新報社、2004 年

- 山本大輔著、刈屋武昭監修
『入門リアル・オプション』東洋経済新報社、2001 年

- 田畑吉雄著
『経営科学入門』牧野書店、2000 年

- 中村雅章著
『経営科学と意思決定』税務経理協会、2006 年

- 渡辺隆裕著
『ゼミナール　ゲーム理論入門』日本経済新聞出版社、2008 年

- グロービス・マネジメント・インスティテュート著
『MBA　定量分析と意思決定』ダイヤモンド社、2003 年

- 内田 治著
『例解データマイニング入門』日本経済新聞出版社、2002 年

- 細谷 功著
『地頭力を鍛える』東洋経済新報社、2007 年

- 丸山 宏、山田 敦、神谷直樹著
『データサイエンティスト・ハンドブック』近代科学社、2015年

- 鈴木健一著
『定量分析の教科書』東洋経済新報社、2016 年

- 公益財団法人　日本数学検定協会著
『実践　ビジネス数学検定3級』日経 BP 社、2017 年

- 公益財団法人　日本数学検定協会著
『実践　ビジネス数学検定2級』日経 BP 社、2017 年

- 中村 力著
『ビジネスで使いこなす 入門 定量分析』日本実業出版社、2008 年

定性分析に関する参考文献

- 齋藤嘉則著
『問題発見プロフェッショナル ―構想力と分析力』ダイヤモンド社、2001 年

- （株）日本総合研究所 経営戦略研究会著
『経営戦略の基本』日本実業出版社、2008 年

- 山﨑 紅著
『ロジカルシンキングのための「見える」化入門』日経 BP 社、2008 年

- 手塚貞治著
『戦略フレームワークの思考法』日本実業出版社、2008 年

- 永田豊志著
『知的生産力が劇的に高まる 最強フレームワーク 100』SB クリエイティブ、2008 年

- 松林博文著
『クリエイティブ・シンキング ―創造的発想力を鍛える 20 のツールとヒント』
ダイヤモンド社、2003 年

- 藤本隆宏著
『生産マネジメント入門Ⅰ、Ⅱ』日本経済新聞社、2001 年

- ポール・スローン著
『イノベーション・シンキング』ディスカヴァー・トゥエンティワン、2007 年

- 西村行功著
『システム・シンキング入門』日本経済新聞社、2004 年

- バージニア・アンダーソン / ローレン・ジョンソン著
『システム・シンキング』日本能率協会マネジメントセンター、2001 年

- W・チャン・キム / レネ・モボルニュ著
『ブルー・オーシャン戦略 ―競争のない世界を創造する』ランダムハウス講談社、2005 年

- 安部義彦、池上重輔著
『日本のブルー・オーシャン戦略 ― 10 年続く優位性を築く』ファーストプレス、2008 年

- 安田貴志著
『マーケティングの基礎とキーワードがわかる』アスカ・エフ・プロダクツ、2007 年

- あずさ監査法人編
『第 7 版 有価証券報告書の見方・読み方』清文社、2008 年

- 堀 公俊著
『問題解決フレームワーク大全』日本経済新聞出版社、2015 年

- 読書猿著
『問題解決大全』フォレスト出版、2017 年

- 中村 力著
『ビジネスで使いこなす 入門 定性分析』日本実業出版社、2009 年

中村　力（なかむら　ちから）

北海道大学大学院理学研究科修了。公益財団法人　日本数学検定協会　学習数学研究所　上席研究員。

JFEスチール株式会社で、企業戦略、商品開発、セールスエンジニアなどを担当。業務改善（導入費用対効果）、市場調査、秋葉原量販店への販売促進、需要予測などを定量分析・定性分析で行う。

2004年から数学とビジネスの接点を見出すべく、当協会にて研究開発を続け、定量分析を重要テーマとするビジネス数学検定の立ち上げに全面的に関わった。現在、ビジネス数学は当協会のコア事業のひとつとして位置づけられている。

著書に『ビジネスで使いこなす　入門 定量分析』『ビジネスで使いこなす 入門 定性分析』（以上、日本実業出版社）などがある。

【ビジネス数学検定】

ビジネスにおける数字の活用能力を「5つの力」──把握力、分析力、選択力、表現力、予測力に分類して測定する検定。

様々なビジネスシーンが含まれた実践的な問題をインターネット上から解いて、検定終了後、総合スコアや5つの力の分析結果がすぐに得られる。企業の入社試験、昇進試験など人材評価のツールとして広く活用されている。

ビジネスで使いこなす「定量・定性分析」大全

2019年1月20日　初版発行

著　者　中村　力　©C.Nakamura 2019
発行者　吉田啓二

発行所　株式会社 日本実業出版社　東京都新宿区市谷本村町3-29 〒162-0845
　　　　　　　　　　　　　　　　大阪市北区西天満6-8-1 〒530-0047
　　　　編集部 ☎03-3268-5651　振　替　00170-1-25349
　　　　営業部 ☎03-3268-5161　https://www.njg.co.jp/

印 刷・製 本／新日本印刷

この本の内容についてのお問合せは、書面かFAX（03-3268-0832）にてお願い致します。
落丁・乱丁本は、送料小社負担にて、お取り替え致します。

ISBN 978-4-534-05655-9　Printed in JAPAN

日本実業出版社の本
問題解決・思考法の関連本

好評既刊！

コール・ヌッスバウマー・
ナフリック＝著
村井瑞枝＝訳
定価 本体 2000円(税別)

手塚貞治＝著
定価 本体 1800円(税別)

松浦剛志／中村一浩＝著
定価 本体 1600円(税別)

大石哲之＝著
定価 本体 1400円(税別)

神川貴実彦＝編著
定価 本体 1600円(税別)

神川貴実彦＝編著
定価 本体 1500円(税別)

定価変更の場合はご了承ください。